Las Escrituras Satánicas

X

LAS ESCRITURAS SATÁNICAS
Peter H. Gilmore

UNDERWORLD AMUSEMENTS

ISBN: 978-0-9830314-8-2

Esta edición del 10º Aniversario incluye
un ensayo adicional y es la primera en ser
publicada por Underworld Amusements.

Pintura de la Cabra de Mendes por Peter H. Gilmore
Ilustraciones interiores por Timothy Patrick Butler
Retrato del autor por Christopher R. Mealie
Diagramación y diseño por Kevin I. Slaughter

EQUIPO DE TRADUCCIÓN
Leonardo Casas García, Daniel Meléndez,
Rey G., Julián D., Ricardo G., Zoth O., Ernie V., Gregory Z.

Underworld Amusements
Baltimore, MD
UNDERWORLDAMUSEMENTS.COM

A:

Anton Szandor LaVey, motor principal del satanismo.

Blanche Barton, cuya fortaleza es legendaria.

Quienes han estado conmigo desde el principio:
Ruth Waytz, Chris Cooper, co-conspiradores incondicionales, los
miembros fundadores de la Orden de Fenris: Magister Diabolus
Rex, Magister Nemo, Magistra Isabel, y el Reverendo Manning.

Charles Addams, que representó a los nuestros y Arthur Fellig,
un realista romántico.

Bela Lugosi, Boris Karloff, Vincent Price, y Christopher Lee,
que dieron vida eterna a monstruos multifacéticos.

Ayn Rand y Madalyn Murray O'Hair,
mujeres de coraje monumental.

Jim Knipfel y George Carlin, compañeros misántropos.

Eiji Tsuburaya y Akira Ifukube, que dieron forma
y voz al clásico Daikaiju.

Joi Lansing y Mamie Van Doren, dadivosas despampanantes.

Jackie Gleason, Oscar Levant, y Orson Welles, polímatas
excepcionales que dieron rienda suelta a sus lados oscuros.

John Kennedy Toole y Mel Brooks, que nos mostraron cuán
profundamente gracioso puede ser el animal humano.

Frank Herbert, que vio potencial y Gene Roddenberry,
que creó un Lo-Que-Será.

Y a:
Los magníficos Magisters y Magistras,
sesudos Sacerdotes y Sacerdotisas, babilónicas Brujas y Brujos,
asombrosos Agentes, y la siempre inspiradora leal cohorte que
constituye la ciudadanía de nuestro Imperio infernal;
ustedes con una aristocracia de triunfadores,
muchos de los cuales son queridos amigos,
y no pueden saber cuánto significan para mí.

Agradecimientos especiales a los estimados Reverendos
que dieron forma a mi contenido en este volumen:
Kevin I. Slaughter, Timothy Patrick Butler, Christopher Mealie,
Steven J. Everitt, y Chris X.

Índice

Preludio

URANTE MUCHOS AÑOS, he estado esperando ansiosamente el libro que ahora tienes en tus manos. Está lleno de fuego, convicción, profundidad y poder intelectual, así como de algunos guiños pícaros. Cuando las personas me preguntan, «¿Qué clase de hombre es Peter H. Gilmore? ¿Por qué le nombraste Sumo Sacerdote?» desearía que hubiera un libro que pudiera darles que reflejase efectivamente a este individualista multifacético. Sí, fácilmente podría dirigir las inquietudes hacia nuestro sitio web en donde uno puede hallar muchos edictos y ensayos estupendos escritos por nuestro Sumo Sacerdote, o a ediciones anteriores de *The Black Flame*, en donde se encarnaron las primeras versiones de muchos de estos ensayos, o simplemente podría ser una burra dictatorial y responder (preferiblemente con un cerrado y fingido acento húngaro-alemán), «¡Porque sé qué hay en su alma y le nombré para el cargo que se ha ganado! ¡Cómo te atreves a cuestionar mi juicio!». Esta última opción habría estado un poco fuera de lugar y no sería muy satánica. No somos muy inclinados a tomar las cosas «por la fe» y, si bien todos disfrutamos cierta postura malvada de vez en cuando, los miembros de la Iglesia de Satán merecen más que eso.

¿Qué clase de hombre es Peter H. Gilmore? El Dr. LaVey y yo conocimos al Mago Gilmore y a su mágicamente adepta esposa (ahora Suma Sacerdotisa) Peggy Nadramia, en el restaurante *Izzy's Chophouse* en San Francisco, una lluviosa noche de otoño de 1986. Eran aplomados, articulados y res-petuosos. Ambos parecían tener un firme entendimiento de las oscuras evocaciones del satanismo, así como de los aspectos más llamativos, tipo Coney Island, que se mezclaban de manera tan natural en el corazón de Anton LaVey y que les impresionaron de su Iglesia. El Dr. LaVey quedó tan intrigado que, después de la cena, les invitó a la Casa Negra para algo de música y conversación hasta altas horas de la madrugada... y esa fue solo la primera de muchas largas noches juntos durante los siguientes once años. El «pánico satánico» apenas comenzaba a retumbar y, después de un corto período de prueba, asignamos a nuestros nuevos seguidores en el Este varias tareas administrativas y pu-blicitarias para probar su temple. Cada vez estuvieron a la altura de las circunstancias, facilitando pero nunca inmiscuyéndose, siguiendo la guía de nuestro Sumo Sacerdote, teniendo la fuerza yoica para nunca fallar bajo su dirección. Junto a otros representantes alrededor del mundo, sorteamos el pánico. El Dr. LaVey recibió a Peter y Peggy como miembros aportantes y activos valiosos de su organización. Peggy Nadramia comprendió el poder y potencial del Internet desde las etapas tempranas de esta, creando allí una presencia para nosotros. Con el tiempo y uniformemente, se convirtieron en nuestros Coordinadores de Medios, diseñaron nuestro sitio web y desarrollaron los Grupos de Interés Especial que, con la reactivación del sistema de Grutas, le permitió a otros satanistas el contacto enfocado y productivo que a todos nos parece tan animador. Publicando ya la excelente revista de ficción y terror *Grue*, comenzaron a publicar *The Black Flame*, que rápidamente se convirtió en el foro principal del pensamiento satánico. Con el paso de los años, Peter se reveló a sí mismo como alguien anacrónico, casi galante, dejando entrever modales y sensibilidades de alguien que no es de esta era, pero que se ajusta muy bien a ella. Como verás en estos escritos, comparte un elemento de idealismo genuino que muchos satanistas cultivan, contrastando crudamente con los variados y ruidosos cultos de victimización, con sus insignias de buenos tipos, tan rampantes en nuestra amplia sociedad.

Cinco años atrás, cuando llegó el momento de sangre fresca y fortaleciente, la elección del Sumo Sacerdote se hizo obvia para mí. Años atrás, cuando algún joven rebelde y reformista llegaba a la escena afirmando ser la gran esperanza negra del satanismo, el Dr. LaVey solía decir «¿Puede cumplir lo que promete?». No era cuestión de ego. El ego es fácil; ¡somos satanistas! Pero el hombre que yo necesitaba debía tener mucho más sustancia que eso. No podía ser tan solo otro tipo en ondeante capa negra buscando poner su rostro frente a las cámaras. Lo que sucede frente a las cámaras es solo un mero atisbo de lo que debe hacerse para mantener funcionando esta organización. El nuevo Sumo Sacerdote debe ser el Administrador en Jefe, asegurándose que todos los trabajos se hagan a la vez. No tiene tiempo para dormitar cómodamente en su trono diabólico o acicalarse frente al espejo. Las preguntas deben responderse, los ataques deben eludirse diestramente. Y el ímpetu para mantener la organización en marcha debe venir de una convicción extraordinaria de que lo que estás defendiendo es correcto. Peter H. Gilmore ha cumplido estos requisitos con creces. La fuerza y resonancia que lees en estos ensayos no vienen de un ego o poses vacías; viene de un profundo entendimiento y sabiduría ganada a pulso.

En cierto modo, Peter tiene a la vez el mejor y el peor trabajo del mundo. Por un lado, a lo largo de años de dedicación, ha ascendido a la posición de ser el representante principal de los principios satánicos sobre la Tierra. Tiene la satisfacción de contribuir sustancialmente cada día a una filosofía hacia la que ha tenido una profunda lealtad desde que tenía trece años de edad. Por otro lado, ha seguido los pasos del fundador de nuestra religión. Tiene preceptos a los que de seguro está resuelto a serles fiel, pero debe también seguir a su corazón para guiarnos en terreno virgen, elaborando nuevas políticas y explorando nuevas actitudes a medida que avanzamos. Las situaciones del mundo cambian. ¿Cómo se aplica el satanismo a estas circunstancias? Anton LaVey nos dio una filosofía que permite evolución y cambio constante. Necesitamos un líder seguro de sí mismo que pueda dejar atrás peroratas retóricas y dogmas partidistas, que pueda tomar los temas y perfeccionarlos valientemente a medida que sea necesario. No puede estar constreñido por el pasado, pero debe edificar sobre nuestros cimientos de manera constructiva. Inevitablemente, debe esquivar las críticas, tanto de adentro como de fuera. Pocos se atreverían a cuestionar el juicio de Anton LaVey, es el fundador, debe saber lo que está haciendo. Pero aquellos tras él tienen la confianza suficiente para una recomendación. El Mago Gilmore ha estado a la altura de la tarea de una manera admirable, demostrando ser un líder firme y capaz. Como él mismo lo estipula en su «Obertura», nuestro Sumo Sacerdote ve su rol no como el de un dictador, sino como un director, reconociendo pacientemente y extrayendo lo mejor de cada uno de nosotros (a menos que algún presuntuoso se merezca una fuerte patada en el trasero; también se dedica a esa forma de terapia de una manera entusiasta).

Una habilidad mágica que poseía Anton LaVey era una percepción aguda de las personas. Como Peter ha madurado durante los últimos veinte años que le he conocido, también se ha vuelto más sofisticado; y para empezar, no era alguien fácil de engañar. Pero ser un administrador de la Iglesia de Satán lo sitúa a uno en una posición inigualable para conocer tanto a unos seres humanos vitales, impulsados, como a otros singularmente deshonestos. Separar el trigo de la paja es esencial y Peter Gilmore se ha convertido en un maestro. Como está en juego la cohesión de nuestra filosofía, sus esfuerzos (aunque a veces puedan parecerle a otros crueles y sin concesiones) son fundamentales para nuestra supervivencia. Concentrando su atención en quienes lo merecen y descartando rápidamente a esos pocos disonantes, la Iglesia de Satán ha florecido bajo su liderazgo. Él ha fomentado y orquestado eventos importantes, dado entrevistas que hacen reflexionar en los foros apropiados y se ha conectado con miembros valiosos y productivos, con quienes creó proyectos de importancia satánica, algunos obvios, otros no tan aparentes. Siento más conexión, fortalecimiento y claridad vibrando a lo largo de nuestras filas de la que he sentido en muchos años.

El Dr. LaVey sentía, poéticamente, que conjuraba a ciertas personas, incluida yo misma, para cumplir papeles claves en momentos específicos. Me gusta pensar que el Sumo Sacerdote y la Suma Sacerdotisa fueron traídos para cumplir sus destinos exactamente en el momento preciso de la historia. Presento como evidencia este tomo mágico que ahora sostienes en tus manos. Refleja una voz madura, diferente y rica. El Mago Gilmore ha desarrollado su propio estilo siniestro de mando, diferente de Anton LaVey, pero ha demostrado de mil maneras ser digno de reemplazarlo orgullosamente en esta sucesión y guiarnos en nuestro continuo desarrollo diabólico. Que estos ensayos te iluminen e inspiren el camino para cumplir tu destino satánico y que añadas cuerpo y emoción a nuestra siempre cambiante *Sinfonía Diabólica.*

Blanche Barton, Magistra Templi Rex
Hallowe'en, XLI A.S.

OBERTURA

EL 8 DE ABRIL DE 1966, la revista *Time* adornaba su negra portada con la cruda pregunta: «¿Dios está muerto?». El 30 de abril, Anton Szandor LaVey dio la respuesta al proclamar el nacimiento de la Era de Satán con la fundación de la Iglesia de Satán. Ambos eventos impactaron al mundo de la religión, revitalizando la visión de Nietzsche de la liberación de la humanidad del dominio de la moral cristiana. En *La Biblia Satánica*, publicada en diciembre de 1969, LaVey anotó una serie de evidencias de ésta Nueva Era satánica. Durante los años subsiguientes, la corroboración ha continuado. Los perceptivos han estado disfrutando ese espectáculo.

En 1998, el obispo episcopal John Shelby Spong publicó un libro titulado *Por qué el cristianismo debe cambiar o morir*. El libro reconoce la irracionalidad de las pasadas creencias cristianas y argumenta en favor de una nueva imagen de Dios simplemente como el «Fundamento o el Ser del Universo» y de Cristo como una entrada **simbólica** a este Dios inactivo. Me dio gusto observar a un miembro prominente de una importante denominación cristiana admitiendo que el modelo anterior de Dios debe perecer o toda su religión se marchitará porque está en contra de la naturaleza humana. El chiste del Dr. LaVey acerca de Dios necesitando *Medicare* y su predicción acerca de que para el año 2000 EC el «personaje de Jesús» se consideraría un mito muy popular parece haber dado en el blanco.

Si bien las monjas en *topless* aún tienen que interpretar la *Missa Solemnis Rock*, ha habido otros conciertos de blasfemia equivalente. Me encontraba de pie en el balcón de acero situado en la nave de lo que alguna vez fuera una elegante iglesia de piedra en la periferia del centro de Manhattan. Debajo de mí, un escenario reemplazaba al espacio consagrado en el que antes descansaba un altar cristiano. Sobre ese recinto, ahora carnal, miembros de The Electric Hellfire Club, una banda de satanistas, que en sus evocaciones sónicas utilizan la *techno*-magia de la electricidad, celebraban con orgullo su herencia luciferina. El cantante principal Thomas Thorn, un sacerdote en la Iglesia de Satán, era el líder al mando. Sus musculosos brazos tatuados fulguraban con los destellos infernales de las luces láser. Los cuernos rojos de plástico pegados en su frente le daban a su presencia el tono de burla apropiado. Gritó: «¡Dios está muerto! ¡Satán vive!» y este brusco encantamiento fue replicado a través de los parlantes por las voces sampleadas provenientes de la banda sonora de *Rosemary's Baby* de Roman Polanski, una película con conexiones al Mago LaVey y a los primeros años de nuestra Iglesia. La resonancia fue poderosa.

Mientras Thorn corría y brincaba por el escenario, la audiencia ataviada de negro se balanceaba al ritmo de la danza salvaje apoyando estos impíos ensalmos. Thorn levantó su brazo izquierdo y extendió sus dedos hacia adelante haciendo el *cornu*, el saludo del Diablo. «¡Salve, Satán!» era su grito primordial. La multitud ingeniosamente regresó este gesto, uniéndosele en el coro celebrando con entusiasmo el triunfo de Satán. Sonreí.

En la noche de Walpurgis de XXXVI A.S., fui consagrado como el segundo Sumo Sacerdote de la Iglesia de Satán por la Magistra Blanche Barton, Suma Sacerdotisa desde el fallecimiento del Mago LaVey en XXXII A.S. Un año después de esa fecha mi esposa, la Magistra Peggy Nadramia, se convirtió en Suma Sacerdotisa mientras que la Magistra

Barton asumió el cargo anterior de la Magistra Nadramia, como presidenta del Consejo de los Nueve. La camaradería que he compartido con estas dos brillantes y poderosas brujas satánicas me ha enriquecido inmensamente. En la noche que mi esposa tomó su lugar a mi lado como Suma Sacerdotisa, compartí con nuestros miembros una metáfora que he utilizado para explicar mi concepción de mi posición y deberes como Sumo Sacerdote.

Puesto que soy músico, habiendo estudiado dirección y composición, a menudo moldeo mi imaginario basado en ésta parte significativa de mi práctica creativa. Veo a la Iglesia de Satán semejante a una gran orquesta sinfónica de diabólicos virtuosos, cada uno con habilidades para tocar sus singulares «instrumentos»: sus talentos. Ahora soy el director de orquesta y director musical de esta estimada agrupación y la «partitura» con la que nos guío en la interpretación es la filosofía del satanismo compuesta por Anton LaVey y encarnada en sus muchas obras. Como es costumbre habitual en los directores de orquesta, he estudiado el contexto histórico, a la vez que he hecho un análisis en profundidad, de la partitura del Dr. LaVey, de modo que mi interpretación sea fidedigna. Habiendo trabajado por muchos años directamente con el propio compositor también me ha proporcionado los conocimientos necesarios de sus métodos y medios excepcionales.

Esta *Sinfonia Diabólica*, que interpretamos con el máximo compromiso de nuestras pasiones, es una con muchos pasajes concertantes, llamando a los actores para que salgan de la textura del ensamble y «canten un solo» con gran ardor. Es una partitura que también permite cadencias; pasajes en donde los solistas se remontan en brillante improvisación apoyados por la base fundamental de la filosofía carnal del satanismo. Y también es una partitura que permite una expansión continua, elaboraciones cada vez más coloridas de su orquestación a medida que cambian las condiciones y las posibilidades de evolucionar se van presentando por sí mismas. Quienes no están muy versados en la interpretación de la música clásica podrían no estar conscientes que, durante mucho tiempo, la costumbre de los directores de orquesta ha sido ajustar las partituras que están interpretando para aprovechar el desarrollo de los instrumentos en la orquesta, facilitando mayor expresión de las intenciones del compositor. Y por tanto es mi tarea desarrollar la implementación de la obra maestra filosófica del Maestro LaVey, mientras hago mi mejor esfuerzo para impulsarlos a todos ustedes en este continuo «concierto de música prometeica» surgiendo del corazón mismo del Averno.

Este libro es una colección de mis ensayos escritos entre 1987 EC a 2006 EC, muchos de los cuales fueron publicados en *The Black Flame*. He hecho expansiones y contracciones en un esfuerzo por agudizar sus enfoques. Deberían tener en cuenta que algunas piezas se refieren a incidentes que ocurrieron próximos a su creación. Hay una serie de piezas escritas como retórica demagoga durante el «Pánico Satánico«», cuando teníamos que defendernos casi a diario de acusaciones propagadas por fanáticos fundamentalistas cristianos que el satanismo era una conspiración de asesinos de infantes adoradores del diablo. Estábamos bajo fuego y se había propuesto una legislación para declarar al satanismo ilegal sobre la base de acusaciones sin sentido. Esas leyes no fueron aprobadas. Sobrevivimos y hemos prosperado.

El título, *Las Escrituras Satánicas,* es un oxímoron intencionalmente teatral. Las «Escrituras» son por lo general «textos sagrados» y al ser satánicos por naturaleza, estos garabateos míos no están pensados como proclamaciones dogmáticas. Son observaciones hechas desde mi perspectiva única como miembro de la Iglesia de Satán, que llegó a ser administrador y amigo de confianza y colega del Mago

LaVey. Pasé cerca de dos décadas como portavoz de nuestra apreciada filosofía y durante ese tiempo desarrollé principios que creo pueden ser útiles para otros satanistas. Los temas cubiertos son variados y ustedes encontrarán aquí metáforas que me han ayudado a influenciar el mundo de interesantes maneras.

Comenzando con la obra aprobada por el Dr. LaVey como la mejor introducción condensada a nuestra filosofía, «Satanismo: La Religión Temida», he secuenciado los ensayos en un flujo que, confío, conllevará a una comprensión más amplia. Se desplazan a través de asuntos que delinean el satanismo en contraste y a diferencia de otras perspectivas ya existentes para acercarse a la sociedad humana. Encontrarán varios temas recurrentes que he abordado desde ángulos diferentes. Defino tipos particulares de animales humanos que ustedes podrían encontrar y luego avanzo a inquietudes de índole más personal respecto a mis inclinaciones estéticas.

A lo largo de los años se me ha preguntado por la música orquestal, ya que esta es mi pasión y por tanto he creado una guía para algunos de los compositores y obras que considero están entre los más grandes en la historia de la música occidental. El Diablo siempre tiene las mejores melodías y sospecho que eso podría ampliarse para abarcar la idea de que él también tendría una Filarmónica del Hades condenadamente buena para dirigir.

Entonces es el momento de abrir esas puertas adamantinas y recorrer la Iglesia de Satán. Celebro a nuestro fundador y discuto importantes hitos en la historia de nuestra Iglesia. Luego revelo algunos de los mecanismos y estructuras que conforman la arquitectura de nuestra organización. Los ensayos concluyen ofreciendo la mirada de una persona de dentro, que tiene información privilegiada, hacia la aplicación de nuestra filosofía referidas respetuosamente como «palabras para el sabio».

Para finalizar este volumen entrego ritos prohibidos para ti. Mientras que el Dr. LaVey estuvo vivo, creé varios rituales que se convirtieron en liturgia habitual dentro de la Iglesia de Satán. Estos circularon únicamente entre los miembros de nuestro Sacerdocio de Mendes y se han «probado en cámara» por varios años. Ahora es tiempo de desencadenar algunos de ellos. Otros permanecen en secreto.

Estoy muy orgulloso de todas las personas extraordinarias que he conocido a través de la Iglesia de Satán. Son la prueba abundante de que el Dr. LaVey acertó en nombrar a los nuestros y sé que hay más individuos valientes y talentosos por cruzarse en mi camino. Que mi trabajo pueda, de alguna manera, continuar profundizando sobre la brillante innovación de nuestro fundador es, para algunos de ustedes, suficiente recompensa. Os saludo, compañeros satanistas, y espero ansiosamente vuestras férvidas obras para inspirarme, mientras continúo forjando mis propias creaciones en la fundición infernal de mis estigias pasiones.

Cierta gente temerosa ha cuestionado la proclamación inicial del Dr. LaVey de la nueva Edad de Fuego, pero sé que él tenía la razón. Dado que la Iglesia de Satán completó su segundo Año de Trabajo en 2002 EC, ciertamente ha cumplido su predicción de alcanzar la madurez. A medida que continuamos avanzando, aumentó el fervor a escala mundial. Llevamos un legado, cristalizado e identificado por Anton Szandor LaVey, que ha salido de las sombras para reclamar lo que le corresponde. Es un tiempo glorioso para ser un satanista. Ahora *Time* debería estar preparada para una nueva portada: «¡SATÁN VIVE!» Mis ojos han visto la gloria oscura. Sé que ustedes comparten mi visión.

✹ **Mago Peter H. Gilmore**
Viernes, 13 de octubre, XLI A.S.
Hell's Kitchen, Nueva York.

¡Oh hombre! ¡Presta atención!
¿Qué dice la profunda medianoche?
«El mundo es profundo
Y más profundo de lo que el día ha pensado.
Profundo es su dolor,
El placer—es más profundo aún que el sufrimiento:
El dolor dice: ¡Pasa!
Mas todo placer quiere eternidad,
—¡Quiere profunda, profunda eternidad!»

De *Así habló Zaratustra*
por Friedrich Nietzsche

Los Ensayos

Satanismo:
La Religión
Temida

CUANDO ANTON SZANDOR LAVEY afeitó su cabeza y creó la Iglesia de Satán el 30 de abril de 1966, sabía que pronto sería el punto focal para las personas alrededor del mundo. Ahora que hemos pasado el cuadragésimo aniversario de esa noche decisiva, ¿ha comenzado el mundo a entender el significado verdadero detrás de la única religión organizada en la historia, en tomar como su símbolo la figura por antonomasia del orgullo y la rebelión y, para muchos, del Mal? ¿Y es que hay en verdad algún fundamento para que las personas sientan temor ante el fenómeno creciente del satanismo contemporáneo? Como el Sumo Sacerdote de la Iglesia de Satán, puedo decir cándidamente: «¡Sí!». Sin embargo, a lo que la población general ha decidido temerle es a un retrato ridículo que ha sido pintado en un *Technicolor* chillón por la intención sensacionalista de los medios de excitar, por evangelistas inescrupulosos luchando para llenar sus arcas y mantener enjoyadas a sus amantes y, más penosamente, por un segmento de la comunidad terapéutica que ha encontrado una mina de oro en el tratamiento de los llamados «sobrevivientes de abuso ritual» que no aportan evidencia de sus cuentos de terror, salvo por su creencia ferviente de que fueron víctimizados. Estas ficciones son notablemente similares a las historias contadas por las mujeres catalogadas por Freud de histéricas. No perderé el tiempo refutando la afirmación absurda de que existe una conspiración internacional de satanistas generacionales empeñados en esclavizar al mundo mediante el consumo de drogas y el sacrificio de bebés criados para tal fin por mujeres emocionalmente inestables. Esa mitología ha sido ampliamente explotada por otras fuentes. Miremos en cambio al satanismo contemporáneo como lo que realmente es, una religión de elitismo y darwinismo social, que busca restablecer el dominio del capaz sobre el idiota, de la justicia rápida sobre la injusticia lenta y que rechazo por completo el igualitarismo por ser un mito que ha lisiado el avance de la especie humana durante los últimos dos mil años. ¿Eso es algo a lo cual temer? Si eres uno de la mayoría de mediocridades humanas existiendo meramente como un zángano drogado por los medios, ¡apuesta a que sí!

La filosofía del satanismo está esbozada en los escritos de Anton Szandor LaVey. Sus libros incluyen *La Biblia Satánica*, *Los Rituales Satánicos*, *The Satanic Witch* (La Bruja Satánica), *The Devil's Notebook* (El Cuaderno del Diablo) y *Satan Speaks!* (Satán Habla). Todos están actualmente disponibles y cualquiera que esté interesado en una imagen cabal de los puntos de vista sostenidos por la Iglesia de Satán debería consultarlos. Uno puede obtener más información leyendo *Secret Life of a Satanist, the Authorized Biography of Anton LaVey* (La Vida Secreta de un Satanista, la Biografía Autorizada de Anton LaVey) (Feral House) y *The Church of Satan* (La Iglesia de Satán) (Hell 's Kitchen Productions), dos libros de Blanche Barton, biógrafa y compañera por mucho tiempo del Dr. LaVey y miembro del Consejo de los Nueve. Estas obras presentan material abundante respecto a la historia y las prácticas contemporáneas de la Iglesia de Satán.

Para quienes aún tienen que estudiar esta literatura, hay tres conjuntos de pautas breves publicados por la Iglesia a lo largo de los años, escritos por LaVey, los cuales pueden dar al no iniciado una versión resumida de la filosofía satánica. Los primeros son las *Nueve declaraciones satánicas*

(©1969), que abren *La Biblia Satánica* y dan al satanista una base firme.

Ellas son:

1. ¡Satán representa complacencia, en lugar de abstinencia!
2. ¡Satán representa existencia vital, en lugar de quimeras espirituales!
3. ¡Satán representa sabiduría pura, en lugar de autoengaño hipócrita!
4. ¡Satán representa amabilidad hacia quienes la merecen, en lugar de amor desperdiciado en ingratos!
5. ¡Satán representa venganza, en lugar de poner la otra mejilla!
6. ¡Satán representa la responsabilidad para el responsable, en lugar de preocuparse por vampiros psíquicos!
7. ¡Satán representa al hombre como otro animal, algunas veces mejor, más a menudo peor que los que caminan en cuatro patas, el cual, debido a su «divino desarrollo espiritual e intelectual», se ha convertido en el animal más vicioso de todos!
8. ¡Satán representa todos los llamados «pecados», ya que todos ellos conducen a la gratificación física, mental o emocional!
9. ¡Satán ha sido el mejor amigo que la iglesia ha tenido, ya que Él la ha mantenido en el negocio todos estos años!

Las siguientes declaraciones, *Las once reglas satánicas de la Tierra* (© 1967), fueron escritas más o menos en la misma época, pero en aquel entonces se consideraron demasiado francas y brutales para su publicación general y dadas sólo a los miembros. He aquí la *Lex Satanicus*, la ley de la selva para la interacción social:

1. No des opiniones o consejos a menos que te sea

solicitado.

2. No le cuentes tus problemas a otros a menos que estés seguro de que quieran escucharlos.
3. Cuando estés en el hogar de otro, muéstrale respeto o mejor no vayas allá.
4. Si un invitado en tu hogar te molesta, trátalo cruelmente y sin piedad.
5. No hagas avances sexuales a menos que te sea dada la señal de apareamiento.
6. No tomes lo que no te pertenece a menos que sea una carga para la otra persona y pida a gritos ser liberada.
7. Reconoce el poder de la magia si la has utilizado exitosamente para obtener tus deseos. Si niegas el poder de la magia después de haber acudido a ella con éxito, perderás todo lo que has obtenido.
8. No te quejes de nada a lo cual no necesites someterte
9. No hagas daño a los niños.
10. No mates animales no humanos a menos que seas atacado o para tu comida.
11. Cuando camines en territorio abierto, no molestes a nadie. Si alguien te molesta, pídele que se detenga. Si no se detiene, destrúyelo.

Dado que hemos estado publicando declaraciones sobre lo que estamos buscando, se consideró que era el momento de hacer una lista de lo que deseamos evitar. Los satanistas reconocemos que somos humanos y tratamos de alcanzar la perfección, pero a veces podemos caer en patrones de conducta negativos. Así nació la lista de los *Nueve Pecados Satánicos* (© 1987), guías sobre lo que los satanistas consideran comportamientos no productivos, para identificarlos y eliminarlos de la existencia cotidiana.

1. **Estupidez** — El más importante de los pecados satánicos.

El pecado cardinal del satanismo. Es una lástima que la estupidez no sea dolorosa. Una cosa es la ignorancia, pero nuestra sociedad prospera crecientemente en la estupidez. Depende de que la gente esté de acuerdo con cualquier cosa que se les diga. Los medios de comunicación promueven una estupidez cultivada como una postura que no sólo es aceptable sino loable. Los satanistas deben aprender a ver a través de los trucos y no pueden darse el lujo de ser estúpidos.

2. **Pretenciocidad** — Una postura vacía puede ser en su mayoría irritante y no se aplica a las reglas cardinales de Magia Menor. En igualdad de condiciones con la estupidez es lo que mantiene el dinero en circulación en estos días. A todos se les hace sentir como si fueran importantes, ya sea que estén o no a la altura.

3. **Solipsismo** — Puede ser muy peligroso para los satanistas. Proyectar tus reacciones, respuestas, y sensibilidades en alguien que probablemente está menos sintonizado que tú. Es el error de esperar que las personas te den la misma consideración, cortesía y respeto que tú les das. No lo harán. En cambio, los satanistas deben esforzarse en aplicar la máxima «Haz a otros lo que ellos te hacen a ti». Es un trabajo para la mayoría de nosotros y requiere una vigilancia constante para no caer en la cómoda ilusión de que todos son como tú. Como se ha dicho, ciertas utopías serían ideales en una nación de filósofos, pero desafortunadamente (o quizás afortunadamente, desde un punto de vista maquiavélico) estamos bien lejos de ese punto.

4. **Autoengaño** — Está en las *Nueve declaraciones satánicas*, pero merece repetirse aquí. Otro pecado cardinal. No debemos rendir tributo a ninguna de las vacas sagradas que se nos presentan, incluyendo aquellos papeles que se espera que interpretemos. La única vez que el

autoengaño tendría cabida es cuando es por diversión y con conciencia. Pero en ese caso ¡no es autoengaño!

5. **Conformidad** — Eso es obvio desde una postura satánica. Está bien ajustarse a los deseos de una persona, si ello a la larga te beneficia. Pero sólo los tontos se dejan llevar por el rebaño, permitiendo que una entidad impersonal te dé órdenes. La clave es escoger sabiamente un amo en lugar de ser esclavizado por los caprichos de la mayoría.

6. **Falta de perspectiva** — Nuevamente, esto puede dirigir a un satanista a un montón de dolor. Nunca debes perder de vista quién y qué eres, y la amenaza que puedes representar, por tu propia existencia. Estamos haciendo historia ahora mismo, cada día. Ten siempre en mente el amplio marco histórico y social. Ésa es una clave importante para ambas la Magia Menor y Mayor. Mira los patrones y encaja las cosas como tú quieras que las piezas se ubiquen en su lugar. No te dejes llevar por los constreñimientos del rebaño; entiende que estás trabajando en otro nivel completamente alejado del resto del mundo.

7. **Olvido de ortodoxias anteriores** — Sé consciente que esta es una de las claves para lavarle el cerebro a la gente de modo que acepten algo nuevo y diferente, cuando en realidad es algo que había sido aceptado ampliamente pero que ahora se presenta en un nuevo empaque. Se espera que elogiemos el genio del creador y nos olvidemos del original. Esto conlleva a una sociedad desechable.

8. **Orgullo contraproducente** — La segunda palabra es importante. El orgullo es grandioso hasta el momento en que pierdes la perspectiva y terminas tirando tanto las frutas frescas como las podridas. La regla satánica es: Si funciona para ti, excelente. Cuando deja de fun-

cionar para ti, cuando terminas arrinconándote y la única manera de salir es decir, «lo siento, cometí un error, desearía que pudiéramos arreglarlo de alguna forma», entonces hazlo.

9. **Falta de estética** — Esta es la aplicación física del Factor de Equilibrio. La estética es importante en la Magia Menor y debe ser cultivada. Es obvio que nadie puede hacer mucho dinero a costa de los estándares clásicos de forma y belleza la mayor parte del tiempo, por lo que en la sociedad de consumo son desalentados, pero un ojo para la belleza, para el equilibrio, es una herramienta satánica esencial y debe aplicarse para la máxima eficacia mágica. No es lo que se supone que debe ser agradable, es lo que es. La estética es una cosa personal, reflejo de la propia naturaleza de cada uno, pero existen configuraciones universalmente agradables y armoniosas que no deberían negarse.

Este material resume los rudimentos de la filosofía satánica. Ciertamente no tiene nada que ver con la visión judeocristiana prevalente de altruismo y autosacrificio y, para alguien criado en esa cosmovisión, puede por tanto parecerle bastante extraña y aterradora. De manera realista, el código satánico de comportamiento se basa en la naturaleza humana tal como es y por tanto puede fluir en personas carnales que no han sido indoctrinadas profundamente en sistemas de creencia antivida y antirracionales. Es un hecho que muchas personas hoy día se llaman a sí mismas cristianas pero en realidad no tienen un concepto claro de lo que implica del todo esa filosofía, comportándose generalmente de un modo satánico. Pensamos que ya va siendo hora de que esto se reconozca y que las personas se denominen a sí mismas por lo que son en verdad, no por lo que es socialmente conveniente para ellos.

Como puedes ver, en la Iglesia de Satán no hay elementos de adoración al diablo. Tales prácticas son consideradas como herejías cristianas. Creer en la cosmovisión cristiana de Dios contra el Diablo y elegir aliarse con el Príncipe de las Tinieblas no tiene sentido para el satanista, ya que ninguno existe. Adicionalmente, no creemos en lo sobrenatural. Para el satanista, él es su propio dios. Satán es un símbolo del Hombre viviendo como lo dicta su naturaleza orgullosa y carnal. Algunos satanistas extienden este símbolo para abarcar la «fuerza» evolutiva de la entropía que impregna toda la naturaleza y brinda el impulso para la supervivencia y propagación inherentes en todas las cosas vivas. Para el satanista, Satán no es una entidad consciente que debe ser adorada, es más bien un nombre para el reservorio de poder dentro de cada ser humano para ser utilizado a voluntad. Por ello, los satanistas rechazan la práctica del sacrificio por ser una aberración cristiana; en el satanismo no hay deidad a la cual se le pueda hacer un sacrificio.

En ocasiones los satanistas tienen la experiencia de lo supernormal en su práctica del ritual o Magia Mayor. Esta es una técnica destinada principalmente como psicodrama de autotransformación, pero que puede utilizarse como un intento de influenciar el resultado de los acontecimientos humanos para conseguir los fines deseados. En el contexto de un ritual teatral y estimulante, se alcanza un estado emocional extremo, enviando una visión de lo que deseas que ocurra (Lo-que-Será), lo cual, si tus niveles de adrenalina son lo bastante elevados, podría penetrar las mentes inconscientes de quienes deseas influenciar, haciendo que se comporten como tú quieres cuando sea el momento adecuado. Esto no quiere decir que cualquier cosa es posible, ya que para hacer un envío poderoso se necesita una gran cantidad de energía y a menudo es difícil influenciar acontecimientos desde la inercia de las direcciones presentes. Los satanistas consideran que la Magia Mayor eficaz puede ser un talento y que individuos diferentes pueden tener capacidades distintas para «enviar y recibir». Una de las características de un exitoso mago satánico es tener conciencia de tus capacidades y de lo que es posible lograr. Adicionalmente, los satanistas no utilizan la fe como una herramienta de cognición, de ahí que no haya exigencia de aceptar la Magia Mayor como algo más que autoterapia. De cada satanista depende el examinar cualquier "coincidencia interesante" posterior a sus rituales y, con base en la evidencia, decidir si hay algo más en movimiento. Los satanistas también practican la Magia Menor, que es básicamente la manipulación cotidiana de tus semejantes para conseguir tus fines. Se presentan técnicas detalladas en *The Satanic Witch* (La Bruja Satánica).

En los últimos tiempos hemos visto a ciertos evangelistas e incluso académicos mal informados llamando al satanismo un movimiento neonazi. Esta es una etiqueta incorrecta. El movimiento nazi extrajo gran parte de su poder de una doctrina racista de la superioridad aria. El satanismo es mucho más exigente que eso. Si bien existen diferencias biológicas comprobables entre las razas y niveles de desempeño estadísticamente demostrables en diversas actividades, es bastante irracional pensar que alguien puede ser avanzado o no, simplemente debido al color de su piel. Incluso si uno proviene de un material genético prometedor, y con eso nos referimos a antepasados que han demostrado tener capacidades de superior desempeño, esto no garantiza el avance de un individuo. Reconocemos los méritos individuales y no atribuimos ningún valor a los linajes. Los satanistas sólo consideran que los individuos son «élite» si lo demuestran cultivando al máximo alcance posible sus habilidades dotadas naturalmente. Esto es algo que requiere la virtud satánica de la disciplina, una cualidad que tratamos de inculcar en nuestra propia «juventud de hierro». Existen así individuos destacados de todos los orígenes étnicos y son recibidos por el satanismo como los seres superiores que son, creando una tribu transcultural única de gente carnal.

Los satanistas atesoran el individualismo, algo que difícilmente se gana marchando a paso de ganso *en masse* por la calle. Sin embargo no aceptamos una atmósfera de «todo vale», en donde todos los valores son relativos y nada se levanta por encima del fango de lo común. El satanismo alienta un retorno a valores más tradicionales en el arte y la literatura tales como el dominio de la técnica y la comunicación emocional, de forma y función, diseño y ejecución. Los satanistas encuentran una riqueza de material en la cultura occidental para ser atesorado como el pináculo de los logros humanos que son, y no para ser sepultados bajo la bazofia de intentos multiculturalistas de desplazarlos con logros dudosos simplemente porque son no-occidentales, como se ha vuelto rampante en algunos círculos académicos y artísticos. Pedimos a cada individuo que busque la grandeza humana dondequiera que pueda encontrarse, desde las bóvedas de la historia y de los productores talentosos del presente, y que ridiculicen las farsas de moda como las fachadas superficiales que son. Puesto que el satanismo defiende la aceptación del Hombre como un animal, en muchas culturas pasadas ha habido a menudo creadores que adoptaron esta apreciación y la exploraron en el contexto de su sociedad, por ello los satanistas buscan estas expresiones artísticas y filosóficas y las ven como las «raíces» de la conciencia actual de nuestro tipo humano.

Los satanistas ven la estructura social de la humanidad como estratificada, así que cada persona alcanza un nivel acorde con el desarrollo (o falta de este) de sus talentos naturales. El principio de la supervivencia del más fuerte se promueve en todos los niveles de la sociedad, desde permitirle a un individuo permanecer de pie o caer hasta incluso dejar que aquellas naciones que no pueden manejarse a si mismas asuman las consecuencias de esta incapacidad. Cualquier ayuda en todos los niveles sería sobre la base de un *quid pro quo*. Si este principio racional y justo fuese puesto en funcionamiento, habría una reducción concomitante de la población mundial, ya que se le permitiría a los débiles experimentar las consecuencias del darwinismo social. La naturaleza siempre ha actuado de este modo para limpiar y fortalecer a sus hijos. Esto es duro, pero así es el mundo. Aceptamos la realidad y no tratamos de transformarla en alguna utopía que sea contraria a la esencia misma de la existencia. La aplicación práctica de esta doctrina vería el cese completo de los sistemas de bienestar, el final de la ayuda extranjera sin compromisos y nuevos programas para premiar y motivar a individuos dotados en todos los campos a buscar la excelencia personal. Una meritocracia sustituiría la práctica de tales injusticias como la acción afirmativa y otros programas diseñados para castigar a los capaces y premiar a los indignos. No se reduciría la generosidad natural de algunos exitosos y prósperos, pero tampoco sería exigida por el Estado.

Los satanistas también buscan implementar las leyes de la naturaleza concentrándose en fomentar la práctica de la eugenesia. Esta no es una doctrina exótica incubada en los cerebros de los desquiciados médicos del Tercer Reich. Es la práctica de alentar a la gente de talento y en capacidad de reproducirse, a enriquecer el acervo génico del cual puede crecer nuestra especie. Esto era comúnmente practicado en todo el mundo, como lo demuestra incluso un texto sobre la eugenesia respaldado por la *Women's Christian Temperance Union* (Unión de Mujeres Cristianas por la Templanza), hasta que esta adquirió una mala reputación debido a los excesos nazis. Hasta que el código genético sea totalmente manipulable y podamos elegir los rasgos de nuestra progenie, los satanistas buscan acoplar lo mejor con lo mejor. Los satanistas que sepan que pueden pasar defectos genéticos se abstendrían de reproducirse. De nuevo, esta práctica constituye una opción personal, no un mandato impuesto por el gobierno.

La mayoría de los satanistas están particularmente molestos por el extraordinario nivel de actividad criminal que abunda hoy en día, por lo que abogan por un retorno a la *Lex Talionis* romana; que el castigo se ajuste al tipo y grado del delito. Para lograrlo, nos complacería ver la conformación de una fuerza policial de élite, de hombres y mujeres en las mejores condiciones físicas y mentales, entrenados en técnicas avanzadas de lucha contra el crimen, quienes estarían hábilmente preparados para erradicar la plaga que hace de muchas de nuestras ciudades poco más que selvas de concreto. El hombre es un ser social por naturaleza y hace su contrato social con sus semejantes, estableciendo así reglas de conducta, permitiéndole a los individuos la máxima libertad de interacción. Desobedece esas reglas y el castigo debe ser rápido y certero y, seguramente, público también. Esto no quiere decir el encarcelamiento de individuos en instituciones a costa de las víctimas para una supuesta «rehabilitación». No, a estos criminales debería dárseles algún uso, tal vez en trabajos forzados, incluso para limpiar el medio ambiente que ha sido contaminado de manera tan inconsciente bajo el dominio de la filosofía espiritual cristiana que ve al hombre como superior a otras criaturas vivientes con un «derecho otorgado por Dios» para abusar de ellos a voluntad. El hombre es un animal, y debe volver a actuar como uno- sin ensuciar su propia guarida ya que solo humanos enfermos lo hacen.

La Iglesia de Satán sigue un plan de cinco puntos para

mover a la sociedad en direcciones que se consideran beneficiosas para los satanistas. El primer punto es la defensa del reconocimiento y aceptación general de la estratificación, la cual es nada menos que la eliminación del igualitarismo donde quiera que haya echado raíces. La mediocridad será identificada y despreciada. Los estúpidos sufrirían debido a su comportamiento. Los verdaderamente bellos y magníficos serán apreciados. Cada individuo debe elegir por sí mismo sus propias normas estéticas, pero creemos que hay ciertos elementos de logro que, si bien no satisfacen a todos, son innegables. Por ejemplo, no se puede negar la superioridad inherente lograda por una sinfonía de Beethoven, una escultura de Miguel Ángel, una pintura de Da Vinci o una obra de teatro de Shakespeare. Muchos satanistas están trabajando para crear sus propias ciudadelas de excelencia por fuera de la corriente cultural principal, conservando lo valioso del pasado y seguir creando nuevas obras de poder para ser revelados a quienes lo apreciaran.

El segundo punto es la aplicación de una tributación estricta a todas las iglesias. Esto removería la exención tributaria gubernamental a la religión y obligaría a estos parásitos a vivir solamente de sus propios miembros y, si no pueden, entonces perecerán como es debido. La Iglesia de Satán nunca ha buscado el estatus de exención de impuestos y desafía a las demás iglesias del mundo a sostenerse con sus propios recursos. Desenmascaremos la naturaleza vampírica de las religiones organizadas y veamos si ellas son capaces de cesar su parasitismo.

Tercero, exigimos el restablecimiento de la *Lex Talionis* en toda la sociedad humana. La tradición judeocristiana, que existe secularmente bajo el disfraz de «humanismo liberal», ha exaltado con demasiada frecuencia al criminal sobre la víctima, quitándole la responsabilidad al malhechor con su doctrina del perdón. Tal pensamiento es una vergüenza para el ideal de justicia. Esto no debe seguir. Los individuos deben rendir cuentas de las consecuencias de sus actos, y no permitírseles utilizar a la sociedad, la historia o cualquier influencia «externa» como chivos expiatorios. No debería sorprender que muchos satanistas formen parte de agencias de orden público, y que haya un gran número de personas en este y otros sistemas de justicia penal, que están totalmente de acuerdo con el satanismo en este punto. Si no se va a aplicar la ley, los satanistas defienden la práctica de buscar justicia por uno mismo, pero se te advierte estar plenamente consciente de las consecuencias de tales acciones en la corrupta sociedad de hoy. Con el actual estado de cosas, la protesta que cause el esperado retorno de la justicia está aún por venir.

Cuarto, los satanistas promueven una nueva industria, el desarrollo y la promoción de compañeros humanos artificiales. Estos «humanoides» se construirán para ser lo más realistas posibles, y estarán disponibles para cualquiera que pueda pagarlos. Reconociendo que el animal humano a menudo se eleva a sí mismo mediante la denigración del otro, esto podría brindar un lugar seguro para tal comportamiento. Ten el amante de tus sueños, independiente de tus propias destrezas; cada hombre un rey que puede comprar su propio súbdito o, por el contrario, comprar el amo a quien desees servir. Libertad de elección para satisfacer tus deseos más secretos, sin que nadie se moleste, se encuentra ahora a la mano. ¿Qué podría ser mejor para liberar la tensión existente en nuestra sociedad y promover una interacción más sana?

Finalmente, promovemos la construcción de ambientes totales, tecnológicamente actualizados pero teatralmente convincentes, para que sean, literalmente, domos de placer y lugares de diversión y deleite. Hemos visto los comienzos de algunos de los principales parques temáticos, pero llevémoslo hasta las alturas descritas en películas como *Westworld*. Aquí podrías disfrutar en cualquier ambiente que puedas imaginarte. Estas construcciones no solo serían apropiadas para la recreación de historias del pasado, ya que la ciencia ficción y la fantasía también brindarían fuentes fértiles para muchos de estos parques recreativos. Lugares de esta naturaleza se vuelven más abundantes cada año.

¿Sería capaz la persona promedio de detectar a un miembro de la Iglesia de Satán? Como los satanistas abarcan el espectro total de los logros económicos y profesionales, a menos que alguien esté llevando un medallón con el Sigilo de Bafomet, o esté usando la insignia de Bafomet en la solapa significando que se trata de un representante oficial, la verdad no puedes identificar a un satanista sólo por su apariencia y conducta. En su vida diaria, los satanistas son individuos que están disfrutando de sus vidas en el aquí y el ahora. Comen lo que les gusta, visten como quieren, y generalmente siguen el estilo de vida que es apropiado para ellos, siempre y cuando se encuentre dentro de las leyes de su respectivo país de residencia.

No se exige la participación en actividad ritual. Las técnicas presentadas en nuestra literatura son para que los miembros las apliquen como ellos lo deseen. Algunos satanistas disfrutan la atmósfera social de un ritual en grupo y buscan a otros para este fin. Muchos satanistas encuentran su actividad ritual como algo muy personal y prefieren permanecer en solitario. Para la Iglesia de Satán, cada camino es aceptable. De hecho, no hay reglas para la frecuencia de la actividad ritual. Algunos celebran tradicionalmente los equinoccios y solsticios como días festivos, pero obviamente, el cumpleaños de uno mismo es la mayor fiesta satánica del año. El proceso ritual se utiliza a menudo como un catártico, para limpiar al individuo de deseos que podrían convertirse en compulsiones si quedan insatisfechos, de esta forma tales prácticas toman el lugar de la terapia. Los satanistas valoran su individualidad y no tratan de ajustarse a los estándares de normalidad de los demás. Además, los satanistas no hacen proselitismo, por lo que no serás abordado por alguien con una túnica negra agitando folletos en tu rostro. Tenemos nuestra literatura fácilmente disponible, y si algunos encuentran que la filosofía es de su agrado, pueden acercarse a nosotros para investigar la posibilidad de afiliación (www.churchofsatan. com). El público general probablemente se sorprendería al descubrir que han estado interactuando con satanistas durante muchos años, y que estos satanistas serán algunas de las personas más interesantes, justas, confiables y agradables que ellos han conocido.

Cuando esté más plenamente impregnado por los valores primarios del satanismo, el mundo brindará un ambiente desafiante donde podrás llevar a cabo mucho, o poco, con base en el nivel de aporte que puedas reunir, y en el alcance de tus capacidades naturales. Sí, esto es temible para las masas deseosas de sentarse y ser arreadas de un producto publicitado por los medios a otro. ¡Nuestra visión del mundo te desafía a pensar, y a hacer algo con esos pensamientos! Como realistas extremos, no esperamos que un gran porcentaje de la población humana tenga la energía y la disciplina necesarias para sobresalir, ni una sociedad satánica intentaría obligar a la gente a hacer aquello que está más allá de sus capacidades, pero no nos abstendremos de juzgar a estas personas según nuestras normas. Quienes deseen llevar una existencia dopada, tanto si el elemento adictivo es químico o mediático, serán reconocidos como los esclavos que son y vistos con desprecio. Pueden continuar su camino autodestructivo si así lo desean, pero no se les permitirá detener a quienes quieren alcanzar la grandeza.

Tú que has sido engañado a creer en el tigre de papel exhibido por los medios de comunicación de hoy, no te preocupes; los satanistas no vamos tras tus hijos, ya que probablemente son tan irremediablemente mediocres como sus padres. Pero estamos llevando al mundo hacia un estado donde los gorrones trabajarán o morirán de hambre, y los parásitos serán removidos para marchitarse y perecer. Por lo tanto, sólo tienes que temer al satanismo real, si eres es un criminal, un parásito, o derrochador. ¿Tienes miedo?

Somos Una Legión

DESDE EL RECIENTE DEBUT DE *The Black Flame*, he pasado muchas horas en las ondas radiales de Norte-américa divulgando la palabra a los curiosos radioescuchas acerca del verdadero satanismo, en oposición a los retratos risibles y anticuados esbozados por crédulos anfitriones de programas de entrevista y fundamentalistas que incitan al pánico. Lo que más me deleitó fue descubrir que la semilla de *La Biblia Satánica* ha producido algunos frutos fascinantes y florecientes, esparcidos a lo largo del continente.

Me he encontrado gente muy estúpida, pero también muchos compañeros de viaje que apreciaban, coincidían a menudo con, e incluso acogían, nuestra filosofía de interés propio racional. Como es de esperarse, la mayoría de los individuos satánicos que llamaron para conversar lo hicieron durante programas de trasnoche. Sí, los satanistas *somos* los hombres de negro, vampiros y licántropos que merodean en la noche.

He disipado, de manera irónica, los rumores sobre laboratorios satánicos que, en las profundidades del Pentágono, están perfeccionando ahora mismo el virus que hará la estupidez dolorosa para el perpetrador. ¡Si tan sólo sus esfuerzos pudieran acelerarse!

Fui testigo de la evidencia que existe una gran diversidad entre los nuestros, lo cual es un signo irrefutable de la salud de nuestro siempre creciente movimiento. El satanismo promueve miríadas de sendas personales desarrolladas por satanistas consumados, quienes se han alzado por encima del rebaño de borregos. El satanista se ve a sí mismo diferente y experimenta un sentimiento de alienación de quienes le rodean. Este es el primer paso de individuación. Uno primero observa a sus vecinos y cuestiona los cimientos mismos de sus valores. La verdadera pregunta satánica es «¿Por qué?» ¿Eres una persona con una identidad que se ha hecho a sí misma, o simplemente absorbiste lo que se pregona en el mercado cultural? ¿Eres consciente de ti mismo? ¿Te sientes orgulloso de no ser aceptado por las abundantes masas? ¿Cómo ve a aquellas personas a quienes encuentra a lo largo de su existencia cotidiana, y que son también, en algún sentido, marginados?

El verdadero satanista se relaciona con las personas como individuos, evitando doctrinas colectivistas tales como el racismo. Los satanistas no solo toleran a los raros e inadaptados de la sociedad; les buscan para ganar sabiduría de sus excéntricos camaradas. Somos en verdad lobos solitarios, aullando nuestras canciones de melancolía *noir* en la noche. Pero a veces optamos por ir en manadas. Incluso podríamos intentar sacudir la autocomplacencia de quienes abrazan irreflexivamente la realidad consensual, demostrándoles que hay mucho más en el Infierno y en la Tierra de lo que podría soñarse en sus filosofías.

Y a veces nos encontramos a esos encontramos a esos niños salvajes, lobeznos que son abandonados porque sus naturalezas ajenas son percibidas por otros que les rechazan. Todavía tienen que comprender su unicidad y adoptamos a éstos compañeros hijos de la noche, iluminando con la Llama Negra su camino a lo largo del sendero siniestro. ¡Qué maravillas tenemos para mostrarte, a ti que arrojarías tu manto de santurronería para envolverte en la túnica del entendimiento luciferino! Estas alturas no son para los tímidos. ¿Te atreves a mirar dentro del negro espejo humeante de Tezcatlipoca? ¿Te gustaría unirte a nosotros?

Alienación

LOS SATANISTAS SE VEN a sí mismos como diferentes de la tendencia general de la humanidad. Nos vemos a nosotros mismos como distintos de quienes solo siguen las corrientes del entorno cultural, sin deseos de ser aceptados por las bullentes hordas. Cuando es posible, tratamos de arrojarlos de la «osmo-consciencia» que, en Occidente, está dominada por el pensamiento judeocristiano que dice que el hombre está apartado del mundo natural y que, para aceptar lo espiritual, debe limpiarse a sí mismo de lo material.

¡Tonterías! Los satanistas aceptan lo carnal, están en sintonía con su naturaleza animal y trabajan para recuperar la bestia interior que ha sido esterilizada por quienes se odian a sí mismos. Una de las causas principales que han llevado a la proliferación del pensamiento anticarnal es el hecho que hay dos tipos de humanos y, por ser más numeroso, un tipo ha llegado a dominar al otro. Están quienes se sienten uno consigo mismos, cómodos con sus emociones y su razón, sin hallar contradicciones entre sus pensamientos y sentimientos, a quienes podemos llamar el tipo carnal. La otra variedad está en guerra consigo misma, sufriendo de una discordancia personal de mente versus emoción, cuerpo versus alma y anhelando por un cielo y rechazando la vida terrenal: el tipo etéreo.

Este segundo tipo es el que siente una autoalienación que es la causa del odio a sí mismos, llevando al desprecio por el cuerpo, cuyos deseos naturales son truncados con frecuencia. Este impulso etéreo está detrás de las principales religiones espirituales que han propagado por todo el mundo su asco por la vida. Los individuos carnales tienen dificultad percibiendo qué es lo que el etéreo desea purificar de sí mismo. De hecho, los carnales suelen estar muy ocupados disfrutando de la vida para preocuparse por tales asuntos ilusorios. Pero ésta es una dicotomía muy tangible para el etéreo, una que debe remediarse. Para librarse de impurezas carnales, emplean a menudo el ascetismo, ahogando cualquier placer que sientan. En última instancia, esto termina en masoquismo universal, deleitándose en la agonía de la «purificación». Como los tipos carnales no pueden siquiera dividirse de esta manera, el etéreo les ve como incurablemente impuros y a menudo exterminará a tales individuos para librarse del recordatorio de lo que no pueden ser: seres vivos, armoniosamente en sintonía con su naturaleza.

Los etéreos obtuvieron una victoria importante con el aplastamiento de Occidente por parte del cristianismo. Esta es la visión general ampliamente aceptada, promovida por muchas religiones y filosofías tenidas como ejemplo del comportamiento humano. Naturalmente, el satanista es del tipo carnal y se halla en conflicto total con este sistema de valores, por lo que se aliena de la norma cultural. Esta es una forma saludable de desapego que lleva a un fuerte sentido del Yo y el crecimiento del individualismo. El etéreo está alejado de sí mismo, una alienación en verdad peligrosa y destructiva que ha causado siglos de dolor y devastación. Cuando gobiernan, los tipos etéreos abogan a menudo por el genocidio de los carnales, porque no pueden soportar el ver individuos que viven con alegría, y no con la agonía constante que ellos mismos experimentan.

Ahora es el momento para el resurgimiento y triunfo

del tipo carnal. Hemos desatado la bestia carnal que desgarrará la carne marchita de quienes se sienten en conflicto con el orden natural. Sus tejidos disecados y envenenados serán sepultados con los otros desechos cuya descomposición dará el fertilizante para las nuevas generaciones de humanos integrados, autoconscientes y que se aceptan a sí mismos. La naturaleza cantará victoria sobre quienes la nieguen.

Una Cartilla
para Misantropólogos
en Ciernes

LOS SATANISTAS SON PRAGMÁTICOS, que procuran lo mejor para ver el mundo que les rodea de la manera más despejada posible; a eso llamamos «sabiduría incorrupta». Luego, utilizamos esta comprensión para hacer de la vida lo mejor para nosotros mismos y para quienes apreciamos. Llenos de asco ante el espectáculo de las hordas apretujadas que cubren nuestro hermoso planeta y lo ensucian con su presencia, tratamos de minimizar nuestro contacto con esos habitantes crédulos a quienes llamamos «el rebaño». La vida humana, en sí y por si misma, no se considera valiosa; lo que le importa al satanista es el valor de seres humanos *en particular*. La mayoría de las personas recorren su camino de forma mediocre y son, por tanto vistos con indiferencia, mientras que nosotros nos relacionamos con quienes *verdaderamente* nos importan: los dignos y los realizados. La misantropía es, pues, la base de un estilo de vida satánico. Puesto que en general sentimos que el exceso de gente ha arruinado casi todo en este planeta, quienes estudiamos la bestia llamada Hombre nos autodenominamos, con un gesto y un guiño, «misantropólogos». Saludo a un colega, Carl Abrahamsson, quien recorre el mundo para explorar diversas culturas, puesto que fue él quien utilizó el término por primera vez para describir sus actividades.

Desde la perspectiva del satanista, las características importantes de nuestra especie pueden visualizarse en forma de pirámide. En la cúspide vemos un pequeño ápice caracterizando a esos pocos individuos que tienen la capacidad de crear. Estos seres preciosos sintetizan una combinación única de ideas selectas en los campos de actividad humana que han elegido, o definen algunos principios que revelan una comprensión más profunda del paisaje de la existencia y por tanto enriquecen al resto de la especie. Mueven el conjunto de la sociedad humana. Listar los logros de estos individuos se considera a menudo como la descripción del «progreso» de una civilización. Debajo de este pináculo algo pequeño existe una región trapezoidal mucho más grande que abarca a las personas que tienen la capacidad de producir algo. Esta es la gente que aplica los adelantos de las personas creativas. Son quienes sostienen una civilización. La gran masa en la base de la pirámide es la inmensa mayoría de la raza humana, las personas que no pueden hacer nada más que creer en lo que se les dio. Son los imbéciles marchantes que fluyen con lo corriente de su realidad social, que nada hacen para afectarla y que conforman un océano cuyas mareas son generadas por los esfuerzos gravitacionales de quienes se encuentran en los estratos por encima de ellos.

Es un hecho producto de la observación que la mayoría de los miembros de la especie *homo sapiens* son incapaces de mirar al mundo con algo semejante a una percepción clara de su realidad. Hay una realidad objetiva, la suma de todo lo que existe, pero la cosmovisión de cada individuo constituye una realidad subjetiva, un subconjunto singular. Esta perspectiva se basa en las percepciones totalmente adornadas por la estructura axiomática de conceptos del individuo. Ese fundamento es el medio a través del cual se organizan dichas percepciones. De esta manera, sea que esté determinada conscientemente o absorbida a través de la cultura propia como una «osmo-conciencia», la religión o la filosofía brindan ese contexto fundamental para las percepciones sintetizadas de cada persona.

A lo largo de la historia humana, las culturas dominantes siempre han encontrado medios para controlar a su populacho. En Occidente, el cristianismo ha sido durante muchísimo tiempo uno de los medios de control. Sus ideólogos engañaron con éxito a los fieles para que aceptaran la idea que sus impulsos naturales eran pecaminosos a los ojos de Dios (a quien, de manera muy conveniente, no podían contactar para verificarlo) y que la Iglesia era necesaria para limpiar al pueblo de lo que no podían dejar de hacer (son *todos* pecadores) preparándolo para un mas allá mítico que, según afirmaban, sería mejor que esta vida por cuya causa estaban sufriendo. Esta estafa funcionó, ya que para la mayoría la vida era, como se ha dicho, por lo general bastante miserable, brutal y corta.

Hoy en día, la tecnología ideada por nuestros creadores y fabricada por nuestros productores ha hecho este timo irrelevante. Así, nuestra cultura corporativa ha encontrado un nuevo medio de control. Se le enseñó al proletariado que todos ellos son individuos, únicos y valiosos y que es su derecho ser libres. Mientras asienten con sus cabezas al unísono, los mercachifles corporativos instalan sus diversas mercancías, para luego vendérselas a estas ovejas. Las masas se apresuran a hipotecar sus vidas para comprar símbolos preenvasados, que supuestamente proclaman su libertad e individualidad al resto del rebaño. Quienes son verdaderamente concientes se ríen del espectáculo de gente que de verdad cree que comprando una marca determinada de zapatillas de correr o un vehículo utilitario deportivo, evolucionan hasta ser únicos. Y es fascinante anotar que esos dos productos en particular son similares en diseño. Son comprados por personas que ni corren, ni tampoco conducen en terrenos que exigen tales medios de transporte. El consumismo es hoy día un poderoso dispositivo para la esclavitud, tan poderoso como lo era el cristianismo. Nada ha cambiado de verdad.

Lo que hace a los plebeyos tan fácilmente manipulables es que poseen una capacidad para tragar por completo miles de conceptos sin base fáctica. Su incapacidad para contrastar las ilusiones que les venden con la realidad es lo que permite que esto continúe. Todo lo que necesita hacer un aspirante a líder es decirle a sus seguidores potenciales que ellos son, de alguna manera, especiales, «elegidos», únicos o superiores y aceptarán alegremente estos falsos halagos. El líder simplemente le dice al rebaño que ellos son la élite, les indica algún destino manifiesto por él elegido y las ovejas correrán a toda velocidad al matadero. Nunca subestimes la tendencia de la gente a tratar de glorificarse a sí misma, identificándose con algo que una figura de autoridad considera superior. Por lo general se usa la xenofobia. Una técnica sencilla que sirve a los líderes para unificar al rebaño es promover el miedo y la denigración de las sociedades extranjeras.

Están también los que tienen una chispa natural de inteligencia, pero que sus pares nunca considerarán el culmen de nuestra especie. Suelen estudiar a los pocos personajes históricos excepcionalmente eficaces, identificándose erróneamente con ellos y luego, de alguna manera, creen que ellos a su vez deben ser tratados de la misma forma que estas raras joyas de nuestra especie. Nuestra cultura actual está fundada sobre tal narcisismo y las formas extremas de la autodeificación, ahora practicada por el mediocre, que han alcanzado un nivel pasmoso. La capacidad de autoengaño de las personas con habilidades y talentos moderados es ilimitada. En este tipo, que atesora cada pensamiento insignificante como si se tratara de la teoría del campo unificado, no existe la autoevaluación. La rigurosa autocrítica del verdadero creador es ajena a estas vacuolas, que no generan más que excremento, creyendo que es oro, exigiendo tu participación en el mantenimiento de su ilusión. Este es otro síntoma de la tendencia general de las masas a evitar la discriminación y por lo tanto a ver el mundo desde un punto de vista idealista e irracional.

El idealismo es una de las prácticas más peligrosas que se encuentran en nuestra especie. Se trata de una proyección sobre la realidad de un ilusorio «debería ser», que impide a muchos el reconocimiento de lo que realmente «ES». Esta práctica ha sido frecuentemente fomentada por las religiones, que crean sistemas de moral, en un esfuerzo por hacer realidad sus «deberías» particulares. Por tanto, deben exterminar a cualquiera que no comparta su lealtad a este paradigma, ya que les destrozan su ilusión de «verdad», al seguir sus propios y diferentes «debería». Curiosamente, los bandos humanos han depurado estos «deberías» en símbolos y luchan y mueren por las versiones en tela de estos iconos llamados banderas. El satanista ve el acto de morir por un símbolo como un desperdicio absurdo de vida.

Revisando los anales de la historia, uno puede demostrar con creces que la causa raíz de la masacre de millones es el idealismo ciego, ya que un grupo opera para forzar a otro a aceptar sus formulaciones ilusorias en torno a su visión de lo que debería ser. Esto es lo que me conduce a proponer un principio que te ayudará a predecir el resultado en todos los ámbitos de competencia humana: El Poder es la Razón.

Esta simple frase es en realidad una ecuación, que representa un principio axiomático utilizado para la comprensión de la naturaleza de las interacciones sociales humanas. Ten en cuenta que esto no es un dicho que tenga algún efecto en la naturaleza de la realidad objetiva. No es pertinente a lo inorgánico, es más bien una medida de las fuerzas y vectores presentes en los intercambios entre los miembros de nuestra especie, desde el nivel del uno-a-uno

Una Cartilla para Misantropólogos en Ciernes

hasta el de nación contra nación. En el campo de las interacciones humanas, ésto es inexorablemente cierto y no puede evitarse. Así, para ser un maestro en el ámbito de la sociedad humana, se requiere que uno fluya con este principio. Los necios idealistas pueden gritar que no es justo, pero al fin y al cabo, los satanistas sabemos que la justicia es relativa y que solo dura mientras uno tenga el poder de mantenerla, ya sea personalmente o mediante una alianza con quienes la imparten. No existe un «Papito» exterior, superior, o leyes kármicas, o un «Calibrador de Balanzas» para mantener cierto estándar objetivo en los juegos que se practican en este pequeño planeta. Nadie está cuidándote y la Diosa Fortuna no va a pasar por aquí para hacer que premien tu número. Estamos por nuestra cuenta y, a menos que comprendamos y apliquemos estas reglas específicas, vamos a salir de este tugurio con los bolsillos vacíos y los traseros escariados.

Así que examinemos las implicaciones de este elegante y pequeño principio. Tenemos dos términos en los lados opuestos de un signo verbal de «igual a». «El Poder» es el primero. Parece obvio. ¿Se refiere éste a la mera fuerza bruta? Solamente para aquellos con un punto de vista simplista. En este contexto de las relaciones humanas, lo que significa «El Poder» es la posición de poder —y por lo tanto el control— para la situación bajo análisis. En algunos contextos, la posición de poder puede alcanzarse mediante la fuerza bruta. Pero la rareza de esto podría asustar al teórico de salón.

He aquí un ejemplo: te encuentras con un matón en un lugar aislado, los dos están desarmados y todos los demás factores son iguales (y sabemos que la igualdad no es más que un mito presente solo en situaciones hipotéticas). Ambos tienen el mismo nivel de habilidades de lucha, resistencia e inteligencia. El único elemento que aceptamos como posible es la desigualdad de fuerzas de los oponentes. La fuerza bruta, por tanto, puede ser un componente decisivo en el resultado de este encuentro. Pero, incluso en una situación tan sencilla, el observador notará que existe un buen número de factores a considerarse para determinar quién ocupa realmente la posición de poder; quién tiene «El Poder». Sólo los ingenuos piensan que tal determinación es obvia.

En situaciones sociales más elaboradas, evaluar los muchos factores que determinan quién tiene en realidad «El Poder» se convierte más bien en una tarea de enormes proporciones. Considera las complejidades inherentes en el caso que un grupo de presión pueda oponerse a otro, o en un caso de guerra entre tribus, o cuando una nación pueda entrar en conflicto con otra. Sin embargo, intentar ver con claridad y precisión es la suerte de quienes entienden la verdadera naturaleza del animal humano. Si queremos retener algún mínimo control sobre nuestras vidas, debemos ser diligentes y perceptivos.

«El Poder» podría significar armamento superior, un mayor cuerpo de tropas armadas, un ejército mejor entrenado de soldados. Incluso podría significar una población más obstinada para resistir un ataque, con una voluntad intransigente, o simplemente que son tan numerosos que el agresor no puede salir victorioso contra tal masa de cuerpos animales. Y esto apenas rasguña la superficie de los muchos elementos implicados en las interacciones humanas que incluyen elementos de fuerza en un nivel social. Ni siquiera hemos comenzado a examinar los niveles de poder inherentes a las culturas mismas y las ideas vivientes en ellas que podrían aplastar a otras culturas que aparentemente tendrían un poder militar superior.

Considera esto: Un hombre bien armado cargando granadas y un rifle de asalto está en las profundidades de un pantano. Vadea por el fango en el que viven cientos de miles de pequeñas sanguijuelas. Evidentemente, una sanguijuela no es rival para nuestro soldado, quien ni siquiera necesita recurrir a su exótico armamento; sus meros dedos pueden hacerlo vencedor. Sosteniendo su arma sobre la cabeza, avanza hundiéndose hasta el cuello. Una vez emerge y se tambalea en un estado debilitado, comienza a quitarse la ropa y descubre que miles de bocas tenaces están chupándole la vida poco a poco. Se las quita, pisoteándolas con furia, pero las heridas continúan sangrando debido al anticoagulante utilizado por los pequeños comensales. A medida que su consciencia se desvanece, se da cuenta que está demasiado débil para arrancar las demás de su cuerpo. Ha sido vencido. Grupos de humanos pueden ser como estas sanguijuelas al tener la capacidad de aplastar lo que parece ser un agresor superior. En este encuentro, «El Poder» pertenece a esas pequeñas y ansiosas sanguijuelas que tan solo intentan hacer valer su apreciación de lo que es «lo Correcto»: su alimentación individual.

Y eso nos lleva a la segunda mitad de la ecuación, el término «lo Correcto». En este contexto, «lo Correcto» no significa «Verdadero», que yo definiría como lo que es totalmente consistente con la realidad objetiva. «Lo Correcto» significa el resultado subjetivo deseado por cada uno de los participantes en el conflicto que está bajo observación. «Lo Correcto» es un asunto de juicio de valor, no de determinar hechos objetivos. Naturalmente, la mayoría de seres humanos les gustaría pensar que sus juicios de valor deberían verse como objetivamente fácticos y muchas religiones y organizaciones políticas afirman que tal es el caso.

Los satanistas tenemos bien claro que tales cosas son pura convención humana, dependientes de la cultura y la práctica, no de la realidad objetiva. Entendemos que todos los valores humanos son subjetivos. Se basan en las premisas axiomáticas de cada individuo, los conceptos básicos para su visión del universo y su lugar en él. Algunos afirman que éstos son objetivos, pero eso es vanidad o fanatismo. La jerarquía de valores de una persona surge a partir de esta base. No importa si la gente no entiende la mecánica de este proceso —la mayoría no lo hace— pero es precisamente así como funciona, y es tan inevitable como las leyes de la física.

Así se pone de manifiesto que, en esta ecuación, «lo Correcto» está determinado por los deseos de cada uno de los humanos participantes. Es su ideal, su «Ha-de-Ser».

¿Qué importancia tiene esto para los satanistas? Al conocer esta verdad sin tapujos sobre la especie humana, el satanista hace asunto suyo el estar agudamente conciente del equilibrio de poder en cualquier situación en la que éste se vea comprometido. También debe determinar, en la medida de sus capacidades, las VERDADERAS agendas de los participantes: no solo sus objetivos declarados, también los resultados deseados. Debe ver las sutilezas e identificar las delicadezas en la «danza de la guerra» controladas por esta ecuación. Si puede ver la esencia de la situación —a quién pertenece «el Poder»— entonces estará en capacidad de asegurarse que su noción de «lo Correcto» será la favorecida por el resultado, a condición que pueda ubicarse en la posición de ser el portador, o controlador, de este «Poder». El satanista sabe que el verdaderamente fuerte siempre triunfa sobre lo que es objetivamente más débil (teniendo en cuenta TODOS los factores) y que el inteligente tiene la capacidad de regir al fuerte. Como satanistas, siempre elegimos contarnos entre los inteligentes. Aquí termina la lección.

La Marea Cambia

En los últimos meses de 1993 hemos visto una tendencia por parte de los académicos, captada finalmente por los medios, hacia la refutación de la leyenda urbana del «abuso ritual satánico», que ha sido la base de las industrias de «consultación» y «terapia». El idiota esfuerzo fundamentalista para convencer a la gente que existe una conspiración mundial —para criar bebés de mujeres disfuncionales, repartir drogas, pornografía y películas *snuff* en un esfuerzo por dominar el mundo— al fin se está percibiendo como una fantasía risible. ¿Cuánto tiempo pasará para que el juicio Mc-Martin se asocie con la debacle de Salem como un símbolo del fracaso del sistema de «justicia» estadounidense?

Sin embargo, durante todo el escándalo, los verdaderos satanistas han estado al margen de esta «caza de brujas». En cambio, los hijos de padres cristianos han caído bajo la influencia de sus pastores y terapeutas acusando de satanistas a sus familiares y amigos, casi siempre arruinando sus vidas. ¿Quién puede ignorar el incesante escándalo mediático de abuso de menores perpetrado por clérigos cristianos? Todo esto se lo tienen muy bien merecido. He aquí la desesperación absoluta del cristianismo en su último aliento por encontrar un enemigo para asustar a las ovejas en sus iglesias. Este enemigo no es más que una proyección de sus propias fechorías originadas en el corazón de su credo antivida. Que se alimenten de ellos mismos, como los seguidores del flácido Nazareno deberían.

Durante años, Los portavoces de la Iglesia de Satán han participado en programas de conversación, desacreditando esta histeria, pero ahora que las fuentes «oficiales» están entrando en razón, ¿alguien nos mira y dice: «¡Caramba! Tuvieron la razón todo este tiempo»? Claro que no. Fuimos invitados a estos programas no como fuente de verdad, sino como inadaptados, «satanistas de la vida real» a quienes las masas podían mirar estupefactas. Sin embargo, no vacilamos en articular la verdad sin tapujos de nuestras creencias, que muchos califican de brutales, fascistas, bestiales. Si la gente quiere temernos, que nos teman por las razones *correctas*. Hicimos este esfuerzo para que hubiera una presentación adecuada de nuestras creencias, especialmente si llega el momento en que, debido a nuestras afiliaciones, podríamos enfrentar problemas legales.

El peligro verdadero yace en la influencia restante de esta mitología en las agencias de orden público. El dinero de los impuestos sigue desperdiciándose en seminarios dirigidos por expertos autoproclamados (a menudo oficiales retirados pluriempleados o aspirantes a oficiales del orden con un sesgo decididamente cristiano) que difunden información totalmente falsa. Los crédulos policías locales, impresionados por las conferencias recargadas de jerga, tragan entero todo este material, solo porque proviene de supuestos «expertos» y así, ayudan a difundir el pánico viendo señales de la obra del Diablo en delitos menores y comunes. Hace poco me llamaron para examinar evidencia de que la causa del vandalismo de una casa en venta que había permanecido vacía por casi un año era la «actividad ritual satánica». Antes de examinar el sitio, se me informó que habían encontrado una cruz invertida y ciertos grafitis satánicos, prueba positiva de que había sido hecho por un culto local.

Cuando llegué a la casa, una vieja estructura que claramente estaba abandonada, examiné cuidadosamente cada habitación y los jardines circundantes. Lo que encontré fue un viejo colchón en la sala, con una mesa desvencijada cercana a este, así como dos velas: una verde, una rosa. Un pequeño pendiente de oro en forma de cruz colgaba del borde de la mesa, que parecía haber sido removida por el usuario antes de ir a dormir en el colchón ya mencionado. La cruz tenía los bordes afilados, pero no estaba invertida. Los únicos grafitis eran eslogans tales como «Nicole ama a Mark» (si tiene un significado oculto, se me escapa). Y en una habitación de arriba, alguna vez perteneciente a un niño, como lo evidenciaba el llamativo papel tapiz con figuras deportivas, había una copia del *Necronomicón* de Simon y una güija. Todos sabemos que esta parafernalia no es parte de un auténtico ritual satánico.

Afuera de la casa, los ocupantes ilegales habían tomado la cortadora de césped del garaje abriendo un camino a través de la maleza hasta una sección del jardín rodeada de pinos. Aquí habían segado toscamente un terreno más o menos circular para tomar el sol, de unos dos metros y medio (ocho pies) de diámetro. En este círculo no había señales de actividad ritual. Así pues, aquí había, a lo sumo, objetos de un adolescente un tanto aficionado al ocultismo, pero que a duras penas son evidencia de un culto. Este tipo de incidentes se ha repetido en todo el país y la imaginación hiperactiva de gente con poco mundo (a menudo con creencias cristianas) la ha exagerado como evidencia de una conspiración de gran alcance. No me preocupo mucho por las fantasías paranoicas de gente disfuncional, pero cuando miembros de la policía están convencidos que hay satanistas acechando bajo las camas de estadounidenses inocentes con planes nefastos, ahí es cuando debemos levantarnos y decir la verdad sobre nuestras creencias. Y así lo hemos venido haciendo.

En los últimos meses he estado activo como consultor y testigo experto en cuanto a la práctica del satanismo en casos relacionados con los derechos religiosos de prisioneros; individuos que se hicieron miembros de la Iglesia de Satán después de su encarcelamiento. En lo concerniente a las prácticas religiosas, muchas prisiones son bastante «liberales» e incluso algunas poseen complejos de miles de millones de dólares para atender las necesidades de sus poblaciones de recursos, pero cuando se trata de permitirle a los satanistas ritualizar o incluso tener su propia literatura, ha habido resistencia por parte de algunas autoridades institucionales. Hemos estado haciendo progresos en este campo demostrando nuestras credenciales como una organización religiosa legalmente reconocida cuya existencia debe tolerarse a la par con las demás minorías religiosas permitidas. No buscamos tratamiento especial para estos satanistas encarcelados, solo que reciban un trato equitativo en lo concerniente a prácticas religiosas. Además, solo ayudamos a los reclusos que se han unido a nuestra organización y profesan el satanismo consecuente con nuestra filosofía.

La meta de la Iglesia de Satán nunca ha sido ocupar su lugar entre las demás religiones del mundo, con seguidores obedientes y feligreses primorosamente etiquetados. No, el satanismo impregnará las sociedades del mundo como un estilo de vida laico. De hecho, el satanismo ha penetrado en la cultura de muchas maneras, e imágenes obvias han conquistado el mundo del *heavy metal*. Pero a nuestra religión no se le toma en serio muy a menudo. Eso puede utilizarse como fortaleza ya que los satanistas continúan influenciando movimientos culturales más grandes sin ser reconocidos como tales, excepto por los astutos y por unos cuantos de nuestros enemigos cristianos que saben qué es lo que realmente representamos.

No tenemos la intención de convertir a las vastas masas insensatas en satanistas. Las masas harán lo de siempre y seguirán su inercia. Sin embargo, en la creciente Edad Satánica, veremos que objetos y situaciones deseadas serán un poco más fáciles de conseguir y tendremos acceso directo a la justicia. En el ínterin, no seremos tratados con menos respeto que las demás religiones.

Mientras que los cristianos han estado luchando contra hombres de paja, nosotros seguimos aumentando nuestra influencia en toda la sociedad. Hemos defendido el verdadero satanismo y nuestra literatura está ampliamente disponible para que nuestros camaradas puedan descubrir el nombre que mejor los describe. Mientras tanto, los altruistas/igualitarios continúan forzando las situaciones a extremos tales, que incluso los zoquetes adictos a la televisión han podido ver el error de su doctrina; ¡*reductio ad absurdum* funciona otra vez!

Como siempre, nos mantenemos al margen del alboroto con nuestros individuos y objetos preciados y, cuando llegue el momento, *impulsaremos* y dirigiremos las corrientes como pensamos que naturalmente deberían ir. Nuestra victoria está asegurada, ya que *estamos* en armonía con la naturaleza; somos avatares del orden del Universo. Exigimos que quienes son contratados para administrar justicia, actuando así como agentes del estado, dejen sus prejuicios religiosos en casa. No en vano nuestros Padres Fundadores satánicos crearon una Constitución que exige una separación de Iglesia y Estado.

Así que disfruta de los asientos en primera fila en el Coliseo y del espectáculo de cristianos arrojados a los leones, pero ojo alerta con los policías crédulos. A medida que crece nuestra influencia, veremos orden real basado en la ley natural y no el lodazal favorable al criminal consagrado por el sistema de «justicia» de hoy día. Y no te sorprendas si unos cuantos hombres y mujeres de uniforme, para nada crédulos, usan sus Bafomets cuando no están de servicio.

Apocalypse Now

En 1990, pasé algún tiempo con los medios de comunicación, grabando una versión de dos horas de *Cristina* en LosÁngeles y hablando por radio con el evangelista de Denver Bob Larson; la Magistra Blanche Barton había estado en el programa el día anterior. Un punto en especial se me presentó con la claridad del cristal: el hecho que en verdad estamos en el «fin de los tiempos», aunque las cosas no marchan según la profecía de luz blanca. Ahora en su última boqueada, el cristianismo es como una estrella a punto de extinguirse, hinchada con el consumo del combustible que la ha mantenido funcionando. Ya no es el árbitro del pensamiento de Occidente; ha sido reemplazado por el nuevo Dios, la televisión, que mantiene a la mayoría del rebaño en la esclavitud de su único ojo hipnótico. Los verdaderos creyentes de hoy son «videozánganos».

A medida que se aproxima el nuevo milenio, vemos sobre nosotros las señales de un mundo tambaleándose al borde de grandes cambios. El viejo orden se ha vuelto un caos de bandos y fanatismo, que ya no es capaz de satisfacer las demandas de un mundo enconado con más humanos de los que puede mantener con holgura, muchos de los cuales son simples parásitos engordándose con la sangre de quienes producen y concretan. La Tierra está sujeta a las leyes naturales y el imperio de la naturaleza es a la par justo y severo. La bestia está despertando, sacudiéndose dos mil años de letargo para despejar la escoria y restablecer la supremacía de garra y colmillo. Fenris ha destrozado sus cadenas y sus mandíbulas triturarán el endeble crucifijo hasta hacerlo astillas.

Ante su continua pérdida de poder, la histeria cristiana se ha aferrado al satanismo como chivo expiatorio, haciendo un regreso notable a las mismas tácticas que utilizaron a finales del siglo XV con la publicación del *Malleus Maleficarum*. Declaraciones «oficiales» crean la imagen popular de satanistas «malvados» descritos como cristianos invertidos dedicados a adorar al Diablo, cometiendo sacrificios (humanos o de otro tipo) y promoviendo el uso de drogas para tener a la gente esclavizada en su causa. Pero desde esos días sombríos y bañados en sangre, han cambiado las cosas.

Ahora los satanistas existen *de verdad* y confrontamos. La Iglesia de Satán demuestra una filosofía racional coherente con la naturaleza del hombre, haciendo a los satanistas en verdad peligrosos para quienes, mediante la culpa, lo esclavizarían a uno por seguir sus inclinaciones naturales. Con su defensa del débil a expensas del fuerte, hemos revelado al supuesto «príncipe de la paz» como el agente de la pudrición. El péndulo está oscilando en la dirección opuesta. El *Ragnarök* está asistiendo a un influjo de extremismos orientados hacia el reestablecimiento de la meritocracia. Los satanistas son los acusadores, no pasivos hombres de paja utilizados para espantar las ovejas perdidas de vuelta al redil.

La estrella hinchada del cristianismo está a punto de implosionar, formando un agujero negro de vileza absorbiendo en sus profundidades los desechos humanos que han refrenado la evolución de nuestra especie. Como dijo James Blish refiriéndose a la profecía bíblica en su novela *Pascua Negra*: «En cualquier guerra, cada uno de los bandos opuestos predice siempre su victoria. Ambos no pueden tener la razón. Lo que cuenta es la batalla final, no la propaganda». Las reglas de la tierra están de nuestro lado. Ya somos los vencedores porque ellos, y su Dios, están muertos.

Yo Soy la Luz
y el Camino

E RA INEVITABLE. A esta generación, cuya deidad mono-
lítica es el tubo de rayos catódicos, tenía que llegarle el
tiempo del nacimiento de un salvador. Todos ellos habitan
un marco de referencia cristiano tácitamente aceptado, así
que son los únicos que tienen esta necesidad de ser salvados.
Y he aquí, que la madre virgen de la PC de escritorio fue
visitada por el espíritu santo de la comunicación en línea y
así le fue entregada al rebaño la encarnación de su deidad:
Internet. Es su dios hecho carne. Abandonaron las cosas
mundanas en pos de un Cielo virtual, aquí y ahora, pero
aislados de la abundancia de la tierra.

Por supuesto, ello deja la realidad libre y al alcance
de quienes no nos contentaremos con la existencia susti-
tuta. Ahora, las masas pueden sentarse en casa, bañadas
en el brillo proveniente de las pantallas de sus monitores,
mientras sus manos operan sus teclados, sus ratones, sus
dispositivos apuntadores y sus propias bajas regiones. Ello
les mantiene fuera de nuestro camino. ¿Qué más podríamos pedir?

Y así continúa la evolución de la sociedad mundial. Todo
el mundo era un escenario; ahora no es más que la pantalla
de un monitor. Decorados, vestuarios y actores han sido
reemplazados por una danza sin fin de pixeles brillantes. La
amenaza de encontrar a alguien, de ser juzgado por lo que
eres cuando te ven, se ha subvertido en simplemente permitirle a los individuos presentar sus máscaras preferidas a

través de lo que elijan escribir o publicar desde la seguridad de sus teclados. El portal a este ciberespacio es un filtro a través del que uno envía lo que pretende ser un simulacro de uno mismo. Algunos, muy conscientes, editan sus publicaciones para crear intencionalmente uno o varios personajes. Otros son más cándidos y vomitan lo primero que les viene a la mente y a los dedos pero creen erróneamente que, de alguna manera, esto es una representación completa y honesta de ellos mismos. En suma, quienes antes se sentaban pasivamente ante su Dios Tubo, adorando como miembro santificado del panteón a quienquiera que apareciese en la pantalla, ahora puede aparecer en las pantallas de las computadoras de otros; ¡han encontrado un medio para la autodeificación! ¡El reino de los Cielos se ha abierto a ellos!

Pero, como pueden verlo quienes entre nosotros tienen algo de perspectiva, este es un ámbito que no exige algo que respalde lo que se presenta. Todos tienen la misma plataforma improvisada, el neurocirujano tendrá a un servidor de sodas diciéndole cómo hacer su trabajo. Todo se reduce al mismo nivel; la democracia en su forma más vil, porque domina la chusma. En el monitor de la PC, todos lucen inofensivos.

En el pasado, si uno iba a producir una película épica, se necesitaba un elenco de miles. Las pocas estrellas eran secundadas por miles de extras que llenaban la pantalla dando espectáculo. En las películas de hoy, las muchedumbres son generadas por computadora con programas algorítmicos que controlan su apariencia de individualidad. En esto se ha convertido este nuevo y tímido mundo virtual de la especie humana. Los que pueblan la pantalla como simples decorados de plató, lo hacen mediante la realidad virtual de su actividad en línea y, en el gran esquema de cosas, son poco más que la gente de relleno generada por computadora.

El Dr. LaVey predijo que surgiría una nueva industria de

creación y venta de compañeros humanos artificiales. Pero siendo un epicúreo, quizás de manera solipsista proyectó demasiado de sus propios estándares en la especie humana. Pensó que necesitarían, como él, figuras tangibles de otros seres para satisfacer sus deseos. Pensó que necesitarían lo táctil, lo olfativo, la presencia física real de un cuerpo coexistiendo en el mismo espacio. ¡Ay! les dio demasiado crédito en sus gustos. Los estándares del rebaño son mucho más bajos. Para ellos, no necesitan siquiera la estimulación visual de imágenes pornográficas reales, quietas o en movimiento. No, la sola palabra mal escrita centelleando efímeramente en sus pantallas de monitor basta para darles satisfacción. Su común denominador, el lugar por excelencia del rebaño para revolcarse, es la sala de chat. Sus compañeros humanos artificiales son lo que pase ante ellos en las pantallas. Que algo de este material realmente provenga de otros seres humanos vivos no es relevante, ya que el calibre de las mentes creando este «contenido» es menor que el *software* que hoy día ayuda al escritor a elaborar sus propios intentos de ficción.

Al igual que otras distracciones aceptadas por el rebaño, evitamos esta como la peste. Los satanistas nos damos cuenta que este «salvador» es un dispositivo diabólico que muestra cómo funciona la estratificación. Ha seducido al rebaño y, al igual que nuestros pensamientos sobre ese «otro salvador», nuestra respuesta a ello es «sólo di no» (*just say no*). Los satanistas no se contentarán interactuando mediante palabras con otras personas en una pantalla. Exigimos carne y hueso, olor, gusto y tacto. Somos animales carnales y no nos contentaremos con menos.

Al empresario satánico le aconsejo apuntar bajo. Dale a la multitud lo mínimo, pero envuélvelo como si fuera algo nuevo y derribarán tu puerta a golpes con tal de obtener algo. Aquellos de nosotros que usamos *software* sabemos que siempre nos ofrecen alguna actualización, pero quienes prestan atención han visto que muchas veces las nuevas versiones son de hecho menos útiles que sus predecesoras (aunque estén infladas, necesiten mas memoria y, como bien lo sabe el público: «¡mientras más grande, mejor!»). Con nuestra sociedad de consumo actual no hay riesgo de equivocarte, ya que las multitudes siempre quieren lo «nuevo y mejorado», exigiéndolo incluso. Como siempre, las calles están pavimentadas de oro para quienes saben qué vacío yace en el corazón de los hombres.

Algunos futuristas postulan que el próximo señuelo inmediato que forjará la tecnología será la realidad virtual compleja, tanto que realmente engañará los sentidos. Pienso que se equivocan. Las masas no son tan finas. Los verdaderos fetichistas visionarios, los tecno-frikis, los que quieren crear mundos de fantasía creíbles, desarrollarán con el tiempo la tecnología para esto. Las «holocubiertas» de Gene Roddenberry son ciertamente el «Lo-Que-Será» y algo como eso puede suceder finalmente gracias a tan devotas fantasías. Pero no tendrá la atención de las masas hasta que sea barato de comprar y fácil de usar. Por ahora, es una gama de alto costo y muy cruda. Pero, si llega a ser tan común como la televisión o la PC, entonces será aceptada. ¡Y por supuesto, lo primero para lo cual se usará, será para la gratificación sexual! Y esto también será una bendición para todos estos reprimidos que no han desarrollado las habilidades sociales para tener sexo cada tanto y que no disfrutan por completo la satisfacción del amor propio. Brindará los medios para una catarsis sin tener que molestar a otros. Los satanistas aplaudimos —y promovemos— cualquier cosa que mantenga al rebaño ocupado y sin fastidiarnos. El mundo es un lugar hermoso, una vez que uno sustrae una cantidad sustancial de la población humana, así que al establecer los mecanismos para que estos elijan aprisionarse a sí mismos en un mundo virtual al alcance de sus dedos y en sus propios hogares, le hacemos un gran servicio al ecosistema mundial.

El auge de la existencia virtual también hace presencia en la propia Iglesia de Satán. Engendramos un movimiento, relleno de gente real, llamado satanismo. Pero ahora la Iglesia misma está por encima y aparte de ese movimiento, ya que actualmente muchas personas se sienten atraídas por nuestro simbolismo y filosofía, aunque no entienden la totalidad integrada de nuestras ideas centrales. Son por lo general gente desesperada, buscando autodefinición y satisfacción en un mundo en el que están mal equipados para sobrevivir. Después de leer solo unos cuantos ensayos en línea ya se creen superhombres. Ni siquiera tienen la capacidad de atención para leer *La Biblia Satánica* en su totalidad, por conciso que sea ese libro. Pero sirven a un propósito en nuestro plan. Allá afuera, en línea, esta mayoría hace el papel de extras de fondo llenando espacio, como una pandilla vistiendo togas para poblar un set del Coliseo romano. Como maestros del arte del engaño, podemos manejarlos en beneficio nuestro. Las verdaderas estrellas del espectáculo estarán en el suelo arenoso del ruedo mismo, o en el palco privado del emperador, moldeando las emociones y proveyendo los conceptos que inspirarán y motivarán las atenciones de esta turba vestida de negro. Claro, sabemos que tales rebaños son volubles y cambiarán sus lealtades cuando se les presente la próxima moda. Que así sea. Seremos más fuertes aún después que esta marea haya bajado. Los auténticos satanistas perdurarán mientras que los extras seguirán su camino hacia algún otro espectáculo.

La Iglesia de Satán seguirá siendo la oficina de audiciones para las futuras estrellas de este espectáculo en curso. Nuestros miembros serán personajes con mucho más que un simple papel sin diálogo. Nuestro principio guía siempre será la discriminación. Los orgullosos actores con tarjetas rojas serán los pocos productivos que conseguirán los papeles principales. Nuestros principios serán el guión para la evolución del movimiento, porque cualquiera que afirme ser un satanista debe definirse a sí mismo según nuestra filosofía. Ya sea que la acepte o la rechace, somos lo esencial.

Asi que, queridos satanistas, el mundo será libre para que lo recorran a voluntad, para que lo disfruten en toda su sensual realidad. Las masas estarán absortas en Sagrada Comunión con sus mesías electrónicos, el brillo de la pantalla iluminando sus rostros con un halo de beatitud. Que la paz de su Señor esté con ellos.

En el primer
Aniversario del 9 / 11

HOY ES UN DÍA DE REMEMBRANZA. Muchos individuos recuerdan a familiares y amigos que hoy, hace un año, fueron asesinados por terroristas durante los ataques al Pentágono y al Centro Mundial del Comercio. Los satanistas entienden y empatizan profundamente con su dolor, ya que la pérdida inmerecida de vida es una parte trágica de la existencia que puede conmovernos a todos. Nuestros corazones están con ellos.

Sin embargo, también recordamos algo de mayor importancia. Entendemos que la fuente de este día de luto es la convicción, sostenida por fanáticos fundamentalistas, que cualquier acto de violencia contra quienes no compartan su devoción es defendido por su Dios. Los sucesos del 9/11 son prueba absoluta del peligro de tales sistemas de creencia espiritual, los cuales sostienen que sólo ciertos individuos mantienen una conexión directa con una deidad y que cualquiera que no esté de acuerdo con su «verdad» se les ve como menos que humanos, una amenaza para su «fe», la cual decreta, de manera sobrenatural, exterminarles.

Mientras los santurrones de muchas religiones espirituales entrarán hoy a sus espacios sagrados, agradeciendo a su Dios o dioses por los actos de heroísmo realizados por individuos valientes en respuesta a esa tragedia, olvidarán petulantemente que nada hizo su Dios para prevenir esos desastres iniciados por humanos. Le asignan a su deidad la responsabilidad por todo lo que consideran bueno mientras que, en su limitada visión, la responsabilidad por todo lo que consideran malo debe provenir de alguna otra parte, probablemente de quienes tienen creencias diferentes. No podrán ver que esta misma perspectiva la comparten con los terroristas. Más importante aún, estas personas tampoco podrán recordar que, a lo largo de los siglos, muchas más personas han sido masacradas por los seguidores de las religiones espirituales —incluyendo las suyas propias— que quienes fueron muertos por los terroristas islámicos del 11 de septiembre de 2001. Hay sangre en las manos de los ancestros de quienes rezan hoy en sus santuarios y eso es un hecho que ellos deberían apreciar tan plenamente como nosotros lo hacemos. Millones de personas han muerto porque unos cuantos adoradores fanáticos se negaron a permitir que valores distintos a los suyos propios tuvieran validez para quienes los poseen.

Los satanistas, así como otros que comprenden la importancia de mantener una sociedad laica que permita la diversidad de creencia y no creencia, recordamos hoy esta sombría verdad. Independientemente de cuál deidad adoren, la mayor amenaza para la libertad humana en nuestra civilización la constituyen los fanáticos fundamentalistas. El 11 de septiembre debe mantenerse como un memorial universal a sus víctimas, pasadas y presentes. Recordad este día con furia. No inclinéis la cabeza en actitud de oración; alzad el mentón desafiantes. Oíd el estrépito broncíneo de la campana fúnebre. Destroza este la autocomplacencia, sirviendo de memorial y de campana de alarma. No perdonaremos y no olvidaremos.

Vencedores y Víctimas: De West Memphis a Columbine

No somos como ellos.

Al compararnos con lo que percibimos como una manada de simios insulsos a nuestro alrededor, los satanistas nos sentimos como extraterrestres. Ya sea que crean o no en Jesús, para nosotros son «cristeros». No me refiero a los católicos y protestantes casuales, muchos de los cuales solo tienen su religión porque les fue transmitida por sus padres. Me refiero a quienes tienen «relaciones personales con Dios y Jesús», los que de verdad sienten estar sucios por el pecado y necesitan ser «salvados». Estas criaturas tienen vacío el corazón y buscan una fuente externa para vampirizarla, ya que intentan suavizar el perpetuo dolor de su existencia. Éste tipo se encuentra típicamente entre los «renacidos», pero no siempre llevan esta etiqueta. Según nuestros estándares, son «cosas» de quienes la evidencia muestra que han intentado previamente suavizar el dolor de sus vidas con drogadicción, violencia contra animales humanos y no humanos y durante un tiempo han vivido usualmente no de esfuerzos productivos, sino del crimen. Están motivados por el odio por todos los que tienen alegría en sus vidas y, ahora que son «jinetes de Jesús» cabalgando en el lomo de su mítico salvador, se consideran a sí mismos «elegidos» y superiores al resto, con su dolor constante como testimonio de su estatus elevado.

En verdad, somos nosotros los naturales y ellos quienes están alejados de la Naturaleza misma. Y ellos a su vez sienten que somos diferentes. Y nos odian por ello. Queremos mantenernos alejados de ellos, para ser libres de vivir en la búsqueda de los maravillosos placeres de mente y cuerpo que nos depara nuestra sola y única vida. Nos odian por nuestra capacidad de experimentar estos placeres y prefieren pensar que algún día experimentarán algo semejante a nuestra alegría, pero solo después que la vida haya terminado. Para ellos, la vida no es preciosa, ya que creen que su verdadero despertar llegará *post mortem*. Anhelan la muerte para estar completos. También pueden ver cuánto amamos nuestras vidas y por ello quieren quitarnos eso, usando cualquier medio que tengan.

En el pasado, la alianza del Estado con el cristianismo organizado empoderó este odio. Ambos trabajaron con puño de hierro enguantado de terciopelo, como autoridades eclesiásticas y seculares, cooperaron para aplastar la casta dionisíaca. Los odia-vidas buscaron a cualquiera que tuviera esa chispa ardiendo brillantemente en su interior y al final los vitales fueron torturados y asesinados. Muchos de los nuestros fueron lo bastante astutos para escapar a su atención, pero esta guerra fue librada por estos muertos vivientes con el objetivo de hacer que la vida de los demás fuera una miseria igual a la que ellos sienten.

¿Quién ganó?

Los cristianos, ya que mataron a miles, pero ganamos cierto consuelo del hecho que, en su deseo de muerte, acusaron a muchos de los suyos y les condenaron al potro y a las llamas.

Hoy en día, podrías preguntar: «¿Cómo han cambiado las cosas?». La respuesta, amable satanista, es que los medios son diferentes, pero la motivación es la misma y aún penetrante. La Iglesia institucional ha sido separada del Estado y puede que ya no confisque propiedades y ejecute a quienes considera herejes. Pero los cristianos-por-naturaleza aún hoy son mayoría y se aferran juntos cual rebaño lerdo y rumiante, listo para arremeter contra cualquiera que manifieste la chispa centelleante de la Llama Negra.

Observa nuestras escuelas secundarias, especialmente las instituciones públicas. Yo lo hice. Sobreviví al encarcelamiento llamado «educación» y puedo hacer comentarios sobre ella de primera mano, como podría hacerlo cualquier antropólogo analizando una horda barbicana bajo su observación. La mayoría de estudiantes son aburridos e insípidos. Buscan encajar con sus pares, obtener un lugar en algún tipo de jerarquía. Encuentran ciertos tipos que los superan, abusones que pueden intimidarles físicamente y estudiantes que vienen de familias acomodadas que les intimidan socialmente. Estos son sus íconos, sus líderes; a quienes temen, ante quienes, metafóricamente, acuden hincando la rodilla, a menudo con una sonrisa sarcástica estampada en sus labios, o con el *rictus* del terror.

Pero nuestro rebaño no está completo. Necesitan otro ingrediente. Aunque acepten su lugar al no estar en la cima de la cadena alimenticia, la mediocre mayoría no puede tolerar ser lo más bajo en su orden jerárquico. También deben crear una casta de intocables que serán sus chivos expiatorios. Necesitan que alguien sea un «fondo del barril» visible a quien puedan ridiculizar sin peligro. Estos serán los estudiantes a quienes todos acosan, que son despreciados universalmente y es claro quiénes serán: los que «no son como la mayoría». Los del tipo cristiano pueden literalmente oler la diferencia. Marcan a los que son creativos, los que son estudiosos. Marcan a hierro vivo a quienes no comparten sus valores de holgazanear o de participar en deportes de equipo. Condenan a los que son más perceptivos, a tal grado que parece magia. Estos marginados no otorgan soberanía a los íconos del rebaño, por lo que son sediciosos al orden establecido. Son dirigidos por sus musas y por los íconos humanos que han logrado lo que ellos admiran. El miedo no es parte de su ecuación y las sonrisas son fruto de la alegría, no del desprecio o el terror.

Y siempre ha sido así. Los del tipo cristiano emplean su xenofobia profundamente arraigada para permitirse a sí mismos ver a estos otros como «no parte de su tribu» y por tanto no darles el estatus de lo que ellos definen como seres humanos. Con seguridad niegan cualquier pizca de empatía y sabemos que el tipo cristiano es capaz de muy poca, si es que la da. La turba amante de Jesús siempre identifica correctamente a quienes son como tú, querido satanista, y harán todo lo que puedan para apagar tu chispa. Siempre lo han hecho.

Recuérdalo.

Columbine es ejemplo de ello. En esta escuela secundaria de clase alta, hizo erupción la violencia, lo cual fue espantoso, para algunas personas. Dos estudiantes, Dylan Klebold y Eric Harris, llevaron armas y bombas a su escuela y comenzaron a exterminar estudiantes y profesores. Cuando terminó la situación, el mundo aterrado enfocó su atención y se descubrió que este dúo mortal eran chicos brillantes. Eran más hábiles con las computadoras que cualquiera en la escuela y, debido a su conocimiento, eran consultados incluso por el profesorado. Escribían poesía. Escuchaban música que no era del tipo preferido por la mayoría de sus pares. Se vestían diferente. Claramente no «pertenecían al cuerpo» y al parecer fueron marcados por los otros estudiantes con ostracismo y la crueldad social acostumbrada tan rampante entre el rebaño en ciernes que es ya cosa frecuente en las fétidas rocallas conocidas como escuelas.

Pero aquí parece haber habido una diferencia. Klebold y Harris eran inteligentes, pero algo les condujo a buscar compensación desesperada por algo extrañamente doloroso para ellos. Puede que nunca sepamos la verdad con respecto a los motivos verdaderos de estos dos asesinos, pero es concebible que esta escuela fuera como tantas otras y proporcionase un contexto que brinde una explicación plausible.

Pueden haber sido torturados a manos de los deportistas, las porristas y el engendro-de-rebaño común cuyos héroes consagrados les dieron la aprobación necesaria a su función diaria de «fastidiar a los *nerds*». Como es típico, el mediocre quiere elevarse a los ojos de sus «dioses» sociales, por lo que vejar a los marginados se convierte en una especie de «sacrificio» por el cual esperan ganar el favor de sus caprichosos y mediocres ídolos. Este pudo haber sido el caso aquí. Si lo fue, estos «corderos sacrificiales» se negaron a ser llevados al altar de holocaustos. Klebold y Harris venían de familias adineradas, por lo que tenían los medios económicos para adquirir armas de fuego y munición, así como los materiales necesarios para dispositivos explosivos, eran lo bastante listos para saber cómo construirlos y, como luego lo descubrirían los demás, cómo detonarlos. Así que al parecer los alienados contraatacaron a sus opresores y, una lección que la historia nos ha enseñado es, que cuando surgen tales situaciones, la consecuencia a menudo es esta.

Una cosa pudo haber ayudado a distender la situación: el satanismo. Si Klebold y Harris hubiesen entendido el satanismo y optado vivir guiados por este, su racha de venganza no habría sucedido. El satanismo les habría enseñado que, en efecto, no eran como estos otros y que tal cosa era un atributo muy positivo. El satanismo les habría enseñado que tenían solo una vida y que su inteligencia y talento los llevarían por senderos que les conduciría a beber hondo de esa copa que se ofrece sólo una vez. Habrían sabido que los satanistas practican la *Lex Talionis*, haciendo que el castigo se ajuste, en *tipo* y *grado* al crimen. Con su inteligencia superior, habrían sido capaces de responder a las burlas con ingenio verbal y poner en conocimiento de su dolor a los administradores responsables. Verían que el rebaño no puede evitar su naturaleza y que el humano que fluye de verdad con la naturaleza, aprende a caminar ágilmente entre estos pesados *golems*, para arrebatar las recompensas que los zopencos nunca verán siquiera. El satanista encuentra la manera de evitar la tortura y los medios para ser libre de prosperar, porque vivir bien es en verdad la mejor venganza. Si estos dos hubiesen tenido la perspectiva de un satanista, no habrían visto el periodo transitorio de la secundaria como una carga tan insuperable y no habrían estado compelidos a cometer actos atroces contra víctimas inocentes.

En cambio, no vieron otra salida y así hicieron su última resistencia y quizás lo hicieron como gesto a quienes pensaban que eran como ellos mismos. Ahora son íconos de los alienados y un ejemplo que establece un Lo-Que-Será que pueden seguir otros desesperados. El satanismo puede detenerlo. El satanismo ve la futilidad del martirio, ya que ¿qué es convertirse en símbolo perdiendo tu propia vida? Lo más preciado para el satanista es su propia vida. Que los tontos mueran y se conviertan en símbolos. La autoinmolación es «pensamiento de rebaño», la sangre de la vida cristiana, la esencia de su credo. Y así fue como, en este asedio, adoptaron finalmente la premisa del rebaño que la vida propia puede y debe desecharse.

¿Quién ganó en Columbine? El rebaño lo hizo.

Ahora sienten justificado el haberle temido a estos excluidos mientras vivían. El rebaño deificó a quienes habían sido muertos por los marginados y cuando uno escuchaba las alabanzas proferidas en programas de charla y en todos los medios de comunicación canonizando a los muertos al exagerar sus logros, se mostraba la verdadera naturaleza de las masas. Recuerda sus rostros, su rectitud y justicia. Se absolvieron a sí mismos de cualquier culpa y vieron glorificada su cosmovisión. Siempre continuarán en esta senda, ya que están convencidos que la matanza fue culpa sólo de esos excluidos, que encarnaban el Mal supremo, por ser diferentes a la multitud mundana. La posibilidad que estos dos matones pudieran haber sentido que este era su único medio de luchar contra la opresión fue desestimada. Los satanistas no condonan estos actos, pero tampoco somos tan ingenuos para no ser conscientes de sus posibles causas.

Ví *Revelations: Paradise Lost 2*, (Revelaciones: Paraíso Perdido 2) el segundo documental presentado por la cadena HBO sobre Damien Echols y los otros dos chicos que han llegado a conocerse como «los tres de West Memphis». Es una pieza muy educativa acerca de la mentalidad pueblerina, que vale la pena ver. La siguiente discusión se basa en los datos presentados en esta película. Tal vez recuerdes el caso. Tres chiquillos fueron asesinados de una manera salvaje más allá de toda descripción. Fueron mutilados, emasculados, mordidos y, finalmente, dos de ellos fueron ahogados, desnudos, en un área boscosa. Como los niños asesinados habían sido muertos de una manera tan abrumadoramente brutal, la «buena gente cristiana» pidió justicia a gritos, que se derramara sangre para corregir este acto ruin. Y los satanistas coincidirían en que tal justa venganza era adecuada. Pero los habitantes locales no parecían particularmente interesados en hallar quién lo había hecho en realidad, lo cual sería la forma correcta de impartir justicia satánica. En su lugar, buscaron y hallaron una rápida solución a su angustia, en la tradición consagrada por el tiempo de la turba enardecida.

Entran Damien Echols y sus compinches. Él y sus amigos eran los bichos raros del pueblo. Damien se interesaba en la *wicca* y con carisma suficiente para tener a Jason Baldwin como amigo y Jessie Misskelley Jr. como seguidor. Ninguno de sus dos compañeros era tan brillante como él, ya que Misskelley tenía un CI de tan solo 72. Como a veces usaban ropa y esmalte de uñas de color negro, los paletos locales pensaron que debían ser adoradores del diablo. Damien era algo amanerado, lo que añadió un tufillo de posible homosexualidad a la mezcla. De allí venía la razón de su culpa: los crímenes fueron tan horrendos, que la única explicación que pudo ver la gente del pueblo fue que Satán tenía que haber inspirado a estos pervertidos para matar a sus propios, preciosos, no desviados hijos.

La policía arrestó a los muchachos y los separó. Misskelley fue intimidado por oficiales durante 12 horas continuas, después de las cuales confesó torpemente lo que querían que confesara, admitiendo no sólo haber presenciado el crimen sino finalmente haber participado en él. Los oficiales solamente grabaron los últimos 45 minutos de este interrogatorio, una vez Misskelley estaba diciendo lo que ellos querían que dijera. Se retractó de su confesión poco después. El juicio fue una farsa y durante el mismo se demostró que la labor policial fue, cuando menos, inepta. Como nadie pensó por un minuto que los raros del pueblo podrían ser inocentes, no se siguieron las pistas; se les consideró culpables desde el primer momento. La policía ignoró el hecho altamente anómalo de que en esta «escena del asesinato» no había sangre, un seguro indicio de que las heridas se habrían hecho en otro lado. Eso quería decir que los asesinos habrían tenido que llevar los cuerpos cierta distancia a través de terreno agreste hasta el lugar donde fueron encontrados, una tarea muy difícil. Este hecho importante se ignoró y nunca fue investigado.

Y así, con víctimas elegidas para apaciguar su deseo de venganza, la turba falló en buscar sospechosos en otra parte. Según la película, hay uno entre ellos que parece ser el verdadero culpable: el padrastro de uno de los niños asesinados. John Mark Byers dice ser un cristiano devoto.

Y como muchos de esos, fue anteriormente un drogadicto y un criminal. Se casó con una adicta a la heroína que ya había tenido un hijo, Christopher Byers, uno de los chicos muertos. Mide dos metros de altura (cinco pies, ocho pulgadas) y tiene un largo historial de enfermedad mental por la cual se le han recetado numerosos fármacos psicoactivos. Tiene un tumor cerebral. La película presenta estos detalles como hechos. Y cuando uno mira su comportamiento en la pantalla, parece ser un monstruo artero.

La atención se enfocó brevemente en él durante el juicio, pero su propio cuchillo, que estaba cubierto de sangre, no se analizó debidamente, por lo que la sangre no pudo identificarse de manera concluyente. Así se perdió la evidencia posible en el proceso del análisis inexperto.

¿Pudieron tres niños, apenas mayores que los chicos muertos, haber transportado en sus bicicletas a través de bosques agrestes, a una criatura muerta y sangrante y otras dos, mutiladas y aún con vida? Poco probable. El perpetrador más probable sería un adulto grande y fuerte. El gigante cristiano Byers parece mucho más plausible.

Finalmente, durante el juicio no se dieron razones sobre qué habría motivado a los tres acusados a cometer estos asesinatos, a excepción de su supuesto interés en el satanismo. El fiscal habló de cómo la religión se ha utilizado durante siglos para matar a otros, refiriéndose a sacrificios, como los practicados por aztecas y druidas. Falló en ver la ironía de su argumento, ya que su propio cristianismo debería añadirse a la lista de antepasados. Entonces, el amanerado Damien fue llamado satanista, pervertido y esta gente no necesitó otros hechos para justificar sus crímenes. Para la chusma enloquecida por sangre esto era más que suficiente. Su furia y dolor les sirvieron de anteojeras.

Como se vio en el documental, lo que es en verdad escalofriante sobre Byers es que aparece muy calculador.

Toda palabra tiene la sensación de ser dicha «en escena» y los realizadores documentan sus contradicciones y, lo que es más condenatorio, su propio ritual en el que va al sitio donde se hallaron los cuerpos y simbólicamente sepulta, luego inmola en una efigie, a los tres chicos encarcelados. ¿Alguien tuvo evidencia alguna vez de comportamiento ritual por parte de los acusados? No. ¿Acaso nuestro maligno padre exhibe este comportamiento? Con creces... y en cámara.

Entonces tres aparentes inocentes están en la cárcel, uno esperando a que se ejecute su sentencia a muerte, porque no eran como todos los otros en su pueblito insular. Se atrevieron a ser diferentes y ¡oh, cómo lo pagaron! Dos tienen cadena perpetua en prisión mientras que Damien espera el cumplimiento de su sentencia a muerte y cada tanto es violado en el corredor de la muerte. Parece que al asesino cristiano se le ha dejado para cantar himnos y maldecir, como adoradores del diablo que irán al infierno, a quienes no creen en Jesús. Existe metraje seleccionado de Byers haciendo precisamente esto. Eso, mi atónito lector, es lo que pasa en una comunidad cristiana del estado de Arkansas. Que sea una advertencia.

Nuevamente, el satanismo pudo haber sido de ayuda en este caso, ya que nuestra filosofía nos enseña a tolerar prácticas diferentes y a no ridiculizar individuos cuyos gustos y creencias no sean las nuestras. Un investigador satanista no habría sacado conclusiones apresuradas con respecto a la culpa de los sospechosos, sino que habría reunido diligentemente la evidencia y examinado todas las posibilidades probables. Tanto la investigación racional como el proceso habrían tenido un enfoque satanista. El resultado no habría sido simplemente saciar el deseo local de conclusión culpando a sospechosos poco probables.

En el caso improbable que los tres jóvenes fueran liberados y Byers llevado a juicio, un fiscal avezado tendría una oportunidad única: utilizar el cristianismo como el factor motivante detrás de estos asesinatos. ¿No es acaso la figura de un hijo torturado a muerte como resultado de la voluntad de su padre, la imagen esencial del cristianismo? Si un individuo perturbado estaba profundamente obsesionado con esta iconografía, ¿podría tentarse a emular a su Altísimo? «¿Qué haría Jehová?». El rebaño sintió que señalar la desviación y al Diablo era toda la razón necesaria para darle sentido a estos horrorosos asesinatos, pero es posible que es *su* propio Dios quien sea la inspiración suprema de esta tragedia. Yahvé pudo haber sido el inspirador de estos hechos, habiéndose «hecho carne» por un discípulo actuando como su mano movido por «justicia y amor cristianos».

¿Quién ganó en West Memphis? Ellos lo hicieron de nuevo, mi ahora agitado lector.

El rebaño identificó a los extraños, que eran demasiado inocentes para darse cuenta que su estatus de excluidos era más que suficiente para incitar un deseo asesino contra ellos. ¿Y qué hay del devoto cristiano que, como Abrahám, pudo haber llevado a su propio cordero al sacrificio? Parece haber escapado a la ley. La película implica a Byers mediante evidencia circunstancial y pienso que muestra un escenario de lo que sucedió con mucho más sentido que el determinado judicialmente. Por lo menos arroja duda razonable sobre las acusaciones contra los tres jóvenes, lo cual debió haber dado un veredicto de «no culpables». ¿Quizás hay gente suficiente de más allá de ese pueblo que han elegido la etiqueta de «excluidos», que también lo verán y pueden motivar a los de su tipo para detener esta farsa de justicia? No me hago muchas expectativas.

De West Memphis a Columbine, hemos visto qué puede pasarle a esos excluidos que no tienen la perspectiva satánica. Puede llevarles a actos desesperados o simplemente son sacrificados para apaciguar los miedos de las masas. Y la gente dice que hoy en día no existen sacrificios humanos, o tratan de decir que eso es algo que hacemos los satanistas; ¡qué estupidez!

Así, muy apreciado satanista, puede que finalmente preguntes, «¿somos anticristianos?». Y respondo, «de hecho lo somos». Desde las profundidades de nuestros corazones y nuestras mentes, odiamos su credo y todo lo que engendra. Bien pueden quedarse en ese nauseabundo sistema de creencias, en tanto lo mantengan entre ellos.

Son ellos quienes buscan destruir a los nuestros. Son ellos quienes nos culparán por sus propias acciones espantosas. Son ellos quienes aman la muerte y la tortura, quienes creen en y practican el sacrificio y son ellos quienes desdeñan la preciosidad de la vida misma.

Tal como lo veo, si la faz de su Dios se ha encarnado en forma humana, se asemejaría a la cara de John Mark Byers. Observa la película y busca en su rostro demente, el posible matarife de su propio hijo y de los hijos de otros. Esa imagen es el Dios de los cristianos, el verdadero. Esa es la esencia misma del cristianismo y es el porqué la odiamos, con cada fibra de nuestros seres y vemos que sólo criaturas en verdad dañinas podrían abrazar una fe cuyo apreciado paradigma central tiene tal absoluta vileza.

Cualquiera de ustedes fanáticos amantes de Jesús que puedan haberse topado con estas palabras, contemplen cómo los satanistas les identificamos correctamente y sabemos muy bien que entendemos su verdadera naturaleza. Sabemos que la negarán, pero no pueden cambiar lo que son. No tienen alternativa.

Los satanistas tenemos una elección: ser conscientes y sostener la mano más alta o ser ignorantes y así caer a la hambrienta chusma cristera. Siempre tengan en mente lo siguiente, mis compañeros de tribu:

No somos como ellos. Ellos lo saben. Recuérdenlo.

Creen en matar por «amor» y «aman» a sus enemigos. Recuérdenlo.

Si mantenemos nuestra perspectiva satánica, estará en nuestro poder ser los vencedores, no las víctimas. Recuérdenlo.

Nunca perdonar. Nunca olvidar.

Acojonamiento
Prevalente

Los niños mimados abundan. Los mariquitas tienen el dominio. Nuestra sociedad está impregnada por una condescendencia protectora, escudando a los timoratos de las ideas que podrían resultar hostiles para Yos tan frágiles como un pañuelo de papel mojado. ¿Qué pasó con el cultivo de la fuerza y la confianza en sí mismo, que alguna vez fuera el sello distintivo de la cultura estadounidense? Los esbirros de la «corrección política» y una nueva generación de quejumbrosos han llegado al poder legislativo para imponer su pusilánime intolerancia en cualquier diferencia de opinión. He aquí la vil cobardía que reina en casi todos los foros públicos. Presencien la censura, basada en el principio que los individuos deben ser protegidos de cualquier negatividad o de lo contrario sufrirán un trauma irreparable y, de este modo, merecerán reparaciones por parte del gobierno para satisfacer su destrozada autoimagen. Aquí está el nuevo estándar de comportamiento, que va desde las universidades a los lugares de trabajo, desde la palabra impresa al ciberespacio y que es consagrado por los diferentes medios de comunicación que se han unido para aplastar a quienes se niegan a abandonar sus facultades críticas.

La gente está mortalmente temerosa de las palabras; no pueden soportar que se diga algo en contra de ellos. Ser insultado equivale a ser destruido. El despreciable credo contemporáneo consiste en buscar la aprobación de todos y cada uno, a la vez que se elimina cualquier comentario crítico. El expresar la opinión de no acoger a todos en un torpe abrazo de «hermandad», se ha convertido en un crimen de pensamiento. Los satanistas deploran tal debilidad. Alguna vez se esperó que uno evaluara instintivamente al retador (así como al adulador), con base en los méritos relativos de tal individuo, reaccionando automáticamente con placer, decepción, o indiferencia. Ahora, todos están obligados a venderse a todos sin discriminación, término que ahora tiene una connotación «maligna» y que antes significaba el ejercicio de la propia selectividad con base en una evaluación educada. Los satanistas no han perdido este instinto; le damos la bienvenida a los conflictos de ideas y nos emocionan las diferencias. Juzgamos según las acciones. Las palabras son una mera fachada.

Debemos generar un clima social neodarwinista en el que las opiniones puedan enfrentarse bajo la claridad del mediodía, reflejando los destellos de las lenguas afiladas como sables que golpean contra la armadura de la erudición y el ingenio cultivado, en un verdadero conflicto de animadas conversaciones. Esperamos ver las arenas teñidas de carmesí y estaremos listos para esgrimir audazmente nuestra discriminación, sin restricciones, ya sea para elevar el pulgar en gesto de aprobación o hacer la señal de rechazo. Celebraremos a los victoriosos mientras los vencidos son sacados como desperdicio. Este es el clima social que hará posible el resurgimiento del rigor intelectual, en donde se presentarán los conceptos adecuados para que todos miren y juzguen en consecuencia. Es hora de poner fin a este aislamiento infantil del mundo real y salir a experimentar el fortalecimiento que se tendrá en un mundo de variedad. Si encuentras algo con lo que no estás de acuerdo, serás capaz de identificar a los que sostienen tales valores y lidiar con ellos a voluntad. El control de la expresión no es el control del pensamiento. El clima social actual ha llevado a muchos a mantener en secreto sus verdaderos sentimientos, que al ser contenidos crecen de formas extrañas, salen despedidos en extremismos espantosos para los ingenuos pero previstos por quienes están atentos.

Que los compases triunfales de *My Way* resuene el llamado para quienes se niegan a ocultar sus verdaderos pensamientos bajo una falsa mueca de cortesía. Entren en la refriega con las garras afiladas, mostrándote tal y como eres, ganando amigos y enemigos, o márchate lejos y encuentra otro intercambio que sea mas de tu gusto. Puedes volar, o estrellarte y arder, pero hazlo por tu cuenta y riesgo. No vayas llorando a alguna autoridad social para que te limpie los mocos de las narices y le dé una paliza a tus superiores. Quizás quieras seguir en pañales toda tu vida, pero no esperes que los satanistas se queden a oler la mierda. El estiércol es mejor cuando se usa como fertilizante.

La Cuestión del Fascismo

L A Iglesia de Satán no dicta las políticas de sus miembros y ellos siempre han sido libres de elegir lo que se ajuste a sus necesidades personales, siendo el pragmatismo el factor guía. Por lo general, nuestros miembros promueven la idea que la nación de residencia debe avanzar hacia una sociedad pluralista y secular en la que las personas participen libremente en cualquier religión o filosofía preferida y los adherentes de estas miríadas de alternativas coinciden en no coaccionar a otros, sea por la fuerza o mediante legislaciones derivadas de su moral religiosa. El mecanismo de política local se emplea sobre la base de qué traerá mayor beneficio personal al satanista y a las personas y metas que este aprecia.

Desde su puesta en marcha, quienes están por fuera de la Iglesia de Satán la acusaron de toda suerte de políticas: comunismo, fascismo, anarquismo, liberalismo, conservadurismo y básicamente cualquier otra cosa en la que puedas pensar, todas ellas mutuamente excluyentes. Lo que ES claro es que los periodistas que tienen un motivo egoísta oculto contra la Iglesia de Satán, siempre la han acusado de defender el sistema político que ellos aborrecen personalmente, asignándole el papel del «diablo» a la Iglesia de Satán en cualquier ámbito del pensamiento humano que deseen explorar.

Durante los años sesenta, la izquierda radical predicó una filosofía de «paz y amor» que reducida al concepto de nivelar todo a ser «igual». Esta «filosofía» defendió el abandono de criterios racionales para evaluar cualquier cosa y aceptarlo todo como de igual valor, fomentando así la mediocridad en todo nivel de los asuntos humanos. Aún vivimos las consecuencias secundarias negativas de este modo de pensar, ya que las personas que propugnaron estas ideas cuando jóvenes han llegado a la adultez y ahora son parte del *establishment*; esos adultos a quienes, durante los sesentas, consideraban el enemigo. Este «igualitarismo» se manifestó en dominios culturales con conceptos tales como «cualquier cosa puede definirse como arte y toda obra debe considerarse que tiene igual validez». Así, unas salpicaduras al azar sobre un lienzo se consideraban un logro igual a la Capilla Sixtina, una choza de barro se tenía como equivalente a Versalles. Un conserje era igual a un físico, un novelista era el colega de quien garabatease graffitis en la pared de un cuarto de baño. Este principio de «indiscriminación» se aplicó a todos los demás campos de realización. Quienes se opusieron a esta nivelación fueron acusados de ser «fascistas» o «nazis», sin consideración de lo que estos términos podrían haber significado en sus verdaderos orígenes y prácticas históricas. Después de todo, fue a mediados de los sesentas, veinte años después de la finalización de una guerra que la mayoría de esta gente ni siquiera estaba viva para haberla experimentado. Qué rápido se olvidan las ortodoxias del pasado.

La Iglesia de Satán se creó en 1966 y se levantó en «contradistinción» a estas ideas, que por lo general se definían como «liberales». Desde la época misma de la fundación de la organización, Anton LaVey y los miembros de la Iglesia de Satán se horrorizaron ante esta ideología que predicaba que cualquier clase de mérito era ilusorio y por ende que el acto de evaluar era una práctica «maligna». La discriminación se convirtió en una mala palabra, cuando previamente ello denotaba el buen juicio. Bien, la Iglesia de Satán nunca rehuyó el aceptar estas cosas que la sociedad consideraba malvadas, defendiendo así un renacimiento de criterios estrictos para evaluar todas las áreas del desempeño humano, poniendo de manera bastante radical la responsabilidad directamente sobre los hombros de cada individuo. En el satanismo no existe «apelación a la autoridad», ya que cada persona ostenta la responsabilidad de ser su propia autoridad. Por esta razón, fuimos llamados «fascistas» y «nazis»; NO por alguna defensa de los fines sociopolíticos de estos movimientos históricos.

Hoy en día, las masas no saben qué significan los términos «nazi» y «fascistas» en su sentido original. Estas palabras se usan ahora como epítetos contra cualquiera con quien ellos no están de acuerdo. Son empleadas con mayor frecuencia por intelectuales «políticamente correctos» de la misma manera que Joe McCarthy usaba la palabra «comunista» y los inquisidores cristianos usaron la palabra «bruja»: para desacreditar la validez del punto de vista de los acusados y tachándoles de «hereje» o «criminal de pensamiento». Debido al continuo declive del nivel de educación, aún entre quienes buscan un título en universidades importantes, es poco probable que ahora, y durante algún tiempo, haya una comprensión más amplia, sobre qué significan realmente los términos «nazi» y «fascista». Seguirán siendo ambiguas denominaciones peyorativas utilizadas contra quienes son percibidos como «los malos».

Los satanistas son conscientes de qué impacto tienen sobre el rebaño las palabras e imágenes, usándolas por tanto en beneficio propio. Debería ser claro para cualquiera que haya observado la sociedad humana, que en el público general contemporáneo existe un interés omnipresente en el Tercer Reich. Cualquiera con televisión por cable o quien visite salas de cine verá que, en el mundo del entretenimiento, los nazis son el arquetipo estándar de lo que las masas consideran malvado y están fascinadas con este gobierno muerto y lo fetichizan sin límites. ¿Miras *The History Channel* (cuyo símbolo es una letra «H» tallada y angular)? Como mucha de su programación concierne al análisis del Tercer Reich, decimos en broma que la «H» es por «Hitler» y no por *History*.

Las ideas erróneas del rebaño determinan cómo un satanista utiliza los símbolos para influenciar a estas personas. Los aspirantes a iconoclastas de hoy, que tratan de reivindicar la esvástica como un símbolo «bueno», han fracasado en suplantar la identificación de este por parte del rebaño como un signo de «maldad suprema», mucho más potente para ellos que nuestro Sigilo de Bafomet. Cuando se trata de consciencia de masas, los significados actuales establecen botones que pueden oprimirse.

Ciertos satanistas avezados que se ganan la vida entreteniendo a las masas, han utilizado la obsesión del público con este material para sus propios fines. De ahí que hayan empleado símbolos y técnicas derivadas de los espectáculos del Tercer Reich (que eran medios innegablemente poderosos para motivar a las masas de gente) con el propósito de estimular a sus audiencias y así poner dinero en sus bolsillos. ¿Es esto defender el fascismo político? No, por supuesto que no.

El fascismo es una doctrina que exige la sumisión de individuos a los objetivos del Estado. Esta es una filosofía colectivista que suprime el individualismo, que estipula que cada persona debe sacrificarse a sí mismo a un principio abstracto, al que se le trata como una entidad sagrada: EL ESTADO. Las supuestas «glorias» pasadas del Estado, casi siempre mitológicas, se convierten en íconos sagrados en lo que en realidad es una nueva religión. El fascismo es claramente un medio para controlar rebaños y uno muy efectivo.

Se necesitó una de las mayores guerras de la historia para poner fin a la lucha por el dominio mundial de las naciones que utilizaban este sistema.

La «uniformidad» de las masas sirviéndole a EL ESTADO es la ideología común para la unificación de la población y tal es la herramienta favorita de los totalitarios, ya sea que se les llame fascistas, o clero, o comisarios. De aquí que los modos uniformes de vestir son frecuentemente herramientas para unir al populacho.

El satanismo aboga por un enfoque diferente. La estratificación es un término acuñado por Anton LaVey para significar cómo la naturaleza le permite a todo «buscar su propio nivel». No es algo que necesite defenderse: sucede por sí mismo. Las órdenes sociales son constructos humanos, de naturaleza artificial. Los satanistas pensamos que si uno aplicase los principios de la Naturaleza a la sociedad, en este contexto la estratificación sería entonces el concepto de que el propio mérito, evidenciado por la productividad y el talento desarrollado, decide la posición de uno en la sociedad. Dicha posición podría cambiar, dependiendo de la matriz cambiante de los valores sociales para tus capacidades. Así se defiende la individualidad y en lugar de una estasis impuesta que crea una jerarquía congelada de aristócratas por herencia, habrá un flujo de clases y posiciones sociales.

Esta no era la meta de los fascistas alemanes del Tercer Reich. Sus estándares eran racistas. Buscaban poder político y necesitaban un chivo expiatorio para los males económicos de muchas personas. Eligieron a los judíos, porque muchos eran económicamente exitosos a la vez que hábiles profesionales de las artes y los propagandistas nazis impulsaron a gran parte de la población a seguirles en su odio a personas que marcaron como monstruos sediciosos. También le apuntaron a los comunistas, a quienes sentían como enemigos de su sistema nacionalsocialista. Una vez que los nazis tomaron el poder, su primer asunto a tratar fue encarcelar a sus enemigos políticos, muchos de ellos comunistas. Estas fueron las primeras personas que encarcelaron en campos de concentración. Sin embargo, la necesidad de continuar identificando enemigos, denigrando grupos de personas para que los «arios» pudieran sentirse superiores, condujo al encarcelamiento y exterminio de judíos, junto al de gitanos e incluso de homosexuales, pese a las tendencias homófilas de algunos líderes nazis. Ellos también fueron purgados. La calumnia utilizada contra ellos era la de «decadentes» mientras que los nazis asumían el manto de la pureza moral y estética.

Cuando la doctrina fascista es puesta en práctica, sin importar cuándo o dónde, tiene que haber alguien que le diga al rebaño cuáles serán las necesidades de EL ESTADO, ya que EL ESTADO no es más que una abstracción, porque en verdad no existe. Aquí entra la «clase dirigente», también conocida como el Partido Nazi, el Partido Comunista, el Jemer Rojo y así sucesivamente. Estos dirigentes dicen encarnar EL ESTADO, diciéndole a las masas cuál es la voluntad de EL ESTADO. Reinan como los antiguos sacerdocios que tenían el poder porque eran los únicos capaces de comunicarle al pueblo la «voluntad de los Dioses». Esta gente era una aristocracia *de facto*, utilizando a EL ESTADO para su *raison d'être*, igual que los dirigentes de los últimos días de algunos estados comunistas que utilizaron LA VOLUNTAD DEL PUEBLO como su excusa para controlar sus plebes. Estos dirigentes no están sujetos a sacrificarse a EL ESTADO, eligen quién será sacrificado. No se escogen a sí mismos, aunque a veces escogen a quienes entre sus cohortes se ponen muy alevosos. Este tipo de dirigentes utilizan términos más aceptables para nuestro siglo, cuyas masas no se tragarán viejas excusas como «el derecho divino de los reyes» pero sus medios son idénticos. Por supuesto, estos dirigentes son frustrados por «profetas» posteriores que convencen a las masas que ellos, y no los dirigentes vigentes, encarnan EL ESTADO y así es como suceden las contrarrevoluciones y los anteriores líderes son despachados usualmente con violencia.

«¡No prestes atención alguna al hombre tras la Cortina!» dijo el rostro ceñudo en una fuente de fuego (EL ESTADO/LA VOLUNTAD DEL PUEBLO), esperando que Dorothy y compañía no notaran quién estaba moviendo los hilos. Pero Toto (la bestia) descorrió la cortina. Ahora podríamos comenzar a ver cómo se incluyen los satanistas en esta ecuación.

El satanista siempre debe estar consciente de quién está realmente controlando la situación en la que él mismo se halla. Los listos conocen las sogas del sistema en el cual viven y lo usan en beneficio propio. Los satanistas no se ven a sí mismos como parte del rebaño y resisten naturalmente cualquier intento de ser forzados a vivir bajo cualquier régimen que los volvería parte de las masas controladas. Sin embargo, a los satanistas podría no importarles cómo está siendo controlado el rebaño, en tanto ellos mismos no estén sujetos a ser controlados junto con ellos. Si son forzados por las circunstancias a ser parte de tal situación de gobierno (y advierto al lector que examine cuánto conoce en verdad sobre las maquinaciones de su actual nación de residencia), el satanista listo puede tratar de ser la persona que mueva los hilos o, lo más probable, sus asociados. Ser quien está detrás del «líder» es por lo general una posición más segura, ya que el líder siempre es un objetivo mientras que, la mayoría de las veces, los asesores sobreviven a los cambios de los «mandamases». Que Maquiavelo sea tu guía.

Si uno no es un miembro de la clase dirigente, sino parte de una facción minoritaria en una sociedad pluralista, propugnar que «todos sean tratados igualmente bajo la ley» puede garantizar que tendrás una cantidad máxima de libertad personal. Sé consciente de los «factores de poder» atenuantes en funcionamiento, como la riqueza. Claro que la cantidad de libertad personal depende de las leyes de la sociedad en la cual uno vive y reconocemos que los grupos de presión empujan para obtener más del «pastel» mediante subvenciones y privilegios establecidos por vía de mecanismos estatales.

Los satanistas saben que los derechos naturales no existen, ya que el concepto de derechos requiere que alguien o algo los distribuya y en el pasado se creía que eso lo hacía algún Dios. Los únicos derechos que uno tiene son los otorgados por las leyes de la estructura gubernamental bajo la que vives y, finalmente, incluso estos se reducen en los que puedes obtener por ti mismo utilizando cualquier poder personal que puedas tener. Esa es la razón por la que los ricos se salen más con la suya, ya que su dinero les da poder y por tanto, más derechos en una sociedad regulada por abogados y no por la justicia.

Sin embargo, si perteneciste a la clase dirigente podrías tener una perspectiva muy diferente. Es verdad que los satanistas autoidentificados son actualmente minoría en una sociedad pluralista. Pero ¿qué si lograsen una posición para estar en la clase dirigente? ¿Cómo unos inteligentes satanistas autodeclarados dirigirían un gobierno? ¿Cómo controlarían las masas? Esta podría ser una muy buena pregunta que podría tratarse en una novela de ficción especulativa, ya que no es probable que suceda en realidad. Pero, sabemos que las personas que realmente entienden cómo ejercer el poder en el más alto de los niveles humanos, sin importar qué filosofía digan practicar, están en realidad manteniendo su poder comportándose según la verdadera naturaleza de la especie humana y son por tanto satanistas *de facto*.

Así, algunos satanistas que son «idealistas políticos» podrían imaginarse un futuro fascista en el que los satanistas sean los «hombres tras la cortina» dirigiendo el rebaño para que apoye sus propios placeres personales, con el rebaño sacrificándose a una «élite» satánica dominante, pero necesariamente escondida. Esto lo veo como una quimera política, una forma de idealismo incompatible con el pragmatismo esencial del satanismo. Dirigir un Estado dejaría poco tiempo para los placeres personales y el disfrute de la vida propia.

Como puedes ver, en la sociedad occidental contemporánea, las únicas facciones políticas plausibles de intentar crear un sistema fascista (entendiéndolo según los significados originales de los términos) son las cristianas fanáticas fundamentalistas de derecha. La película *The Handmaid's Tale* (El cuento de la criada) ofrece una visión escalofriante de esta posibilidad. Tienen la misma pretensión de superioridad moral de los líderes del Tercer Reich y los suyos siempre han encontrado chivos expiatorios para quemar en la hoguera. Pienso que es mucho más productivo abogar por un sistema que garantice libertad del ejercicio de muchos puntos de vista, en tanto no me exija pagar por un derrochón que quiera un viaje gratis.

En la administración de la Iglesia de Satán no controlamos los pensamientos de nuestros miembros, así que si alguno de ellos quieren jugar con estos sueños políticos, esa es su prerrogativa, en tanto no las identifiquen con los objetivos de la Iglesia de Satán, que son enfáticamente no políticos, ni son idealistas.

La Iglesia de Satán nunca ha exigido nada de sus miembros excepto que tengan los escritos de Anton LaVey como su base para la membresía en esta organización. No tratamos de forzar a nuestros miembros a ser una unidad marchando en fila al mismo paso en sus elecciones personales para construir sobre los cimientos de LaVey. Así celebramos una diversidad asombrosa. Existen algunas perspectivas que tenemos en común. Defendemos el mérito y el logro superior en todas las esferas y son los oponentes de una sociedad que es una «mediocracia» rampante.

Los satanistas estadounidenses tienden a definir a los Estados Unidos como la primera república satánica. Los igualitarios que rechazan el concepto, deberían notar que los Padres fundadores no concedieron libertad a todos; se pensó sólo como un derecho de quienes consideraban dignos y capaces de la habilidad inteligente de ejercer tales libertades, excluyendo originalmente a personas como los esclavos o las mujeres. De esta manera, no le estaban dando igualdad a todos, sino que abogaban por libertad para gente que definieron como iguales en habilidad y capacidad, una diferencia importante que se ha perdido en muchos que quieren interpretar su estructura gubernamental, sabiamente construida, como igualitaria y democrática. Se diseñó como una república, lo que sugería que hombres de razón podían necesitar la habilidad de burlar decisiones pobres o represivas que pudieran surgir si se instalaba una democracia «mayoritaria». Eso se consideraba «el gobierno de la plebe» que era tan intolerante como el ser controlado por monarcas hereditarios especialmente porque los Padres Fundadores compartían la misma baja opinión de las masas que tenemos los satanistas.

Así que al fin llegamos a esa pregunta: «¿Es fascista el satanismo?». La respuesta depende de tu definición de ese término. Si se entiende el fascismo como el sistema totalitario de gobierno que esclaviza a sus súbditos para servirle al Estado en un conformismo soso, entonces la respuesta es un rotundo «¡NO!». Sin embargo, si el fascismo es meramente un epíteto vago arrojado a quienes defienden estándares para la excelencia del logro humano en todos los ámbitos del desempeño, entonces usaremos ESO como una insignia de honor. Nosotros, que adoptamos el satanismo como nuestro emblema, ¡no necesitamos apestosas insignias de buenos chicos!

EUGENESIA

EUGENESIA. LA SOLA PALABRA enoja a los igualitarios porque expone las falacias fundamentales subyacentes en sus doctrinas. La humanidad es la única especie que actúa para burlar la ley natural de la supervivencia del fuerte y la eliminación del débil. Reconociendo el estado estratificado, no igualitario de los seres humanos, los satanistas vemos como uno de nuestros objetivos sociales a largo plazo la promoción de un mayor porcentaje de individuos creativos y productivos y la reducción del número de simples creyentes y consumidores, así como de los francamente estúpidos. Esto podría hacerse progresar mediante el conocimiento «prohibido» de la eugenesia. En pocas palabras, este es un término aplicado a las teorías científicas en torno al mejoramiento biológico del animal humano mediante el control deliberado de factores hereditarios. Esta idea fue iniciada por Sir Francis Galton. El pensaba que podríamos promover la evolución progresiva de nuestra especie mediante el aumento de la proporción de individuos inteligentes, saludables y emocionalmente estables en nuestra población a través del control estricto de la reproducción humana. Hemos utilizado estas técnicas en la agricultura y la ganadería. ¿Por qué no aplicarlas voluntariamente a nosotros mismos?

Históricamente, el enfoque eugenésico para el mejoramiento de las especies fue aceptable y de hecho seguido con fervor en muchos países, incluyendo los Estados Unidos, hasta el conflicto llamado la Segunda Guerra Mundial, cuando esta área de investigación se vio empañada por algunos de los grotescos excesos atribuidos a científicos en el Tercer Reich. A mediados del siglo XX, con el crecimiento generalizado del igualitarismo y el pensamiento colectivista, algunos movimientos sociales resintieron los informes fácticos que no apoyaban sus objetivos de homogeneización y, de esta forma, incluso investigadores serios se encontraron con el retiro de sus financiamientos y la supresión de sus datos. Esta censura ha continuado hasta hoy.

Tradicionalmente, la eugenesia ha tenido dos enfoques: las medidas «negativas» que, mediante la esterilización y el control natal, reducen la frecuencia de defectos físicos y mentales hereditarios, particularmente la prevención de la reproducción entre individuos portadores de enfermedades hereditarias, como pacientes mentales de por vida, y quienes tienen enfermedades discapacitantes y, las medidas «positivas» que, alentando a los individuos superiores a reproducirse, intentan aumentar atributos físicos y mentales hereditarios deseables y, para ayudar a tales padres en su tarea, podría incluir subsidios de fundaciones privadas o gubernamentales. Actualmente tenemos un enfoque de «tercer lado», ya que los investigadores están llegando a entender el genoma humano y se están desarrollando técnicas para manipular las características del cigoto. Estas pueden hacer posible que los padres seleccionen las capacidades con las que nacerá su descendencia, brindando la opción de ampliar sus fortalezas y eliminar sus debilidades.

Los satanistas siempre han explorado áreas prohibidas a otros y no vamos a rehuir este tema tan vital para el desarrollo de nuestra especie. Rechazamos las máximas flácidas de la igualdad universal y buscamos implacablemente revelar la verdad sobre el animal humano, para que podamos avanzar hacia la proliferación de individuos creativos.

Como defensores de la libertad de elección, no esperamos que los gobiernos impongan tales programas a sus ciudadanos. Sin embargo, pensamos que este camino sería una opción viable para todos los que estén interesados en aumentar el número de filas de gente inteligente y creativa. En la sociedad humana siempre habrá muchos creyentes, consumidores y parásitos. No abogamos por su destrucción. Sin embargo, su drenaje a los habitantes productivos y capaces de este planeta es, para nosotros, debilitante. Deseamos que aumente el número de filas de «superiormente capaces» antes que el tiempo se agote y todos perezcamos aplastados por la mediocridad.

JUVENTUD DE HIERRO

ESTE ES EL VIGÉSIMO QUINTO AÑO de existencia de la Iglesia de Satán. Los medios de comunicación y los histéricos fanáticos cristianos nos acusan continuamente a los satanistas de reclutamiento infantil. Cuentan historias nefastas de satanistas babeantes acechando cerca a parques de recreo y jardines infantiles en busca de inocentes de mejillas rosadas para secuestrarles y lavarles el cerebro convirtiéndolos en servidores de Satán. Sencillamente, esta gente enclenque no puede captar el hecho que ellos, así como el fruto podrido de sus vientres, nos parecen irredimiblemente mediocres y ni siquiera dignos de ponderarse, mucho menos de invitarles a la Iglesia de Satán. Tales fantasías provienen de ilusiones; estos zánganos esperan con fervor ser considerados lo bastante importantes como para conseguir nuestra atención. A ellos les digo: «¡Sigan soñando!». También desatienden nuestra política de que sólo pueden unirse adultos. La única excepción a esa regla se hace con jóvenes adultos maduros cuyos padres sean miembros acreditados.

Los únicos jóvenes que nos interesan son nuestros propios hijos, doblemente bendecidos con excelente material genético y con el amor, cariño, disciplina y educación apropiada para hacer parte de la élite mundial. Mientras pasamos al año XXVI A.S., vemos que muchos de nuestros miembros están en proceso de criar una querida segunda generación de satanistas. Nuestros hijos no participan en rituales satánicos, salvo, si así lo desean sus padres, un bautismo satánico, con lo que celebrarían la gloriosa carnalidad que engendró estas preciosas vidas nuevas. A estos jóvenes individuos no se les obliga a ser satanistas, más bien son criados para emplear un enfoque abierto e inquisitivo con todo, especialmente con religiones y filosofías. Si han alcanzado una etapa de madurez en la que se interesan en la religión de sus padres, les será explicada con franqueza y se les permitirá leer *La Biblia Satánica.* Muchos de nosotros hemos descubierto este libro en nuestra temprana adolescencia y consideramos que tuvo un impacto beneficioso.

No le permitimos a nuestra progenie participar en funciones rituales hasta que, por su propio libre albedrío, hayan adquirido una total comprensión del satanismo, así como de los principios comprometidos en la Magia Mayor y pueda contribuir al proceso real. Los padres pueden celebrar la ocasión de la etapa de madurez de los jóvenes, en la que participan por primera vez en un ritual, mediante un Rito Satánico de Confirmación, dándole la bienvenida al individuo como un mago concienzudo y un satanista dedicado. Este ritual enfatizaría los talentos nacientes que el confirmado trabajará para convertirse en un miembro verdadero de la élite, desarrollándolos mediante la aplicación de la voluntad. Los padres satanistas nunca presionan a su prole a adoptar el satanismo, especialmente porque muchos de ellos recuerdan haber sido obligados por sus padres a participar de sus creencias y rituales religiosos, lo cual no les parece gratificante.

Los padres satanistas son sumamente conscientes de la gran responsabilidad que tienen en sus manos de dar a sus hijos la orientación apropiada para poder separar los diamantes de la escoria en la abrumadora cantidad de información disponible en la actualidad. Son muy cuidadosos al comunicarles a sus hijos que, entre el rebaño a través del que deben pasar con suma cautela, tienen si acaso unos cuantos pares. Se les enseña a estudiarlo todo, a no adorar nada por encima de ellos mismos y de aquellos a quienes valoran. Se les enseña a deleitarse en su naturaleza carnal y a estudiar con gran cuidado la naturaleza del animal humano, ya que la Humanidad existe como una sociedad que debe ser comprendida para así dominar los métodos para el logro de los deseos personales.

A nuestros hijos se les alentará, sobre todo, a descubrir y desarrollar sus aptitudes únicas, a explorar muchas alternativas y elegir eso que cada cual quiera más. Les damos la libertad de convertirse exactamente en quienes eligen ser. Estos brillantes jóvenes brujos seguramente heredarán el mundo y las estrellas, viviendo vidas llenas de éxito y placer.

Los satanistas estamos aquí para quedarnos y nuestra «juventud de hierro», disciplinada y espléndidamente segura de sí misma, son las llaves de la entrada a la eternidad. He visto la gloriosa fuerza a través de la alegría irradiando en los rostros de nuestra próxima generación y predigo confiadamente que, en efecto, el mañana nos pertenece.

CONSTRUYENDO FAMILIA:
«LA MORAL» VERSUS
EL MATRIMONIO HOMOSEXUAL

E N ESTOS PRIMEROS años del siglo XXI, el asunto del matrimonio entre personas del mismo sexo es un tema candente en los Estados Unidos. Está en marcha un clamor popular de desobediencia civil en el que parejas del mismo género han sido desposadas por funcionarios del gobierno para poner a prueba las leyes existentes. La derecha cristiana considera que esto es una abominación y continuamente intentan, tanto a nivel nacional como estatal, legislar que el matrimonio debería definirse únicamente como la unión entre un hombre y una mujer. Los políticos han utilizado esto como un asunto divisorio, algunos incluso pintando a los defensores de la unión legalizada de parejas del mismo sexo como agentes de inmoralidad satánica. Así, como somos una iglesia legalmente conformada, muchos se preguntan: «¿cuál es la posición de los satanistas en esta temática?».

La Iglesia de Satán no determina las políticas de su membresía. Sin embargo, existen ciertos principios básicos compartidos por nuestros adherentes así que, por lo general, los satanistas coincidimos en ciertos puntos políticos relacionados con el fomento de la libertad individual. Tal como se expresa en *La Biblia Satánica*, una parte intrínseca de nuestra filosofía, es aceptar un amplio margen de prácticas sexuales humanas, siempre y cuando sean entre adultos que han dado su consentimiento. La Iglesia de Satán es el primer grupo religioso organizado que acepta completamente a sus miembros independientemente de su orientación sexual y, por ende, nuestros miembros defienden la derogación de cualquier ley existente discriminatoria contra la homosexualidad. La consecuencia natural es que los satanistas apoyarían bodas o uniones civiles entre parejas adultas ya sean del mismo sexo o de sexos opuestos. En tanto el amor esté presente y las parejas deseen comprometerse en una relación, apoyamos su deseo de una vida en común legalmente reconocida y los derechos y privilegios que llegan con tal unión.

Actualmente, la función principalmente coloquial del matrimonio es la de formar «familia», reconocida legalmente cuando las parejas formalizan su lazo de amor. En el pasado, otras religiones han utilizado el matrimonio como un mecanismo para autorizar formas aprobadas de actividad sexual, ya que bajo sus doctrinas antihumanas, la fornicación se consideraba por lo general «pecaminosa». La boda se ideó como un aliciente para la reproducción. Quienes se casaban y no producían descendencia se les consideraba sospechosos y la infertilidad podía utilizarse como razón suficiente para terminar la unión y liberar a los novios para que buscaran cónyuges más fértiles. Sobre todo, la institución se consideraba sacrosanta, sirviendo para imponer la moralidad cristiana como patrón de conducta. Esos días terminaron. No nos vayamos por la onda retro en esto.

La sociedad occidental ya no ve el matrimonio únicamente como un programa autorizado de procreación. Las parejas heterosexuales que no pueden o eligen no reproducirse ya no son estigmatizadas de manera alguna como inferiores a sus «fecundos contrincantes». Tampoco le parece que el matrimonio sea un requisito para permitir la actividad sexual; ese concepto fue destrozado durante la revolución sexual de la década de 1960. Si las leyes existentes conservan códigos morales en desuso que infringen el tratamiento equitativo de las personas sujetas a estos dictados, entonces ha llegado la hora para que los legisladores depuren estas leyes de dogmas religiosos y las ajusten a la sociedad secular existente en los Estados Unidos. Y que se haga lo mismo en todas las naciones que respetan la libertad y celebren los lazos formados por el amor.

Una de las metas de los Padres Fundadores de Estados Unidos era el secularismo y, pese a ciertos éxitos de contaminación teísta, sigue siendo sensata. El cambio de nuestro lema nacional, del secular *E Pluribus Unum* («De muchos, uno») al religioso *In God We Trust* («En Dios Confiamos») y la adición de la referencia religiosa «bajo Dios» al Juramento a la Bandera, son ejemplos deplorables de aberración. ¿Quizás estas anomalías también necesiten corregirse? Sugiero que es hora que los estadounidenses defiendan los principios axiomáticos de la secularización y la libertad individual sobre los que se fundó nuestra nación, previniendo así más incursiones de moralidad cristiana, que buscan obligar a los no creyentes en la camisa de fuerza de su sistema dogmático de creencias.

Permitir el matrimonio entre personas del mismo sexo no significa que a los cristianos y otros que se oponen a tales prácticas se les obligará a dichas uniones. Puede que les parezca desagradable, pero la verdad es que cuando una nación alienta a sus individuos a la búsqueda de la felicidad, no se garantiza que todo el mundo va a gustarle lo que hacen los demás. Eso es una parte de la libertad, la tolerancia de la diversidad. La idea de enmendar la Constitución de los Estados Unidos para ajustarla al dogma cristiano, debería ser anatema para los estadounidenses que entienden su base conceptual. Si tienen verdadera lealtad a los principios sobre los que se fundó esta nación, se indignarían ante intentos tan flagrantes de difuminar las fronteras entre la Iglesia y el Estado.

Con el tiempo, la solución de este asunto servirá de barómetro para medir el tenor del carácter fundamental de una nación. Dejará ver si un gobierno puede ser en verdad pluralista, ofreciendo igual libertad a sus diversos ciudadanos o permitirá en cambio que su pueblo sea constreñido por valores anticuados fomentados por dogmas religiosos.

Agujeros Negros Intelectuales

Muchos son atraídos a la Llama Negra del satanismo, aunque no todos estos individuos sean en verdad satanistas de nacimiento. En efecto, el vulgo necrólatra, cuyas inclinaciones quedan mejor satisfechas con otros credos «místicos», a veces ve el satanismo como un desafío y una tentación, un fruto al que se siente irresistiblemente atraído, prohibido para ellos por sus naturalezas biológicas.

Anton Szandor LaVey identificó a los «vampiros psíquicos» como drenadores de energía emocional que, como mecanismo para crear sentimientos de obligación, proveen al fuerte con bienes materiales. El satanista reconoce esto, acepta las ofrendas y niega fácilmente la necesidad de reciprocidad; no pidió dichos bienes, por lo que nada le debe al dador. En este gorrón no hay espacio para la culpa.

Otro tipo de vampiro es aquel que, por la sola existencia de su «conciencia soberana», cree que quienes saben más que él están por ello obligados a compartir sus conocimientos. Estas criaturas pasan su tiempo en una «búsqueda» incesante porque sus centros son enormes agujeros negros de vacío conceptual que nunca se pueden llenar. No tienen identidad personal y, debido a esta falta, están constantemente en busca de quienes sí la tienen. Se acercan al satanista como un «curioso», un principiante que «sólo quiere hacer unas cuantas preguntas». Darle aunque sea una sola respuesta iniciará la espiral incesante de tus brillantes pensamientos hacia las profundidades insondables de las cuales nada emergerá jamás. El Agujero Negro Intelectual no busca información para usarla en fines creativos o productivos. Estos autorreconocidos intelectuales de salón, no producen más que preguntas con las cuales irritar a sus superiores. Nunca estarán satisfechos, nunca usarán la información para sintetizar una nueva perspectiva, nunca devolverán algo de valor a quien le responda. En efecto, destrozarán cada respuesta, haciendo jirones *cualquier* sentido de modo que puedan proclamar que se necesitan urgentemente «explicaciones adicionales», perpetuando así la siempre absorbente relación.

Una táctica frecuente es exigir «atención personal», ya que menosprecian las lecturas sugeridas y otras posibilidades de investigar, afirmando que tu «toque humano» es crucial para su entendimiento. Deben hablar con una autoridad viviente o un representante; el material impreso nunca es suficiente. Esa es una señal de advertencia importante; quieren la «calidez» de tu confianza, drenarla hacia sus frígidas profundidades de duda e inseguridad, no estarán satisfechos para seguir adelante hasta alcanzar su meta de reducir a sus víctimas a iguales estados de falta de confianza en sí mismas. Puede que el satanista seguro nunca sea tan menoscabado, dejando un extenso período en el cual el Agujero Negro Intelectual permanecerá en órbita, desperdiciando tu precioso tiempo y tu vitalidad de pensamiento.

Una vez identificados, a tales parásitos puede marcárseles y evitárseles. Este tipo se halla con frecuencia en Internet, un ambiente especialmente propicio para estas sanguijuelas del pensamiento. Tan solo revisa la miríada de publicaciones sobre un tema en un foro de discusión y pronto ubicarás estas lampreas de información, tratando de chupar la energía de cualquiera lo bastante tonto para responder. Nunca limitan su búsqueda a solo un área y puede vérseles publicando en variados y diversos sitios sobre numerosos temas, donde sus «debates constructivos» pueden mantenerse hasta que las víctimas se percatan. Sus preguntas abarcan desde amplios asuntos metafísicos hasta los más entrometidos detalles personales de situaciones que nunca deberían ser de la incumbencia de alguien salvo de los directamente implicados. Se publicitan buscando «diálogo positivo» pero el resultado para ti es solo un desperdicio de aliento o de tecleo. Su lema es «¡Toda información debería estar disponible para todo el que la pida!», aunque nunca parecen tener algo valioso para dar a cambio. Su bandera es el eterno signo de interrogación.

¿La cura? Sencillamente, niégate a responderles. No contestes. Cuando mucho, dirígelos hacia algún material literario y dí «adiós». Negarse a responder funciona como los consabidos ajo y agua bendita, sisearán y escupirán «En realidad nunca supiste nada ¿verdad?» un último y desesperado esfuerzo para arrastrarte dentro de su pozo de gravedad. El silencio funciona, una barrera adamantina que no pueden penetrar. Armarán un alboroto para luego desentenderse de ti y seguir lanzando anzuelos en espera de más víctimas. Podrías sostenerle un espejo a estas criaturas al no darles respuestas sino simplemente contestándoles con preguntas. Pondrán reparo a que seas la autoridad a tratar para revertir el flujo de información, pero no caigas en ello.

En línea, en ciertos foros de *usenet*, podrás «bloquear» su irritante acoso verbal una vez los identifiques, teniendo así un momento de paz, invirtiendo tu energía como mejor te parezca, navegando entre temas de interés e ignorando las ingentes cantidades de idioteces que parecen multiplicarse exponencialmente a cada minuto. Quizás podrías encontrar una perla o dos, pero lo más probable es que estarás buscando los ponis que generaron el estiércol. El ciberespacio necesita un escuadrón de limpieza, pero ¡vaya Hércules de alta tecnología el que se necesita para limpiar ese establo de Augías!

HÁMSTERS DE OJOS VERDES

«La envidia es el monstruo de ojos verdes»
—del lenguaje común.

La ENVIDIA ES UNA EMOCIÓN que suele hallarse en individuos cuya estima de su propia valía excede sus logros. Puede conjurarse cuando observan algo en otra persona que quieren para sí mismos, pero que son incapaces de obtener o conseguir por sí mismos. Resienten profundamente a la persona que puede hacer lo que ellos no y, más específicamente, resienten el reconocimiento que dan las personas al individuo exitoso en el campo de desempeño respectivo de ese maestro. Pero más allá de esta variedad común de envidia corrosiva, existe un tipo cuya falta de talento les confina en una jaula de limitaciones (para ellos) transparente. Son ferozmente atraídos a quienes desean emular. Estos hámsters —escasos de mente y talento— tienen vidas llenas de envidia de la gente que puede hacer lo que ellos no y se indignan al presenciar manifestaciones de admiración que ellos mismos, con sus propias obras, no pueden cosechar.

He aquí cómo opera. Los hámsters de ojos verdes encontrarán la obra de una persona creativa y les gustará tanto que desearían ser capaces de producir algo que podría ser amado de igual forma por otras personas. Así, el hámster hace cuanto puede para imitar el trabajo creativo que tanto le gusta. Desfortunadamente, el hámster (a diferencia de un individuo creativo en desarrollo) solo puede producir débiles imitaciones y regurgitaciones pobres de la obra que admira. Por esto, el hámster busca a su modelo a seguir y mientras alaba al maestro, su objetivo final es conectarse a él de algún modo, para poder «tener un roce» de él; un caso clásico de oportunismo social. Durante la parte de desarrollo creativo de sus carreras, los individuos verdaderamente creativos pueden imitar un modelo a seguir, pero son fieramente autocríticos y nunca pensarían siquiera en mostrarle al maestro sus trabajos de estudiante. Esperan hasta haber creado algo digno de atención. El hámster ojiverde sentirá que cualquier cosa que haga ha de ser «bañada en bronce» y celebrada y, lo más importante, señalará ansiosamente a otros que él es a su vez un asociado personal del creador, esperando que esto, indirectamente, le gane respeto. Y esta táctica puede funcionar con mucha gente del rebaño. Ello convence al hámster ojiverde que ya no está en la jaula definida por sus limitaciones.

La persona creativa que se ha convertido en el foco (la víctima) de la obsesión de nuestro hámster puede ver esta admiración como normal, solo hasta el momento en que el hámster comienza a presentar sus propios y exiguos esfuerzos, confiando que el reconocimiento de sus pares está próximo a llegar. El creador, cortésmente, quizás haga algún comentario evasivo, pero positivo, sugiriendo que el hámster necesita ponerle más empeño a sus productos. A menudo se evita la honestidad brutal. Las personas creativas están llenas de energía y una gran efusión de ideas. Tienen Yos fuertes y piensan que, quizás con algo de estímulo, el hámster podría comenzar a producir algo valioso o bien podría seguir su camino y encontrar medios para ocupar su tiempo en algo más ajustado a sus limitadas capacidades.

Un creador podría darle al hámster ojiverde algo que hacer para tenerlo ocupado. Que el hámster sea un aprendiz o secretario. Una vez que al hámster se le pone a correr en su rueda, ya no le queda tiempo para forzar sus propios actos mezquinos en sus superiores. Pero ¡ay del creador y sus asociados si el hámster deja de estar así de ocupado! Los comentarios positivos previos serán blandidos como garantías exigiendo que se les conceda a sus débiles productos un estatus más allá de su mérito. La cortesía del creador se vuelve en su contra.

Por supuesto, cuando el hámster encuentra una persona cuyo criterio es el mérito, es decir, no alguien del rebaño, surge otro problema. Tan diabólico individuo podría decir «Bueno, bien por ti por haber tenido el privilegio de estar junto a una persona probadamente creativa a quien admiro, pero ahora ¿dónde podría encontrar tus grandes obras?». El hámster entonces mete mano en su cajón y extrae modelos tristemente mediocres y con un ademán los muestra al preguntador, recalcando que el maestro ha alabado sus esfuerzos. La expectativa es que él también será loado como un igual del reconocido maestro.

Sin embargo, cuando la respuesta del meritócrata no muestra el nivel de alabanza que el hámster cree debería darle y que tan desesperadamente busca, el hámster comienza a injuriarle, alegando que carece de gusto o pericia. El meritócrata entonces comienza a preguntarse si al propio maestro podría haberle fallado el juicio cuando permitió al hámster asociarse con él. Desde luego, puede que la relación con el maestro nunca haya sido en verdad como el hámster afirma que fue, pero el maestro no está al tanto de las campañas hamsteriles y por ende no puede decirle al meritócrata, con algo de sarcasmo, que «solo estaba siendo amable».

En la Iglesia de Satán tenemos una política de rechazar la práctica de *noblesse oblige* (literalmente, «nobleza obliga»). Este es un concepto medieval en el cual se consideraba que, debido a su elevado estatus, las clases altas (gente acaudalada o de alcurnia) estaban obligadas a ayudar a las clases mas bajas. En la Iglesia de Satán, nuestra estratificación se basa en el mérito, así que nuestros «nobles» lo son debido al desarrollo de sus habilidades creativas. En mi primer encuentro con el Dr. LaVey, nos dijo a mi esposa y a mí que la Iglesia no apoyaba la idea que a los creadores talentosos se les exija ayudar a sus débiles imitadores sin talento que también fueran miembros. Esto se debía a que, en el momento, una miembro mucho menos talentosa estaba tratando de utilizar la comunidad de miembros como una razón para conseguir mi ayuda en sus mediocres proyectos musicales. Y así, complacido con una política tan justa y racional, me desvinculé cortésmente de esta pegajosa miembro, que huyó para tratar de encontrar otros músicos miembros que la ayudaran a concretar su «visión».

Si eres un creador, ya sea como maestro reconocido en tu campo o incluso un novato talentoso en ascenso, cuídate del hámster de ojos verdes. Lucen tan pequeños y tú tienes tal abundancia de talentos, que pensarás: «¿qué daño puede causar ser caritativo con esta persona de poco talento?». Sin embargo, llegará el momento en que el hámster exija más de lo que merece y te verás obligado a desvincularte con gracia, pero los leves elogios que regalaste serán usados contra ti. El hámster ojiverde se pegará a tu reputación con sus desagradables dientecillos y quienes te admiran quizás hasta cuestionarán tu juicio por haber sido amable con el ahora vituperante hámster.

Así, queridos hacedores, identificad a los hámsters de ojos verdes. Cuando estos imitadores baratos os cortejen, negaos a comentar sus obras o sed brutalmente honestos. Esa es la mejor forma de repelente para hámsters disponible. De otro modo, podéis hallaros con un parásito disgustado que, como no tiene nada mejor que hacer, pondrá todas sus energías en mancillar vuestras bellas obras.

Ninguna buena acción queda sin castigo.

Estética Satánica

EL SATANISMO ES UNA FILOSOFÍA RELIGIOSA que acoge resueltamente al Hombre como cualquier otro animal. El arte es un empeño creativo que refleja al individuo que lo hace, así como al entorno cultural en el que se crea. Es un producto selectivo y estéticamente motivado, que se basa en experiencias humanas, incluyendo experiencias reales directas, así como las alcanzadas mediante la imaginación o cualquier medio de transmisión de información existente. Hay artes decorativas e ilustrativas con propósitos ornamentales y funcionales específicos más allá de la expresión de la visión personal del artista sobre qué es lo importante de ser un ser humano. Aquí, estoy tratando con formas artísticas concebidas como monumentos a la perspectiva inigualable de sus creadores.

Los satanistas descubrirán que varios «ismos» artísticos pueden ser rutas adecuadas para el artista satánico y que, naturalmente, pueden mezclarse según los gustos particulares de cada creador. Este no es un estudio exhaustivo, tan solo pretende dar indicaciones para investigaciones adicionales que amplíen tu comprensión de una amplia gama de posibilidades.

REALISMO: Ya que nuestra filosofía adopta una mirada a la realidad de nuestra existencia humana «sin tapujos», esta forma de expresión en la literatura, la narrativa y las artes visuales es, obviamente, una buena práctica para cualquier artista satánico.

Naturalismo: Es ciertamente un enfoque satánico, en la medida que este es un medio para explorar verdades sobre la naturaleza. En las artes visuales, los naturalistas fueron influenciados por las ideas darwinistas y veían la naturaleza como la fuerza dominante. Los proponentes literarios no se arredraron ante lo que otros podrían considerar vulgaridad. En esta escuela, los conceptos científicos respaldaban las elecciones estéticas de los artistas.

Romanticismo: En el arte y la literatura, este es un medio para crear sistemas altamente personalizados de símbolos y mundos subjetivos de intensas emociones. Debido a su impacto emocional, a menudo se emplen elementos sobrenaturales. En esta forma artística, influenciada por los conceptos de libertad surgidos en la Revolución Francesa, se celebra el heroísmo del individuo.

Expresionismo: Este es un método para representar un mundo hostil y oscuro, lleno de lucha, especialmente en su aplicación en películas de horror y *film noir* (cine negro). Las primeras obras eran desaforadamente irreales y estaban destinadas a explorar la psicología de la locura mediante la utilización de escenografías geométricamente anormales y maquillaje grotesco. Las películas estadounidenses sobre crímenes definieron el mundo desde una perspectiva cínica y fatalista, con el desenlace del drama a menudo cruel, aunque a veces la lucha por la integridad podía valer la pena, pero solo después de experimentarse una gran angustia.

Idealismo: En lo concerniente a sus interacciones con el mundo, los satanistas adoptan una visión pragmática, por lo que el idealismo de «castillos en el aire» resulta inapropiado. La filosofía de «el mejor de todos los mundos posibles» de la que Voltaire se mofó tan diabólicamente en su Cándido, no es una que sea aceptada por los satanistas, quienes son cualquier cosa menos ilusos. Sin embargo, los satanistas saben que, tanto social como políticamente, las naciones en las que residen son constructos artificiales, al igual que los sistemas de justicia en ellos vigentes, por lo que el artista satánico no dudaría en crear obras de arte que describan la implementación de principios que a él mismo le gustaría ver reflejados en las acciones de sus prójimos humanos. Ello puede dramatizarse en una proyección idealista en la que la justicia satánica se lleve a cabo de maneras actualmente no probables. Una manera excelente de explorar varias representaciones idealistas es mediante la fantasía, tanto de la «ciencia ficción» como de las reconstrucciones, históricas o fantásticas, de sociedades del pasado. Estas pueden ser proyecciones de «Lo-Que-Será» y en algunos casos, creaciones de este tipo se han convertido mágicamente en profecías autocumplidas.

SURREALISMO: Inicialmente, esta escuela de creación artística se pensó como una manera de explorar regiones oscuras de la consciencia humana, yuxtaponiendo imágenes o conceptos aparentemente incongruentes de modo que, mediante una síntesis dinámica, pudiera alcanzarse un mayor entendimiento de la psicología del animal humano. Como el satanismo se interesa en profundizar cada vez más su comprensión de las funciones de la mente y el comportamiento humano, este género puede brindar un método potente para continuar definiendo la naturaleza de la bestia humana.

Como el satanismo aprecia el individualismo como uno de sus valores principales, los satanistas con inclinaciones estéticas aprecian por lo general cualquier obra de un artista que haya capturado de manera sólida la personalidad individual de tal artista. Eso no significa que dicha obra será seleccionada como una de sus experiencias artísticas «favoritas» o «preferidas» siquiera. La unicidad y la originalidad sólo son dos parámetros de evaluación artística. Los satanistas tienden a definir sus favoritos de verdad como los creados por artistas únicos que presentan una cosmovisión que comparte cierta congruencia con la de quien la aprecia, o que describen una cosmovisión incongruente, pero la representan de forma tan poderosa que conmueve profundamente, ya sea en un nivel emocional o intelectual, al satanista que vivencia dicha obra. Los satanistas que he conocido siempre han sido muy exigentes respecto a en cuál obra artística eligen invertir su precioso tiempo. Existe tanto allá afuera, de artistas del pasado y del presente, que uno necesita discriminar con cuidado. De aquí que la función de un crítico asertivo sea crucial. Hallar un escritor crítico que comparta tus valores puede ser de suma importancia. Él filtrará la basura y entregará las presas en bandeja de plata para que puedas ir directo a ellas.

El artista satánico tiene una amplia gama de expresiones abiertas ante sí. Sé que nuestros miembros creativos pueden tomar los «ismos» mencionados y sintetizar modos nuevos y refrescantes para expresar sus visiones sin par. Mediante sus creaciones oscuramente inspiradas, nuestros artistas infernales ofrecerán a los de nuestra clase un reflejo de su propia perspectiva, lo que enriquecerá las vidas de quienes elijan vivenciar esas obras y darles algo en qué pensar en su búsqueda hacia una comprensión más profunda de nuestra especie.

Diabolus In Musica

L A MÚSICA QUE APRECIO, así como la del tipo que escribo, puede ser categorizada como música grandilocuente para orquesta sinfónica. Históricamente, este tipo de composición utilizando la orquesta para una gran expresión emocional, al igual que la escala de tiempo, comenzó con Beethoven. Aquí presento los perfiles de varios grandes compositores cuyos trabajos encuentro profundamente gratificantes. Son dignos de tu atención.

LUDWIG VAN BEETHOVEN (1770-1827): *Titán Musical*
A pesar del imperante analfabetismo cultural, ¿existe alguien que no haya escuchado el nombre del poderoso Beethoven? ¿Y quién no está familiarizado con la famosa secuencia de cuatro notas —tres cortas y una larga— con la que comienza su incomparable *Quinta Sinfonía*? (¿Quién se acuerda todavía de lo que simbolizaba en el código Morse durante la Segunda Guerra Mundial?) Sin embargo, ¿cuántos de ustedes se han tomado el tiempo para explorar las obras de uno de los titanes de la música, cuyas composiciones combinan cumbres emocionales y brillantez formal en un nivel al que pocos se han acercado?

Beethoven fue el prototipo del compositor inconformista, que le decía a sus clientes lo que él quería hacer, más que al revés (a diferencia de Mozart, que disfrutó de su vida, pero estaba constantemente haciendo lo que sus patrones querían). El joven Beethoven fue aclamado por

Mozart como el que causaría un gran revuelo en el mundo. Beethoven fue así aceptado en los círculos aristocráticos y fue apoyado por adinerados aficionados a la música que toleraban sus modales groseros y su, a menudo, descuidada apariencia. En 1798 se dio cuenta de una pérdida progresiva de la audición y, finalmente, para 1819, quedó completamente sordo. A pesar de este trágico impedimento físico, continuó produciendo obras que expandieron la música occidental hacia nuevos niveles de logro, manteniendo a través de todo esto su amor por la existencia, optando por celebrar las fuerzas de la vida enfrentando su propia tragedia. La oscura corriente fluía tan fuertemente a través de su ser que, a pesar de la extinción de su sentido, podía continuar sintiendo los resultados de sus esfuerzos. El mundo sonoro que existía en su imaginación iba directamente al papel, para que después la recrearan los intérpretes de modo que podamos compartir las visiones musicales de Beethoven.

Beethoven dirigió sus esfuerzos a casi todos los géneros musicales existentes en su tiempo, transformando y expandiendo cada uno de ellos, desde música de cámara y canciones de arte a conciertos, obras vocales de gran escala y sinfonías. El sello emocional que se encuentra en todas estas es el de un sentido heroico de lucha y victoria, el «yo» personal haciendo un asalto directo sobre el universo y doblegando las cosas a su voluntad. Aunque Beethoven escribió obras sobre textos cristianos, siendo su *Missa Solemnis* un ejemplo perfecto, en general, parecía estar más atraído, en busca de inspiración, por las obras de Schiller y Goethe, así como de cuentos mitológicos griegos.

Quizás es mejor comenzar la exploración de la música de Beethoven con sus sinfonías. Su *Tercera Sinfonía*, subtitulada *Eroica*, estaba dedicada originalmente a Napoleón. Él no estuvo a la altura de los conceptos de Beethoven de lo que debía lograr un líder ilustrado, por lo que su nombre fue borrado de la página de dedicatoria. Esta sinfonía asombró a las audiencias de aquel momento por ser aproximadamente una mitad más extensa que cualquier otro trabajo previo en este género. Pero Beethoven necesitaba esta ampliación de la escala de tiempo para explorar su concepto del héroe, que es llevado a la tumba en la marcha fúnebre del segundo movimiento.

Su *Cuarta Sinfonía* fue de menor escala, pero con la *Sinfonía n.º 5* logró una obra maestra. En ella se detalla, de una manera increíblemente compacta, la lucha hasta la victoria y cada movimiento, desde el tenaz primero hasta el elevado *finale* triunfante que emerge de una sombría transición, se basa en el tema de apertura. La Sinfonía n.º 6, la *Pastoral,* se deleita en una apreciación puramente pagana de la naturaleza, donde Beethoven crea imágenes de arroyos, cantos de pájaros, una tormenta de lluvia y una boda campesina, pero describiendo en realidad las gloriosas emociones que sintió al reflejar la belleza de la naturaleza, culminando en el himno a la naturaleza del movimiento final. La Sinfonía n.º 7 examina intensamente el ritmo, concluyendo con una danza dionisíaca. La Sinfonía n.º 8 es compacta y llena de ingenio y humor. La célebre *Novena Sinfonía* es la más larga. El primer movimiento fue diferente a todo lo antes escrito, siendo colosal en sonido. El *scherzo* es en fuga y desarrollado en forma de sonata y su movimiento es como la danza de llamas infernales. El lírico *adagio* ofrece un respiro relajante antes del extenso final. Este movimiento final incluyó, por primera vez, un coro y solistas vocales, en una celebración basada en la inolvidable «Oda a la Alegría».

Sugiero buscar las grabaciones de John Eliot Gardiner y la *Orchestre Révolutionnaire et Romantic*, ya que él utiliza las marcas del tempo y el conjunto de instrumentos originales de Beethoven, conserva el equilibrio orquestal apropiado, haciendo nítida la detallada parte de la escritura.

Estas piezas compensarán una repetida audición; son a la música lo que las obras de Shakespeare son a la literatura. Comienza con la *Quinta Sinfonía* y participa de un mundo sonoro encarnando al hombre, el héroe orgulloso. Nada de ese arrodillamiento cristiano. Serás transportado por una corriente en movimiento ascendente, de evolución, de titánica batalla y de triunfo definitivo. Aquí se le ha dado una existencia aural a la fuerza oscura de la naturaleza. ¡Salve Ludwig!

ANTON BRUCKNER (1824-1896): *Sofisticado Ingenuo*

Le enseñó a Mahler y es célebre como un compositor católico romano. Considerado como un inadaptado social y visto a menudo como un «palurdo», Bruckner se convirtió en un hechicero al improvisar en el órgano de tubos o al componer sus sólidas sinfonías de complejos contrapuntos. Su atención no se centró en Jesús como un Salvador, sino en el poder que él entendía como el origen del universo. Sus sinfonías son poderosamente monumentales, con prominente composición para bronces en una sonoridad como de órgano. Las cualidades que se sienten con más frecuencia en su trabajo son la nobleza y la majestad. Para comenzar, intenta con la *Sinfonía n.º 4*, llamada *Romántica*. Si te resulta inspirador, continúa con las n.º 5, 7, 8 y 9. El estilo de Bruckner no cambia, pero su experticia y complejidad aumentan a lo largo de sus composiciones. Herbert von Karajan es un excelente intérprete, pero Kurt Eichhorn y Günter Wand también lo hacen espléndidamente.

GUSTAV MAHLER (1860-1911): *Visionario Urbano*

Compuso una de las series de sinfonías más dramáticas y complejas jamás concebidas; son mis favoritas. Nueve fueron terminadas, mientras que la *Décima* estaba inconclusa al momento de su muerte, pero hay finalizaciones de musicólogos y son excelentes. El ciclo sinfónico de canciones *Das Lied von der Erde* precedió a su *Novena Sinfonía* y el propio Mahler lo vio como una sinfonía no numerada. Como estudiante, estaba apasionadamente interesado en Nietzsche y adoraba a Wagner, y lo más importante en su vida profesional fue como uno de los principales directores del mundo, celebrada por sus detalladas interpretaciones de Wagner y Mozart.

A lo largo de su carrera, su obra se vuelve cada vez más compleja, por lo que a menudo es mejor empezar por su *Sinfonía n.º 1*. En el primer movimiento, evoca a la naturaleza, tiene una desenfadada danza campesina como *scherzo*, una burlona marcha fúnebre para el movimiento lento y un *finale* apocalíptico/triunfante. Su *Sinfonía n.º 2* lleva el subtítulo de *Resurrección*, pero no es lo que uno esperaría desde el punto de vista cristiano. Mahler quiso simbolizar su propio triunfo artístico sobre la respuesta crítica negativa y lleva el paradigma de la *Novena Sinfonía* de Beethoven a longitudes y profundidades aún mayores. Su *Tercera Sinfonía* es la más extensa y la que encarna el amor de Mahler por la naturaleza salvaje y pagana. El primer movimiento es gigantesco y retrata el despertar de Pan y los paroxismos volcánicos de la lucha de la vida. Los siguientes cinco movimientos emprenden un viaje evolutivo a través de varios mundos, de la vida de las plantas, de animales, de la soledad; una configuración de un texto de Nietzsche, de la religión ingenua y, finalmente, de la profunda pasión humana.

El grupo intermedio de sinfonías puramente orquestales es complejo y emocionante. La *Quinta* empieza con una marcha fúnebre y, finalmente, termina en ruidoso triunfo, basado en una melodía que escribió para una canción que satirizaba a las personas con gustos poco sofisticados. La *Sexta Sinfonía*, llamada *Trágica*, es una de las piezas más oscuras jamás escrita, terminando con un vasto movimiento interrumpido por golpes reales de martillo, destrozando al héroe simbólico de la pieza. La *Séptima* es llamada a veces *La Canción de la Noche*, y evoca la noche en muchas maneras. Su *Octava*, otra vasta sinfonía coral, denominada en el estreno la *Sinfonía de los Mil*, debido a las gigantescas fuerzas, necesarias para interpretarla. Mahler recurre a Bach para inspirarse en el contrapunto y compone un texto que invoca al espíritu creativo, moviéndose luego al ambiente de la escena final del *Fausto* de Goethe. Su *Novena*, escrita bajo el espectro de una salud en declive, es una sofisticada despedida, dolorosamente desesperada y luego, al final, resignadamente distante. La *Décima* o *Inconclusa* va aún más lejos en su desesperación, pero concluye finalmente con un apreciado amor por haber vivido.

En esta música domina la hiper-emotividad. Si te gusta esto, entonces sigue adelante con las otras sinfonías en orden, dedícales tiempo y atención, te serán compensados; consigue las grabaciones de Leonard Bernstein, ya sea las viejas de Sony o las nuevas de Deutsche Grammophon.

RICHARD STRAUSS (1864-1949): *Celebrándose a Sí Mismo*
¿Quién podría olvidar la emocionante música de apertura para la película de Stanley Kubrick *2001: Una Odisea del Espacio*? ¿Quién no se ha movido por esos rayos de sol sonoro que Kubrick sabiamente utilizó para anunciar el nacimiento de la inteligencia consciente en los antepasados del Hombre, subrayando el primer uso de herramientas, de un arma, podría añadir? Esa magnífica fanfarria fue escrita por Richard Strauss, como apertura para su poema sinfónico *Así habló Zaratustra*, que fue el esfuerzo del compositor en la creación de un equivalente auditivo al libro iconoclasta de Nietzsche.

Strauss era conocido en su juventud como un moderno

radical, escandalizando a los críticos con su música voluptuosa, fuera puramente sinfónica o de ópera. En sus últimos años fue considerado como un reaccionario envejecido, apropiado por los nazis, y por ello generalmente ignorado por un mundo que se había movido abrazando música menos humana, que había perdido la capacidad de apreciar el esplendor y el talento. Aparece ante el oyente moderno como un artista que ha creado trabajos de gran belleza, desbordante de alegría y de lucha por la vida.

Strauss rechazó activamente al cristianismo y a su credo repugnante de autosacrificio. Veía la vida como una lucha heroica y a sí mismo como su propio Dios. De esta forma, cuando compuso un poema sinfónico llamado *La Vida de un Héroe*, no debería sorprendernos que, satánicamente, realizara un autorretrato. En este, se presenta a sí mismo como un poderoso guerrero que abraza la vida, que disfruta de una guerra contra sus críticos, satirizados como los sapos que eran, y que gozaba al máximo de sus placeres sensuales.

Volvió a celebrarse a si mismo y a su familia en la *Sinfonía Doméstica*, una representación musical de proporciones grandiosas que glorifica su vida familiar con su esposa e hijo. Aunque sus detractores siempre se indignaron con su autoglorificación, no se interpusieron en el camino de su fama, lograda a temprana edad como compositor y director de orquesta.

El dominio orquestal de Strauss era insuperable y creó paisajes sonoros que asombraron al público con la verosimilitud de sus vívidos retratos musicales. Escucha su *Don Quijote*, donde utiliza trinos de maderas y bronces, para que suenen como un ruidoso rebaño de ovejas. El segmento de la tormenta de su *Sinfonía Alpina* es uno de los más violentos y realistas de toda la literatura musical, que incluye una máquina de viento y una hoja de trueno. Hablaremos más de esta pieza.

Cuando era joven, Strauss escribió *Muerte y Transfiguración,* que representa los recuerdos de la plena vida de un hombre mientras está en su lecho de muerte. Aquí, comparó la vida con una serie de esfuerzos cada vez más magníficos en pos de las metas propias que se alcanzan. La muerte es finalmente anunciada por un siniestro golpe de tam-tam, sin embargo, el espíritu heroico no se detiene, sino que se eleva a la gloria propia. Cuando finalmente yacía moribundo, Strauss afirmó que era tal como la había compuesto años antes.

Sus óperas causaban escándalos a menudo, porque Strauss no tenía miedo de abrazar la lujuria desenfrenada en *Salomé* o el vitriolo venenoso en *Elektra,* usando una sorprendente disonancia para el momento de acompañar en escena a la lascivia y la violencia. Sus últimas óperas se retiraron a un estilo más refinado, sino elaboradamente trabajado, influenciado por la gracia *mozartiana,* como *El caballero de la rosa* y *Capriccio.*

Esta filosofía de la vida carnal impregnó su trabajo en todos los medios, pero salió a relucir fuertemente en su poema de tono más poderoso, *Una Sinfonía Alpina.* Ostensiblemente, esta obra describe el viaje de un montañés, comenzando en la oscuridad primordial, recibido luego por otro resplandeciente amanecer y continúa hasta llegar a la cumbre de la montaña, experimentando una tormenta apocalíptica y luego desciende a la oscuridad final de la noche. Strauss dijo que la verdadera intención de la obra era dar una representación adecuada de la existencia del Hombre. Aquí la vida se vive como si se tratara de una montaña para ser conquistada a través de una lucha personal, en armonía heroica con la magnificencia de la naturaleza. Claramente definió esto estando en directa oposición a la actitud cristiana hacia la vida, y de hecho el primer título de esta pieza, que más tarde abandonó, era *Anticristo.* Aquí encontrarás una encarnación completamente satánica de la vida. Saliendo de la oscuridad, el tema ascendente de la aspiración conduce a un nacimiento en triunfo, un «decirle sí» a los desafíos ante uno. Luego, la vida se pone en marcha con un asalto vigoroso al universo que lleva consigo momentos de asombrosa belleza, así como de vigorizante terror. En el final, llega la muerte, pero el tema ascendente sigue luchando hasta salir de la creciente oscuridad, expirando solo en el postrero aliento, en un *glissando* descendente hacia la noche de la no-existencia, la Llama Negra consumiéndose trémula, pero con los sonidos primordiales de la naturaleza aún ahí para apoyar al próximo héroe en surgir. Ninguna visión más satánica de la condición humana se ha puesto en sonidos.

Para el oyente nuevo a las obras de Strauss, te recomiendo que busques las grabaciones dirigidas por Herbert von Karajan y Karl Böhm, ya que están soberbiamente realizadas con el toque apenas justo de virtuosismo y violencia. Primero, escucha los poemas tonales que se han mencionado en este artículo y si los disfrutas puedes pasar a sus otras obras orquestales y operísticas. Hay una obra exquisitamente melancólica para orquesta de cuerdas, *Metamorfosis,* que es un lamento por la cultura destrozada de Alemania al final de la Segunda Guerra Mundial, que puede conmoverte con su expresión emocional directa. La música de Strauss es un romanticismo tardío rico y complejo que es decididamente apasionado y totalmente dionisíaco. Prepárate para las intrincadas texturas, el cromatismo y el desarrollo detallado del material temático. Al principio, solo deja que el sonido te lleve consigo en su viaje épico. Después, hay mucho más para apreciar estructuralmente, si tal es tu inclinación. Intenta escuchar el resto de *Así Habló Zaratustra* más allá del famoso amanecer y te sorprenderás de cuánta música más maravillosa contiene, cumpliendo la promesa de los primeros minutos. Sí, Strauss conquistó la muerte, ya que al escuchar sus obras sentirás su esencia moviéndose dentro de ti. Y también serás transfigurado.

DMITRI SHOSTAKÓVICH (1906-1975): *Testigo Honesto*
Dmitri Shostakóvich fue el gran compositor ateo que sufrió bajo la tiranía de la Rusia estalinista, escribiendo música que comentaba socarronamente sobre la sociedad totalitaria en la que vivía. Encontró una manera de producir obras que podían pasar por himnos del insulso «realismo socialista» exigido por el gobierno y aún así expresaban oposición y burla al autoritarismo dominante. No huyó de esta sociedad, sino que permaneció para dar testimonio del sufrimiento y la valentía de los millones que fueron prisioneros de esta sombría nación.

No encontrarás mucho de ligero en la obra de Shostakóvich, porque cuando llega el momento de ser humorístico, su risa se transforma a menudo en un grito. El triunfo no viene de la celebración pública forzada, sino del íntimo atesoramiento de la fragilidad de la ternura humana, como una flor rara y efímera aferrándose a un peñasco estéril. Es uno de los grandes sinfonistas, completando quince, inspirado directamente por el estilo y el contenido de las poderosas diez escritas por Gustav Mahler. También escribió quince cuartetos de cuerda y estas son estructuralmente densas como sus sinfonías, aún más reveladoras en su exploración de los estados psicológicos de Shostakóvich. También hay música para películas, óperas, ballets, conciertos, obras para piano y piezas escritas para ocasiones específicas; una riqueza de música exquisita que te llevaría años explorar a fondo.

Su genio consiste en ser crudamente realista en su exploración del contexto de la conciencia humana en un universo que está cargado de peligro creado por otros seres humanos, cuyo objetivo es el control y la supresión de la individualidad. Así, su obra relata una lucha por la libertad, querida a los corazones de los satanistas, quienes deben ocultar a menudo su verdadera naturaleza de los intolerantes que tienen el poder de ahogar su búsqueda de los placeres que puede ofrecer la vida.

Exploremos las poderosas obras de Shostakóvich, de su serie de sinfonías. A la edad de 19, su *Primera Sinfonía* lo hizo una estrella internacional. Estableció el tono para lo que vendría después, al comentar ingeniosamente las obras anteriores de Chaikovski usando el mordaz sentido satírico que uno encuentra en Mahler, pero en una manera distintivamente rusa. Se interpretó en todo el mundo y puso a Dmitri en el centro de atención. Sus siguientes dos sinfonías, escritas bajo la atenta mirada de los jefes soviéticos, son intentos de integrar el lenguaje musical modernista disonante con mensajes de apoyo al «Glorioso Experimento Comunista». Curiosamente, estas son piezas vacías, que quizás eran en sí mismas un comentario personal.

Su enorme *Cuarta Sinfonía*, profundamente en deuda con Mahler, llevó la grotesquería disonante a nuevas alturas. Como Stalin había detestado su ópera *Lady Macbeth de Mtsensk*, escrita en un estilo similar —y disgustar a este jefe significaba, literalmente, ser sacado a rastras en medio de la noche para ser exiliado a morir en la gélida Siberia— Shostakóvich retiró esta sinfonía antes de su estreno oficial y produjo otra convencionalmente mucho más tonal, la *Quinta Sinfonía* que también tuvo la misma clase de éxito que había logrado la *Primera*. Escucha esta obra, con su casi *beethoveniano* primer movimiento, severo y bien desarrollado; el *scherzo* una danza campesina muy *mahleriana*, el *largo* un oscuro lamento apasionado, terminada por un *finale* que se transforma en una poderosa perorata. Por supuesto, los que entienden este *finale* lo ven como una celebración forzada y los directores de orquesta que conocían al compositor lo interpretan de tal manera que, más que una victoria real, el triunfo suena a una agónica paliza.

Su *Sexta Sinfonía* utilizó tres movimientos para plantear su argumento, comenzando con un *adagio*, influenciado por el primer movimiento de la *Décima Sinfonía Inconclusa* de Mahler, que sondea las profundidades de la desesperación. Sigue a continuación su *scherzo*, en el estilo impertinente tan característico de este compositor, mientras que el *finale* es una marcha vigorosa, en tono atlético y seguro. La *Séptima*, llamada *Leningrado,* fue escrita mientras Shostakóvich se encontraba en Leningrado, bajo el ataque de los nazis. Se ofreció voluntariamente como bombero para proteger la ciudad; una famosa fotografía de él con un casco para fuego se distribuyó con fines propagandísticos. El primer movimiento de lo que es su más larga sinfonía describe a Rusia invadida por los mecanicistas nazis, representados por una simple marcha que avanza a lo largo de una serie de variaciones pedantes, haciéndose cada vez más brutal a medida que prosigue. Esta marcha se desarrolla dentro de una música de batalla que finalmente vence al invasor. El *moderato* es un movimiento en *scherzo* dominado por las maderas con un clímax desgarrador y el *adagio* que sigue tiene mucha poesía y pasión. El movimiento *finale* trae la batalla de vuelta, llegando a una culminación verdaderamente grandilocuente con el regreso del tema principal del primer movimiento. Este trabajo fue apoyado por el gobierno soviético e interpretado inmediatamente en Occidente como símbolo de la lucha del pueblo soviético contra Hitler. Bartók estaba harto de escucharla en la radio, por lo que parodió la marcha nazi en su propio *Concierto para orquesta.*

La *Octava Sinfonía*, de cinco movimientos, es también una obra de tiempos de guerra, pero explora sombríamente la represión del régimen comunista, terminando de un modo que no grita victoria, sino que es más una apreciación de haber sobrevivido, a duras penas, a una pesadilla. El gobierno esperaba una *Novena* coral triunfal, celebrando el final de la guerra. Lo que tuvieron fue una sarcástica sinfonía breve que desafía las destrezas de los músicos y menospreciando la convención. Finalmente, murió Stalin y la *Décima Sinfonía* es así una obra personal, referenciando musicalmente uno de los intereses amorosos de Shostakóvich y burlándose de Stalin con un *scherzo* feroz que finaliza con un grito.

Su *Undécima Sinfonía* es un gran lienzo tonal citando con frecuencia canciones revolucionarias rusas, representando ostensiblemente una masacre zarista durante una protesta. Pero claro, parece aludir a acciones similares perpetradas por los señores feudales soviéticos. Es una obra extensa, pero muy sugerente, de un efecto casi cinematográfico. La *Duodécima* es como una música cinematográfica de *agitprop* y tiene un *finale* grandilocuente similar a la *Séptima*.

La *Decimotercera Sinfonía* es la única obra de Shostakóvich que debes escuchar si no exploras otra. Basada en cinco poemas de Yevtushenko, es escrita para una orquesta completa, bajo solista y coro masculino. Aquí el sonido de canto litúrgico ortodoxo ruso es absorbido y transformado en un «coro griego» secular, cantando textos condenando, de muchas maneras, la represión totalitaria. El primer movimiento es un monumento dantesco a la masacre de miles de judíos por los nazis en Babi Yar. Con su doblar de campana e indignación explosiva, hay pasajes espeluznantes que asombrarán. El segundo movimiento habla mordazmente del humor resistiendo todos los intentos de suprimirlo. El tercer movimiento describe tristemente la tenacidad de las mujeres en la Unión Soviética que, con escasos ingresos, hacen lo mejor posible para llevar a casa comida para sobrevivir, un heroísmo basado en una monotonía tan extraña para la mayoría de la gente en Occidente. El cuarto es aún más oscuro, hablando de miedos de todo tipo, siendo el peor el miedo a expresarse libremente para no ser uno arrestado y masacrado por quienes vigilan. Finalmente, el quinto movimiento se inicia con Galileo y otros creadores que encuentran «carreras» que los maldicen por ser veraces mientras que los lacayos, que le dicen sí a todo, suelen triunfar sobre estos iconoclastas complaciendo a los dirigentes de la sociedad. La música aquí es melancólica, delicada, irónica y cálida, a sabiendas de la escasez de tal valentía frente a la inercia del conformismo colectiva. Es una obra maestra.

La *Decimocuarta Sinfonía* fue inspirada por *Das Lied von der Erde* de Mahler y es para soprano y bajo solistas y orquesta de cuerdas con percusión. Se basa en poemas escogidos que confrontan a la muerte de muchas maneras, por lo que es una meditación secular sobre el valor de la vida examinando las consecuencias de la muerte. La última *Decimoquinta Sinfonía* resume la vida de Shostakóvich con citas musicales de su autoría y obras de otros trabajos favoritos del compositor, con mucha parodia, lamentación explosiva y, finalmente, una extraña indiferencia glacialmente tranquila, terminando con una cálida sonrisa que, como el gato de Cheshire, se desvanece en el aire.

Hay una colección de las sinfonías completas dirigidas por Rudolph Barshai, que estrenó la *Decimocuarta Sinfonía*, exquisitamente ejecutadas con toda la belleza, el terror, y la burla requeridas. Otros intérpretes destacados son Mravinsky, Rostropóvich, Rozhdestvensky, Ashkenazy y Haitink.

Y así, compañeros no creyentes, encontrarán valiosa esta música ya que exhibe cómo un artista de ingenio y pasión puede resistir la dictadura para decir lo que piensa y capturar patéticamente lo que significa ser una persona de conciencia en una sociedad que destruyó tantas personas que se negaron a conformarse.

LEONARD BERNSTEIN (1918-1990): *Maestro de Todos los Oficios*
El 14 de octubre de 1990, con la muerte de Leonard Bernstein, el mundo de la música no sólo perdió una estrella,
sino una constelación entera. Compositor, director, profesor, empresario, egoísta, libertino; todas eran facetas de este
hombre extraordinariamente talentoso que vivió para chupar el tuétano mismo de los huesos de la vida. Hizo su propio camino, desarrollando sus talentos al máximo y usando
su propia mente como árbitro de su dirección, resistiendo
a quienes lo alejasen de sus objetivos; desde su padre, que
se opuso al deseo de Lenny de ser músico, a los colegas que
deseaban que limitase su espectro a una faceta de la música.

Al concentrarse en disfrutar al máximo del presente, es
un ejemplo de un satanista *de facto*. Como director, Bernstein era conocido como una de las personalidades más
carismáticas y dionisíacas del podio, habiendo ganado su
paso a un estatus que, anteriormente, solo había estado disponible a europeos. Tuve la suerte de haber sido testigo de
varias de sus interpretaciones y puedo dar fe del puro galva-
nismo extático de la experiencia. Se identificaba completamente con el compositor de la obra que dirigía, fustigando
a la orquesta a una interpretación que se llenaría de sangre
y fuego, trayendo a la vida las notas impresas como si uno
estuviera experimentando la música por primera vez. Nos
enriquecemos con el legado de grabaciones que hizo durante todo el lapso de su carrera como director. De hecho,
es casi seguro que todos los que lean esto han sido introdu-
cidos a algo de música clásica por medio de una o más de
las grabaciones de Bernstein. Se destacó en las obras que
dieron rienda a la emoción a gran escala, particularmente
las sinfonías de Gustav Mahler.

Sólo como director de orquesta, Bernstein se labró su
propio espacio como uno de los más grandes, pero también
encontró tiempo para componer música original, que va

desde obras sinfónicas a composiciones para ballet y musicales de Broadway. Una vez más, estoy seguro que todos ustedes, en algún momento de sus vidas, se han conmovido por sus composiciones. *West Side Story* (conocida en Hispanoamérica como *Amor sin barreras*), una versión actualizada de *Romeo y Julieta* escenificada en medio de bandas rivales en Manhattan, le da la inmortalidad. Esta partitura está impregnada del intervalo de la cuarta aumentada, conocido como *diabolus in musica*. El entorno no es tan importante, pero las melodías sensibles que elaboró se ajustan perfectamente a las palabras y quizás seguirán siendo su mayor legado.

Para sátira satánica pura, se puede recurrir a *Cándido*, que destroza la tontería de «el mejor de los mundos posibles» revelando la brutalidad de la existencia, la cruel monstruosidad de las jerarquías, tanto religiosas como gubernamentales y, al final, la necesidad de crear tu propio significado mediante lo que puedes hacer tú mismo. La composición brilla con ocurrencias musicales y el libreto es igualmente socarrón. Bernstein tuvo una larga lucha en contra de la idea de la fe en figuras externas. Compuso piezas que volvían constantemente el enfoque de significado hacia el propio Hombre. Aunque influenciada por elementos del *rock* de la época en que se compuso, su *Misa* fue escrita como una condena a la religión organizada.

Una de mis obras favoritas es la *Suite Sinfónica*, derivada de la banda sonora de la película *La ley del silencio (On The Waterfront)*. Aquí nos encontramos con un verdadero poema sinfónico satánico que captura la amplitud de la lucha de la vida misma. Se inicia con un tema inquietante e inquisitivo, dando paso luego a una descripción auditiva de la violencia y la brutalidad de la existencia. Después, somos abrazados por un dramático tema de amor romántico. Estas ideas se desarrollan a lo largo de la obra, combinándose de una forma que representa la lucha de la existencia, llena de tragedia pero, finalmente, de triunfo. La perorata final incluye una combinación del tema inquisitivo de la apertura con el tema del amor, pasión unida al propósito de alcanzar el fin elegido. La vida como una lucha, hasta situarse por encima del rebaño y obtener tus propios fines. En verdad una obra maestra. Otro aspecto de la obra de Bernstein digno de mención es su descripción de la ciudad de Nueva York, por su amplia gama de majestad y terror. Incluso compuso la famosa melodía, *New York, New York, One Hell of a Town*, sin duda una joya satánica.

En su vida personal, Bernstein no escatimó en su disfrute de cualquier cosa. Conocido por tener un ego imponente, y sus talentos ciertamente lo justificaban, también tenía fama de ser generoso con sus amigos y amantes de cualquier sexo. Su deseo por el éxito y los acontecimientos mágicos que moldearon su vida, indican que sabía hacia dónde dirigir mejor sus energías.

Sí, ciertamente tenía sus defectos, que incluían una cierta insipidez sobre asuntos socio-políticos. En este aspecto siguió a menudo al rebaño liberal. Su infame fiesta para las Panteras Negras fue justamente satirizada por Tom Wolfe. Pero al compararse con el legado musical que queda, tales cosas son de menor importancia. De verdad vivió una existencia satánica, habiendo prendido y agitado los fuegos a su alrededor, encendiendo pasiones a quienes conmovió. Permanecerá inmortal en las mentes y músculos de aquellos cuyo respeto y admiración se ganó. ¡Salve Leonard Bernstein! *¡Bravíssimo!*

OBRAS ORQUESTALES:

He aquí una lista de composiciones más allá de las arriba mencionadas que de seguro estimulan. No es para nada exhaustiva, pero pretende ser una guía para principiantes que comiencen el viaje en este vasto mundo de los sonidos extraordinarios. A veces anoto directores en especial o grabaciones que considero como excepcionales.

HECTOR BERLIOZ: *Sinfonía Fantástica.* Una gran descripción sinfónica iconoclasta de una fantasía inducida por el opio, que termina con el *Sueño de una noche de aquelarre.* John Elliott Gardiner y Colin Davis son quienes mejor la dirigen. También vale la pena su *Condenación de Fausto* y la *Sinfonía fúnebre y triunfal.*

JOHANNES BRAHMS: *Sinfonía n.º 1* fue la primera sucesora sustancial de las sinfonías de Beethoven. Es musculosa y bien desarrollada con nobleza y heroísmo en su expresión. Escucha también las otras tres. Herbert von Karajan y Walter Bruno le hacen gran justicia a estas.

BENJAMIN BRITTEN: *Sinfonía de Réquiem, Cuatro Interludios Marinos de Peter* Grimes, *Guía orquestal para jóvenes.* Un compositor británico del siglo XX que supo ser dramático y lírico. Comienza con estas y luego intenta una de sus óperas, como el psicológicamente escalofriante cuento de fantasmas *Otra vuelta de tuerca.*

AARON COPLAND: Gran compositor estadounidense de los melodiosos ballets *Billy the Kid, Rodeo, Primavera Apalache* y una poderosa *Sinfonía n.º 3,* que incorpora la retórica *Fanfarria para el hombre común.*

PAUL DUKAS: *El aprendiz de brujo. Fantasía* de Disney añadió a *Mickey Mouse,* pero esta no necesita animación para presentar una perfecta fábula orquestal sobre el entrometerse con fuerzas que escapan a tu control.

Antonín Dvořák: De la *Sexta* a la *Novena*, sus sinfonías son obras robustas, influenciadas por Brahms y desbordando con elementos checos. Su poema sinfónico *La bruja del mediodía* y sus dos series de *Danzas eslavas* son bastante gratificantes.

Edvard Grieg: *La Suite de Peer Gynt*, escritas para una obra de teatro que incluye un viaje a el salón del Rey de la Montaña, en la profundidad de la tierra. Reconocerás ese episodio cuando lo escuches.

Gustav Holst: *Los Planetas* es un evocador viaje que ha influenciado innumerables partituras de películas. Tal vez la mejor pieza para comenzar tu viaje dentro de la música orquestal.

Alan Hovhaness: *Sinfonía n.º 50 Mount St. Helens* tiene una sección de erupción explosiva. *Sinfonía n.º 22 City of Light* es solemne y majestuosa.

Aram Jachaturián: La *Sinfonía n.º 2* posee melodías impregnadas de música folclórica de Armenia. Notables son su inicio audaz y el potente clímax del lento movimiento fúnebre. Finaliza con un toque vigoroso, recordando temas de principios de la pieza.

Franz Liszt: Uno de los grandes innovadores, *Sinfonía Fausto*, *Sinfonía Dante*, *El vals de Mefisto* y *Totentanz,* son piezas obligatorias para el satanista. Dignos también son sus poemas sinfónicos y *Los Preludios* y *La batalla de los hunos,* y los dos conciertos para piano. Existe una grabación maravillosa de la *Sonata para piano en si menor* por Alfred Brendel, junto con *Funerales*. Se le considera el mayor virtuoso del teclado que ha habido y vivió un estilo de vida de «estrella *de rock*», con mujeres, fama, riqueza, y legiones de fans. ¡Un satanista *de facto*!

Felix Mendelssohn: Su música para *Sueño de una noche de verano* de Shakespeare está lleno de nocturnos brillantes y contiene la famosa *Marcha Nupcial*. Su *Cuarta Sinfonía*, la *Italiana*, es enérgica y melódica con un furioso *finale tarantella*. Su obertura *Las Hébridas (La gruta de Fingal)* es una excelente pintura tonal. Finalmente, su oratorio romántico *La primera noche de Walpurgis* se basa en el texto de Goethe que describe los rituales druídicos en las montañas de Harz en resistencia a los primeros Cristianos.

Olivier Messiaen: Este místico compositor francés creó la brutalmente ritualista *Et expecto ressurectionem mortuorum*, así como la más sensual *Sinfonía Turangalila*.

Modest Músorgski: *Cuadros de una exposición* con la orquestación de Ravel y *Una noche en el monte Pelado* en la versión de Stokowski como aparece en *Fantasía* de Disney son clásicos satánicos. Estos dos, junto a *Los Planetas* de Holst, clasifican como perfectas obras introductorias a la música orquestal rimbombante.

Carl Nielsen: Su *Sinfonía n.º 5* representa la lucha contra la estasis, que termina finalmente en victoria. La *Sinfonía n.º 4*, llamada *Inextinguible*, representa la exuberancia y la inexorabilidad de la vida.

Carl Orff: *Carmina Burana*, para coro solistas y orquesta, es rudo y carnal y fue bien utilizada en la película *Excalibur* de Boorman. La recordarás cuando escuches la sección de apertura *O Fortuna*.

Francis Poulenc: El *Concierto para órgano, cuerdas y timbal*, a menudo suena como si hubiera sido la música de una película de terror. Tengo buenos recuerdos de escucharla en la carretera mientras el Dr. LaVey conducía su *Jaguar* negro.

Serguéi Prokófiev: La *Sinfonía n.º 5* es muy rusa en sonido, definitivamente triunfante, pero también sarcástica. La *Sinfonía n.º 3* es muy oscura, disonante y poderosa. El ballet *Romeo y Julieta* está lleno de violencia y pasión profunda. Prueba la *suite* compilada por Michael Tilson Thomas. La *Cantata Alejandro Nevski* se basa en su música para la película. El galope del movimiento *Batalla en el hielo* ¡sí que causa estridencia!

Serguéi Rajmáninov: En su primera interpretación, la *Sinfonía n.º 1* se le tomó por diabólica, después de lo cual se perdió temporalmente, aunque existen muchos interludios líricos. Las sinfonías *Segunda* y *Tercera* son oscuramente expresivas. Su *Isla de los muertos* es un poema oscuro, con un tono creciente inspirado por la pintura del mismo nombre. Sus *Danzas sinfónicas*, *Rapsodia sobre un tema de Paganini* y los conciertos para piano son todos maravillosos.

Maurice Ravel: Brillantemente orquestada, *La Valse* captura la decadencia europea mediante un vals que se desintegra y *Bolero* es una larga procesión de pasión siempre creciente.

Ottorino Respighi: *Las fuentes de Roma*, *Los pinos de Roma* y *Festivales romanos* son piezas emocionantes y de gran colorido, muy similares a música cinematográfica. Pablo Tortellier dirigió a la Orquesta Philharmonia en una grabación espectacular para el sello Chandos.

Nikolái Rimski-Kórsakov: Conocido por suavizar las piezas de Músorgski, fue uno de los pioneros de la orquestación y sus obras se basan en fantásticos cuentos exóticos. Composiciones meritorias son la *Obertura de la gran Pascua rusa*, *Capricho español*, *Suite del gallo de oro* y *Scheherazade*.

CAMILLE SAINT-SAËNS: Su poema sinfónico *Danza macabra*, que describe a la muerte como un violinista seductor, ha sido frecuentemente citada por otros compositores y el propio Dr. LaVey hizo en sus sintetizadores su propia versión maravillosa. Su *Tercera* sinfonía, *Órgano*, es espléndidamente dramática.

FRANZ SCHUBERT: Siguió a Beethoven, con obras generadas por melodía y sus canciones de arte están entre las más expresivas. Las sinfonías n.º 8 y 9 son constructos potentes y notarás que el primer movimiento de la *Octava*, famosa como la *Sinfonía Inconclusa*, ha sido utilizada desde la década de 1930 en adelante como música cinematográfica, en películas tales como *El Gato Negro* de Ulmer.

ALEXANDER SCRIABIN: Un compositor apasionado y místico, cuyo interés incluía a Nietzsche y a Blavatsky. El *Poema del éxtasis*, *Prometheus: El poema del fuego* y la *Sonata para piano n.º 9 (Misa Negra)* son un deleite seguro.

JEAN SIBELIUS: Su *Segunda Sinfonía* es cruda con un *finale* lleno de grandeza, mientras que sus poemas sinfónicos tratan sobre la mitología escandinava, siendo *Tapiola* particularmente siniestra. El resto de sus siete sinfonías son obras hito dignas de escuchar.

J. P. SOUSA: Sus marchas son incomparables y cualquier colección de estas te levantará el ánimo. *Barras y estrellas por siempre*, así como *Liberty Bell*, que fue utilizada como tema musical del *Monty Python's Flying Circus*, son reconocibles al instante.

JOHANN STRAUSS: El «Rey del Vals», escribió piezas inolvidables y vitales como *Danubio Azul*, *Cuentos de los bosques de Viena* y *El Murciélago*.

Ígor Stravinski: Provocó un disturbio con su composición de ballet pagano *La consagración de la primavera* en el que una virgen bailaba hasta la muerte. El ballet de fantasía *El pájaro de fuego* (con la *Danza infernal del rey Kastchei*) y *Petrushka*, de temática circense, son coloridos, poderosos y duraderos. Las *suites* de estos dos ballets irán como anillo al dedo.

Bedřich Smetana: *Mi Patria* es una serie de seis poemas sinfónicos que describen leyendas y paisajes checos. Incluye *Moldava*, describiendo a un río y que realmente le da a uno la sensación del flujo y reflujo de las aguas y los lugares por los que pasa.

Piotr Chaikovski: Conocido por sus ballets y sinfonías, sus inolvidables melodías y melancólicas composiciones serán conocidas mientras se toque música. De interés inmediato: *Sinfonías n.º 4, 5 y 6,* los ballets de *El cascanueces* y *El Lago de los cisnes*, la obertura-fantasía *Romeo y Julieta* y la siempre emocionante *Obertura 1812* con partes en la partitura escritas para cañones de verdad.

Ralph Vaughan Williams: Su vigorizante *Sinfonía n.º 4* está estructurada como una disonante anti *Quinta* de Beethoven. La *Sinfonía n.º 7, Antártica,* se basa en su música cinematográfica para *Scott of the Antarctic* y que utiliza medios muy gráficos para evocar el vasto poder de la naturaleza en ese desierto helado, incluyendo coros sin palabras y órgano de tubos. Su *Sinfonía n.º 6* se inicia en agonía, tiene un retumbante movimiento lento, un *scherzo* cínico con saxofones rebuznando y termina luego con lo que parece ser un quedo retrato de la desolación. Las grabaciones de Kees Bakels bajo el sello Naxos son excelentes.

Richard Wagner: Transformó la ópera en lo que llamó

un *Gesamkunstwerk*, que significa «obra de arte total». Para un máximo impacto dramático, deben controlarse aquí todos los elementos de la producción, desde la música a los escenarios, vestuario y diseño de iluminación. Hizo extractos musicales para ayudar a popularizar estos dramas musicales de gran escala y las grabaciones tanto de estos como de las oberturas son una introducción espléndida a su música magistral; Gerard Schwartz ha grabado excelentes compilaciones. *The Ring Without Words* de Lorin Maazel es una potente síntesis sinfónica de los puntos destacados de las cuatro óperas del ciclo del Anillo. Aunque posteriormente se desilusionó, Nietzsche idolatraba a Wagner y le consideraba la encarnación del dionisianismo.

MÚSICA CINEMATOGRÁFICA:

Aquí listo por autor algunas partituras favoritas. Si disfrutas de estas obras, la mayoría de ellos tienen muchas más compuestas, así que sigue escuchando.

ELMER BERNSTEIN: *Los Diez Mandamientos, Robot Monster, El Gran Escape, Animal House, The Black Cauldron.*

WENDY CARLOS: *La Naranja Mecánica, Tron, El resplandor.* Sus álbumes de música electrónica, *Beauty In The Beast, Tales of Heaven & Hell* y *Digital Moonscapes,* así como la serie de *Switched-On Bach,* no deben perderse.

JOHN CORIGLIANO: *Altered States.* Su *Sinfonía n.º 1 Of Rage and Remembrance,* llorando la muerte de muchos de sus amigos a causa del SIDA, es una obra de gran alcance con uno de los *scherzos* más aterradores jamás escritos.

CLIFF EIDELMAN: *Viaje a las estrellas VI (Star Trek VI).*

DANNY ELFMAN: *Batman, Darkman, Nightbreed, La leyenda del jinete sin cabeza, La gran aventura de Pee-wee, ¡Marcianos al Ataque!, El extraño mundo de Jack* (nombre en Latinoamérica para *The Nightmare Before Christmas*).

ELLIOT GOLDENTHAL: *Alien 3, Titus, Batman y Robin, Batman Forever, Cobb, Entrevista con el vampiro.*

JERRY GOLDSMITH: La trilogía de *La Profecía (The Omen), Patton, Viaje a las estrellas 1 y 5, Alien, El crepúsculo de las águilas (The Blue Max), El Planeta de los simios* (1966).

BERNARD HERRMANN: *Psicosis* (1960), *Ciudadano Kane, The Day the Earth Stood Still* (1951), *The 7th Voyage of Sinbad, Viaje al centro de la Tierra* (1959), *Vertigo* (1958). Mi compositor favorito de música cinematográfica.

JAMES HORNER: *Aliens, Brainstorm* (1983), *Krull, Tiempos de Gloria* (1989), *The Rocketeer, Viaje a las estrellas II y III*

AKIRA IFUKUBE: *Godzilla* (1954), *Destroy All Monsters, Godzilla vs. Destroyer, Ghidorah the Three Headed Monster, King Kong Escapes*. La mayoría de las clásicas películas de monstruos de los Estudios Toho fueron agraciadas con sus composiciones.

WOJCIECH KILAR: *Drácula de Bram Stoker*. Su *Sinfonía n.º 3, September Symphony*, en honor de las víctimas del 9/11 es una obra poderosa.

ERICH WOLFGANG VON KORNGOLD: *Lobo de Mar, La vida privada de Elizabeth y Essex, The Sea Hawk, Kings Row*. Su única sinfonía es un excelente trabajo post-Mahler utilizando los temas de algunas de sus bandas sonoras.

BASIL POLEDOURIS: *Conan, el Bárbaro, Starship Troopers, Robocop, A la caza del Octubre* Rojo.

LEONARD ROSENMAN: *Beneath the Planet of the Apes, The Car, Viaje a las estrellas VI (Star Trek VI)*.

MIKLOS ROSZA: *El Cid, Ben-Hur, Rey de Reyes*.

DAVIS SHIRE: *Oz, un mundo fantástico*.

HOWARD SHORE: *La Mosca, Ed Wood,* La trilogía de *El Señor de los Anillos*.

ALAN SILVESTRI: *Depredador 1* y *2, The Abyss, Van Helsing*.

DIMITRI TIOMKIN: *La caída del Imperio romano, Los cañones de Navarone, Tierra de faraones*.

FRANZ WAXMAN: *La novia de Frankenstein, Sunset Boulevard, Taras Bulba*.

JOHN WILLIAMS: *Drácula* (1979), *The Fury, Close Encounters of the Third Kind, 1941, La guerra de las galaxias I-VI, Superman*.

CHRISTOPHER YOUNG: *Hellraiser 1* & *2, La Mosca 2*.

Placeres de Ídolo

MI GENERACIÓN FUE LA PRIMERA en crecer bañada por el brillo de esa ventana parpadeante a la fantasía mediática llamada televisión. Aparte del repertorio creciente de programas de debate y formas de entretenimiento adaptadas de las primeras transmisiones radiales, las películas se convirtieron en el producto principal para llenar el tiempo al aire y brindaron una dieta fija de literatura, desde películas serie B hasta el cine arte. Las imágenes que pasaban rápida y efímeramente y, por algún tiempo, solo en crudo blanco y negro, formaron nuestro inconsciente colectivo de arquetipos. Mis favoritos, los que permanecieron mucho después que la función había terminado, fueron las películas de monstruos.

En mi juventud, no había posibilidad de grabar en video estas películas, aunque yo grabara el sonido en casetes y podía reproducir la película en mi mente al escucharla después. Tampoco había manera alguna de comprar y ver completa una película sobre la que podías haber leído. Si tenías el proyector apropiado, había breves fragmentos en super-8. Tenías que esperar a la misericordia de los programadores de tus canales locales, que eran pocos en número. La recepción de televisión se obtenía mediante la ubicación de una antena en el techo —no había cable— y a veces tenía que treparme al techo para reubicar la antena en espera de captar la señal de una estación emisora más remota que pudiera estar transmitiendo una película especialmente fascinante listada en la esencial *TV Guide*, casi siempre en horas de la madrugada. Ese magazín era nuestro misal y cada semana conseguía una copia y señalaba las entradas, tanto las nuevas como las viejas favoritas, de *Creature Features* allí listadas. Por supuesto, las mejores películas de monstruos poblaban The Late Show que comenzaba a las 11:30 p.m., o *The Late, Late Show*, pasada la «hora de las brujas» de medianoche, a eso de la 1:00 a.m. De joven, a veces necesitaba salir a hurtadillas de mi dormitorio en mitad de la noche y plantarme frente a ese aparato de televisión, volumen en bajo, para captar la transmisión de alguna obra de horror prohibida. Era una verdadera experiencia mágica y las cumbres de anticipación, despertaban mi entusiasmo tan a menudo que títulos que no eran particularmente sobresalientes —como *The Mermaids of Tiburon* (Las sirenas de Tiburón) o *The Screaming Skull* (El grito de la calavera)— podrían tener una escena o dos que hacían que la vigilia valiera la pena.

Muchas películas de monstruos eran celebradas en el magazín *Famous Monsters of Filmland* (*Monstruos famosos de Cinelandia*) de Forrest J. Ackerman, que se convirtió en las sagradas escrituras para los aficionados de lo macabro. Cuando el reloj marcaba la hora apropiada, me emocionaba al ver las maravillas que antes solo habían sido borrosas, pero infinitamente sugestivas, en las imágenes fijas de las páginas de FM. A veces, incluso con ajuste de antena, a menudo solo conseguía una imagen lluviosa, pero la vería de todas maneras, solo para tener un cierto conocimiento sobre la película. Como la escuela era obligatoria, a menudo me iba a dormir y ajustaba la alarma de modo que pudiera levantarme, al igual que mis queridos vampiros, para ver ese último, último, último programa.

Las criaturas en estas películas eran mi parentela. Rápidamente me identifiqué con el «científico loco», que buscaba conocimiento prohibido que, de cierto sentido, yo hacía otro tanto al estar despierto a horas tan intempestivas para ver películas. Yo «sabía» que si hubiese tenido la mitad de oportunidades en la misma situación, no Habría llegado al mal final de los trágicos fracasos presentados, sino que me hubiera abierto paso hacia una nueva comprensión de los secretos del universo.

Me identifiqué especialmente con los monstruos; la criatura lovecraftiana de la Laguna Negra, que nadaba de manera grácil bajo la sexy científica Julie Adams y extendía la mano con lujuria y curiosidad hacia su esbelto cuerpo. Y junto a él me sentí frustrado cuando fue puesto en cautiverio en la segunda película y peor aún en la tercera, cuando es horriblemente quemado y pierde la capacidad de permanecer en su entorno natural, para terminar ahogándose mientras buscaba su hogar. Me identifiqué con los diferentes vampiros, los Drácula representados por Lugosi, Lederer y Lee (y comenzaba a desear esas bellezas voluptuosas que la Hammer convirtió en su sello distintivo), los vampiros mejicanos en blanco y negro que se movían por paisajes cubiertos de neblina hacia mansiones ornamentadas, casi siempre construidas en adobe, incluso el vampiro cowboy que en su nacimiento como no-muerto se parecía al Zorro, convirtiéndose en un pistolero invulnerable, hasta que fue derribado por un fragmento de la «verdadera cruz» disparado por un predicador.

También me identifiqué con los monstruos gigantes, desatados por la manipulación indebida del hombre de fuerzas más allá de su comprensión y trayendo la justicia de la naturaleza para pagar las consecuencias de sus actos: *The Beast From 20.000 Fathoms*, *Gorgo*, *The Giant Behemoth*, *The Black Scopion* y el más poderoso de todos, *Godzilla*. Estas gargantúas descomunales encarnaron un potencial inmemorial que destrozó los planes de los advenedizos amos del mundo.

Estas películas brindaron imágenes arquetípicas que aumentaron vertiginosamente en la imaginación de nosotros sus jóvenes *fans*. Y como no podíamos ver estas películas de nuevo a menos que tuviéramos suerte, buscábamos juguetes que se fabricaban como recuerdos de las películas. No había muchos de estos y podían haber sido hechos de manera tosca. Los modelos de monstruos de Universal bien elaborados, puestos a la venta por Aurora, eran íconos importantes, armados primorosamente con pegamento de aeroplano y cuidadosamente pintados para ser tan evocativos como fuera posible. Otros juguetes eran fabricados para series de televisión y si no había juguetes, dibujaba imágenes de mis íconos favoritos, esforzándome para perfeccionarlos y escribiendo guiones para aventuras posteriores.

Estos juguetes sirvieron como ídolos de nuestras divinidades arquetípicas. Eran fuentes de poder para conjurar, sigilos que causaban aumentos atávicos de nuestras respuestas emocionales a las películas. Los reverenciábamos con el mismo fervor que sentían las personas de culturas pasadas por sus fetiches y estatuillas de dioses tutelares que poblaban los altares domésticos. Los modelos en especial tuvieron un fuerte impacto en mi paisaje psicológico interno, ya que tenían que ser construidos con piezas pulidas para remover imperfecciones. Luego usaba pinturas *Testor*, tan aromáticas como cualquier incienso sagrado, para pintar las figuras unicolores de estireno y darle al monstruo una vida de colores vivos e intensos. Pintar el monstruo de Frankenstein y trabajar capas múltiples para darle textura a la piel verde me daba el mismo éxtasis que, suponía, era el que experimentó ese científico brillante cuando aprovechó el rayo para revivir los tejidos muertos de su creación.

Estos avatares de lo *outré* fueron las insignias de nuestro estatus de excluidos. Al acoger a estos monstruos, viéndolos como parte de nosotros mismos, proporcionaron un bastión contra la normalidad rígida y aburrida de tantos otros chicos a nuestro alrededor que tenían intereses más mundanos. Y nuestra devoción apasionada a nuestros héroes oscuros no fue una fase pasajera; se convirtió en un credo que brindó una perspectiva usada al tratar con el mundo a nuestro alrededor. Nunca fuimos apóstatas de nuestros hermanos de la noche.

Si entras a mi guarida, verás las muchas figuras de mi santo patrono, el gigante reptil radioactivo que siempre ha estado más cerca a mi corazón. Aquí, el «Rey de los Monstruos» permanece supremo y ahora, mediante la magia tecnológica de los chips de audio, muchos de mis tótems le dan voz a un gutural ¡*skreeeeeeeoonk!* ¡Salve, Gojira!

Hoy, mi generación está creando las películas y asegurándose que los juguetes sean emitidos por todos los grandes esfuerzos. Es por eso es que hay tantas nuevas versiones; miramos hacia atrás, y algunos sienten que la magia está algo disminuida (¡oh, ellos de poca imaginación!). Así, ellos rehacen las películas con la magia tecnológica contemporánea, en un intento de volver a recrear la maravilla sentida de niños, ahora que los estándares para las ilusiones son mucho más altos y la creencia en la magia menos poderosa.

Y los juguetes, ¡los fabulosos juguetes! Son fabricados con una exquisitez sólo soñada por nosotros de niños. Ahora podemos entrar a *Toys «Я» Us* y comprar, a menudo por pequeñas cantidades de dinero, creaciones demoníacas intrincadas e imaginativas que enorgullecerían a El Bosco si aparecieran en una de sus escenas del infierno. Así que ahora tenemos un panteón prefabricado de deidades oscuras y demonios grotescos que podemos utilizar para conjurar los sentimientos que, para muchos, han permanecido latentes desde su juventud. Estos son potentes talismanes, ídolos reales que pueden evocar respuestas oscuras y escalofriantes. Son en verdad *daimones*, porque estas figuras hechas de plástico nos inspiran. Son una reserva de poder que muchos de mi generación buscan, incluso si no entienden porqué se sienten obligados a hacerlo.

Pero nosotros, los magos satánicos, SÍ entendemos y frecuentamos los pasillos de tiendas de juguetes, así como las tiendas exóticas que tienen importaciones japoneses, una experiencia parecida a visitar los templos de otra religión. Muchos se han vuelto conversos extasiados. Así que busca esas retorcidas bestiecillas que te llevan atrás en el tiempo, a la Inercia de Cristalización Erótica (ECI por sus siglas en inglés) de tu salida de la inocencia al entendimiento. Son herramientas profundamente mágicas que pueden utilizarse para crear rituales de una potencia asombrosa.

Una Ciudad Infernalmente Magnífica

LA GRAN OSCURIDAD DE 2003

Había mucha poesía en las sombras anoche.

El poderoso portador de luz engendrado por Edison y Tesla cerró sus ojos a las 4:10 p.m., EST. Las gentes de Nueva York estaban espantadas, pero pronto se orientaron a medida que las luces de los semáforos se apagaban en las avenidas y los que estaban en las calles laterales insistieron en «verde» por un tiempo. Mientras las transmisiones radiales confirmaban que la falta de energía no era causada por terroristas y comenzaron a cantar «Blame Canada» (Culpa a Canadá) por la falla en la red eléctrica, la gente comenzó a dirigirse hacia sus casas en autobús, en taxi o a pie. Las tiendas hicieron un rápido negocio vendiendo comida y bebidas y baterías. Había cierta urgencia a medida que el sol se acercaba al horizonte occidental, encendiendo a Nueva Jersey con su gloria carmesí.

Peggy y yo salimos entre la multitud que arrastraba los pies y trajimos algo de comida a casa. Disfrutamos de un delicioso refrigerio y luego llevamos a condesa Bella Lugosi, nuestra cachorra chow negra, a pasear un rato antes que el anochecer se convirtiera en completa oscuridad. Las calles de nuestro vecindario estaban llenas de gente que iba de paso. Muchos locales habían instalado parrillas en las aceras y el olor de carne asada flotaba en el aire, acompañado por aires musicales provenientes de radio caseteras de batería que competían entre sí. Un guitarrista estaba en la entrada del edificio donde Comedy Central produce The Daily Show. Nuestra cultura ha criado una sed interminable de entretenimiento.

A medida que la oscuridad envolvía a Manhattan, la parpadeante luz de velas proliferaba en las ventanas. Varias estructuras de telecomunicaciones cercanas tenían generadores, por lo que sus ventanas emitían brillo y se erigían como almenaras en los cañones a media luz en medio de los que aún se abría paso la gente, algunos con linternas en mano. Había un aire a festival callejero, sin embargo parecía que esta bravuconada esquivaba el miedo primordial a la luz crepuscular que la mayoría del rebaño reprime en su corazón. Para nosotros, los hijos de la noche, fue un momento de gran belleza. El claro de luna bañaba las negras torres de concreto mientras uno que otro espeleísta se abría camino más allá de sus bases. Los minúsculos destellos de velas derretidas se apagaban una a una a medida que la noche exigía su victoria. Era la primera vez desde 1977 que la Osa Mayor se veía a simple vista sobre estas calles peligrosas, ahora tan calmadas.

Mientras el tráfico aminoraba y el haz de los faros se hacía más escaso, experimentamos cómo pudo haber sido esta vasta extensión urbana antes que el impacto de la noche fuera repelido por el luciferismo artificial. Hubo un tiempo en el que cualquiera, o quizás cualquier cosa, podía estar esperando por su presa en los negros intersticios de la ciudad durmiente. El hechizo de los monstruos clásicos, tanto humanos como sobrenaturales, podía lanzarse nuevamente sobre quienes ahora sudaban y soñaban en sus apartamentos, víctimas de terrores hace tiempo sepultados.

Para quienes abrazamos eternamente la majestad de ébano, fue emocionante y vigorizante. La gran oscuridad avanzó en su conquista y los patriotas de su imperio celebramos su hegemonía.

Horas después, mientras la noche era desterrada por un alba nacarada, las masas se agitaron y se levantaron con el regreso de Atón. Observamos melancólicos la profunda quietud que aún reinaba, mientras los oráculos radiales predecían que pronto el gigante dormido enviaría nuevamente su pulso para animar las grandes máquinas silenciosas. Bañarse y desayunar en la luz grisácea fue un placer, sin embargo el mundo moderno entró abruptamente mientras nuestro refrigerador volvía temblando a la actividad siendo exactamente las 7:45.

Y así la caricia poética de la antigua noche ha sido desterrada una vez más de nuestra extensión metropolitana. Pero su magia, como siempre, late en el corazón de los satanistas, porque somos parientes y el sacerdocio viviente de sus misterios eternos.

Agosto 15, XXXVIII A.S.

¡AY, BABILONIA!

VISITABA NUEVA YORK DESDE QUE ERA JOVEN y siempre me ha impresionado a nivel muy profundo cómo abarca todo el ámbito de capacidades del animal humano. Cuando me mudé aquí a *Hell's Kitchen* veinticinco años atrás, fue el cumplimiento de una larga ambición. Como satanista, me recreo en la estratificación de los nuestros. Disfruto las ricas creaciones de raros individuos y estoy fascinado con las profundidades de la depravación de otros. Intento evitar a la mayoría de las personas, ya que por lo general son mediocres y no merecen la pena o la atención. Contrario al norte del estado de Nueva York, de donde venía, lo que resultaba refrescante de la Ciudad, era la falta de moderación, con poco del soso punto intermedio para embarrar el paisaje de crudo blanco y negro.

En mi experiencia siempre me ha parecido que es la «ciudad del mundo», el ejemplo capital y fundamental de lo que significa ser *homo urbanus*. Todos los extremos de tipos humanos pueden encontrarse aquí: sub-idiotas, genios, los sofisticados, los ingenuos. Times Square solía ser la vista más potente para ver todo este espectro de un vistazo. Si uno estaba la esquina de Broadway y la calle 42, tan solo con mirar en derredor podías ver las pasiones humanas encarnadas: sexualidad básica en locales para todas las facetas de la pornografía, la mente inquieta ávida de información en el incesante reptar electrónico de titulares y publicaciones abarrotándose en el puesto de periódicos. Nuestra necesidad de fantasía era atendida por los muchos teatros presentando todo nivel de películas producidas y una gama similar de presentaciones en vivo, de lo espléndido a lo sórdido. Había tiendas que vendían armas exóticas y suvenires chabacanos.

La *cuisine* abarcaba desde vendedores callejeros de dudosa limpieza y el estadounidense por excelencia *Howard Johnson's* hasta el delicatessen del segundo piso de *The Chinese Republic*, uno de los restaurantes chinos más viejos de la zona periférica del centro. Durante sus últimos años, una visita le requería a uno abrirse paso a empujones entre proxenetas y prostitutas para llegar a la puerta a nivel de la calle y luego trepar por la sucia escalera llena de grafitis para llegar al salón rojo con sus desvanecidas fotos en acetato de lugares chinos, tenuemente iluminadas desde atrás.

Times Square era un lugar muy emocionante para visitar; que funcionaba a la manera de los símbolos, permitiendo que mucha información estuviera en foco consciente en un solo destello intuitivo. Lamentablemente, casi todo esto se ha ido, reemplazado por invasoras franquicias de negocios atendiendo las blandas necesidades de zánganos de mal gusto. Ninguno de ellos pertenece aquí.

Lloro por la homogeneización efectuada en esta área durante años recientes, ya que ha impuesto una máscara expurgada, más aceptable, sobre el verdadero rostro de nuestra Babilonia, invitando hordas de zombies consumidores a recorrer las aceras, cumpliendo así la visión del «Amanecer...» de Romero. Coney Island, avatar por largo tiempo avatar de sueños más allá del alcance de uno, pierde cada año más de su resonancia a medida que se hace un barrido limpio de los restos arqueológicos de la búsqueda desesperada de la gente por diversión y satisfacción. La ciudad de Nueva York ha estado atrayendo más idiotas marchantes del rebaño que en vez de pasar de largo se entretienen un rato y, de esa manera, se convierte en un reflejo más exacto de toda nuestra especie. Últimamente estoy extrañando la pureza de la perspectiva de antaño. Nuestro Hades sobre el Hudson parece haber perdido sus bordes afilados, convirtiéndose en un lugar poco entusiasta y seguro para niños.

Pero me entusiasmo, ya que sé que «ningún ideal humano permanece firme». Mientras las renovaciones y construcciones nuevas actualmente puestas al lado de elementos más plutónicos, no han desaparecido, siendo mejoradas o curadas. Nuestra ciudad siempre trabaja para «renovarse» a sí misma, pero los limpísimos resultados duran poco. La ávida oscuridad aun acecha en los bordes y regresará con el tiempo al escenario central, como una magnetita en la encrucijada del mundo es un poderoso atractivo. Como los infernales paisajes urbanos en *Blade*

Runner, las brillantes muestras tecno-orgásmicas crean sombras aún más profundas que se llenarán de nuevo con quienes siempre la hemos llamado hogar. Sí, nuestra actual y futura Babilonia aún es satánica y quienes de nosotros que la conocen íntimamente, aún pueden hallar los extremos estimulantes, esquivando la extraña multitud de adoradores de centros comerciales. Su momento es ahora, pero sospecho que será efímero. La máscara se deslizará y cuando se vislumbre el verdadero rostro, este los enviará despavoridos de vuelta a su imaginada normalidad de sus prosaicos suburbios y estados «corazón».

Debido a su premeditación y poder financiero, las fuerzas actuales de esterilización difieren de intentos anteriores de expurgar La Ciudad y puede ser que las áreas que han asolado permanezcan bajo su influjo por algún tiempo. Mientras haya un mercado rentable para una experiencia *Manhattanland* entre los visitantes que piensan que visitar simulacros seguros es preferible a algo más picante, estos puntos permanecerán «mejorados» y resistentes a los alrededores que aún no han sido «redimidos». No puedo decir con certeza qué pueda cambiar esa marea, pero en su codicia, tan pronto como los ingresos comiencen a descender, mermará el mantenimiento y las cosas quedarán abandonadas y serán otra vez refugios para lo que ven como menos sabroso. A menos que toda la isla de Manhattan se pase al «Lado Luminoso», el resto del área crepuscular adyacente estará en condiciones de rezumar de nuevo cuando se presente la oportunidad. No soy tan profeta para arriesgarme a predecir plazos o márgenes de tiempo.

Muchas cosas preciosas y bizarras se han desvanecido sin reemplazos adecuados, tales como *The Magical Childe* de Herman Slater, que era en verdad un palacio pluralista de diversidad religiosa. Necesitamos esos edificios marginales con espacios de alquileres lo bastante bajos para

Las Escrituras Satánicas

darle oportunidades a empresarios de lo bizarro. Siempre había negocios suficientes para apoyar tales proveedores de nicho; Nueva York era el lugar que acogía los tipos de personas que apreciaban lo poco ortodoxo y espero que estos no terminen únicamente como emporios virtuales en el ciberespacio. Esta ciudad aún me interesa, ya que aún queda suficiente excentricidad con gente peculiar ejerciendo diligentemente con modales de largo olvidados en otras partes. Pero has de buscarles más cuidadosamente estos días. En tanto puedan darse el lujo de permanecer en el negocio y en tanto forasteros afines con visiones únicas y el impulso para intentar y hacer el valiente peregrinaje hasta aquí y echar raíces, el corazón de este carnaval oscuro seguirá latiendo.

Mayo 17, XL A.S.

Anton Szandor LaVey:
Un tributo
The Cloven Hoof

Su nombre resuena como un toque de diana para quienes reconocen su verdadera naturaleza, los animales humanos que se enorgullecen de llamarse a sí mismos satanistas. Fue un hombre que miró y vio, actuando de acuerdo a ese conocimiento. Su gran genio fue entretejer hilos aparentemente dispares, provenientes de muchas culturas y épocas, identificándolos por manar de una única y caliginosa fuente. Su intelecto poderoso e intuiciones carnales le guiaron para crear ese oscuro tapiz, atravesado por reflejos flameantes y relampagueantes luces plateadas cuya esencia viene del propio Señor del Infierno. Así, Anton Szandor LaVey formó la primera iglesia en la historia occidental en ser consagrada en el nombre de Satán, gritando así con orgullo al mundo que su camino era la Ruta Siniestra y que lo llevaría más lejos de lo que lo hizo cualquiera de los que vinieron antes que él.

Él hizo posible para nosotros, su parentela —porque los satanistas nacen y no se hacen— conocer y acoger nuestro legado, el mismo de los grandes hombres y mujeres de la historia, que se sintieron inspirados a ser pioneros en nuevos campos del conocimiento. Usaron la gran llave de la duda para hacer preguntas que quedaron sin respuesta, para viajar a tierras, tanto físicas como conceptuales, que hasta entonces seguían inexploradas y por tanto prohibidas para todos, excepto para los osados.

Anton LaVey fue uno de estos osados animales, íntegro

en su comprensión y lo bastante valiente como para presentarse ante sus compañeros y desafiar las trivialidades constringentes que atan a las autocomplacientes masas. Su sabiduría no estaba dirigida a todos, ya que muchos no han nacido con el ardor de la Llama Negra en su interior. Él sabía que esos muchos, en un intento por llenar ese vacío que les carcome desde dentro, siempre irán tras falsos reinos espirituales. Le advirtió a sus compañeros que se cuidaran, ya que nosotros somos pocos y ellos son muchos, por lo que debemos caminar con cuidado entre estos muertos vivientes.

LaVey vio uno de los fulcros sobre los que se equilibra el peso conceptual del mundo y supo cómo empujar, alterando el curso de las percepciones de una manera que tendrá repercusiones durante milenios. Fue verdaderamente un titán entre los hombres y, aunque seamos más pobres por ya no estar honrados con su presencia personal, sus ardientes ideas tienen una vida propia que se cristaliza en quienes saben que su Voluntad es continuar por el camino que él marcó con tal brillantez.

Era una persona talentosa más allá de lo que normalmente se considera como estándar de excelencia, siendo capaz de desenvolverse en muchas artes con una habilidad que a menudo se consigue únicamente mediante la dedicación a una sola musa. Dejó un legado creativo que nos enriquece, viviendo su vida como el ejemplo real de todo lo que ensalzaba; buscando sus placeres sin restricciones, a la vez que producía obras solamente posibles mediante la autodisciplina más vigorosa.

Anton Szandor LaVey tuvo un impacto en muchos de nosotros y, muy especialmente, en quienes tuvieron el gran privilegio de ser bienvenidos en su círculo personal. Sin embargo, él continuará impactando a muchos, incluso a generaciones aún por ser concebidas, porque capturó partes de sí mismo en sus escritos, su música y sus videos, que impulsarán a todos los verdaderos satanistas a acercarse con fuerza y entendimiento, armas de doble filo que aseguran la victoria

Le debemos nuestra gratitud por abrir las puertas diamantinas del mismo Infierno, dando forma y estructura a una filosofía que nos nombra como los Dioses que somos. Su blasfemia final contra las ovejas lloronas fue destrozar su idolatrada máxima de que todos los hombres son iguales. Sus camaradas, viviendo como verdaderos Diablos, ejercerían así sus facultades para juzgar y ser juzgados en todo lo que hacen. Destronó a los salvadores externos y defendió la responsabilidad de toda consecuencia, quizás el principio más aterrador en un mundo en donde nadie rinde cuenta de sus acciones.

La Iglesia de Satán es el tenebroso conciliábulo de quienes trabajan para continuar el impulso de la sociedad humana a lo largo de los vectores establecidos por Anton LaVey. Y esta seguirá siendo el dominio atesorado de unos cuantos imperiosos, los mentalmente poderosos que viven por su propia sangre y sesos, que navegan por el río de ébano dentro de las fauces de la oscuridad que acoge sólo a quienes cargan en sus propias almas el blasón del todopoderoso Satán.

¡Anton Szandor LaVey, te saludamos! Llevamos en nuestros rostros la sonrisa de la información privilegiada, la insignia externa de nuestro vínculo tribal contigo, que llevaste tan bien esta marca irónica. Estás en nuestros corazones y mentes por siempre.

¡Salve, Anton Szandor LaVey!

¡Salve, Satán!

ANTON SZANDOR LAVEY Y PETER H. GILMORE EN LA CASA NEGRA

Adiós, Oscuro Templo

EL 16 DE OCTUBRE DEL AÑO DE SATÁN XXXVI, la infame Casa Negra, por muchos años residencia del Doctor LaVey y lugar de nacimiento de la Iglesia de Satán, fue demolida.

Durante los últimos años, la Casa Negra, ubicada en el 6114 de la calle California, permaneció vacía y tapiada, la «casa abandonada» por excelencia. Al igual que el cubil en San Francisco de Cecil Nixon, mentor del Dr. LaVey, no estaba destinada a sobrevivir a la muerte del singular propietario que le había dado vida preternatural.

Era el equivalente en el mundo real de las «casas embrujadas» de la ficción, pertenecientes a encantadores marginados como el domicilio de los Addams, la familia de los dibujos animados y video. Con el Dr. LaVey como su *genius loci* (espíritu protector), esta se convirtió en un punto de encuentro para quienes compartían sus sensibilidades satánicas. Fue verdaderamente un «profano de los profanos» para el selecto grupo de siniestros individuos que tuvieron la fortuna de ser invitados a cruzar su umbral y pasar a través del velo estigio del pasillo de entrada. Aquellos de nosotros que disfrutamos de muchas horas en su abrazo tenebroso nunca olvidaremos su encanto... y sus misterios.

Con su desaparición, se obtiene gran poder, ya que pasa al reino de la leyenda. Ahora continúa existiendo como el arquetipo de las guaridas pertenecientes a muchos de los miembros de la Iglesia de Satán. Y en los años venideros seguirá sirviendo de inspiración para las almas infernales que tengan la voluntad de construir sus propios santuarios oscuros.

Sobre la Elaboración
y la Justicia

En el transcurso de la existencia de nuestra Iglesia, desde su fundación en 1966--el Primer Año, Anno Satanas, hemos visto varias fases distintivas, que marcan el crecimiento y desarrollo de este experimento. Las listamos desde la retrospectiva de nuestra primera década, escrita por Anton LaVey e impresa en *The Cloven Hoof* (*La Pezuña Hendida*), volumen VIII, n.º 2.

La Primera Fase, Surgimiento, cristalizó el espíritu de la época en la realidad; liberando el conocimiento de un cuerpo político satánico en un clima social preparado pero confuso.

La Segunda Fase, Desarrollo, presenció una expansión organizacional e institucional, como resultado de una explotación cuidadosamente estimulada, atrayendo a una gran variedad de tipos humanos de los cuales extraer un «ideal» satánico.

La Tercera Fase, Capacitación, brindó dilucidación suficiente para establecer los principios del satanismo contemporáneo, contrario a las interpretaciones equivocadas, previas o vigentes. *La Biblia Satánica, Los Rituales Satánicos* y *La Bruja Satánica* podrían haber sido convenientemente ignorados, pero eran fácilmente obtenibles para cualquier que eligiese adquirir conocimientos sobre nuestra doctrina y metodología. Para contrarrestar suposiciones inexactas del mundo exterior, se mantuvo un aura de respetabilidad, a menudo hasta el punto de la sobrecompensación.

La Cuarta Fase, Control, fomentó la dispersión y el *principio de Peter* como medios para aislar el «ideal» evaluado en la Segunda Fase. La des-institucionalización separó a los constructores de los moradores, filtrando y estratificando de esta manera lo que comenzó como una organización iniciática — o persuasiva— en una estructura social definitiva.

La Quinta Fase, Aplicación, establece una fruición tangible, el comienzo de una cosecha, por así decirlo. Las técnicas, habiéndose desarrollado, pueden emplearse. Los mitos del siglo XX son reconocibles y explotables como estímulos esenciales. Las debilidades humanas se pueden ver con una comprensión hacia el embellecimiento radical.

La Sexta Fase, el desarrollo y la producción de compañeros humanos artificiales, se ha convertido en parte de nuestra declaración de Revisionismo Pentagonal.

Hemos visto algunos avances fascinantes en la evolución de esta Sexta Fase, especialmente en el trabajo de la empresa *Real Doll*. Pero, sobre todo, la falta general de discriminación que caracteriza al rebaño los ha llevado a conformarse con algo menos concreto para su sentido de autosatisfacción. De hecho, la difusión de la computadora personal ha proporcionado el escape en donde se satisfacen las fantasías de adecuación de las masas, tanto sexuales como sociales. Los «misantropólogos» hemos observado que ello ahora tiene lugar en salas de chat, a través de mensajería instantánea y en el mundo de fantasía de los sitios web, todo representado en la pantalla de un tubo de rayos catódicos: el monitor de la computadora como hijo mesiánico del Dios televisión adorado en los hogares de todas las gentes del rebaño. El rechazar el contacto del teclado y buscar texturas de carne real producidas por los artífices de los androides contemporáneos es solo para unos cuantos pioneros. Continúan con esta tarea *rotwangiana* en sus laboratorios secretos y, actualmente, podemos volvernos hacia Japón para los últimos avances tecnológicos en el arte emergente de la robótica.

Ahora, acercándonos a nuestro cuadragésimo año de existencia, estamos en medio de una *Séptima Fase*, la de **Elaboración**, en donde se examinan los resultados obtenidos de la aplicación continua de nuestras teorías básicas y luego elaboradas en una práctica cada vez más efectiva. Nuestros miembros productivos están refinando los materiales que empezamos a recoger en la cosecha de la Quinta Fase y, combinándolos de maneras cada vez más sutiles y complejas, que influencian a la sociedad en las direcciones de nuestra Voluntad. Con base en nuestra comprensión de los mitos del siglo XX, algunos de nosotros podemos trabajar hacia la conformación de la mitología del siglo XXI. Desde la destrucción de los íconos sagrados nos movemos hacia la construcción de íconos seculares, generando nuevos arquetipos que se unirán al panteón actual de imágenes esenciales. Estamos en el umbral de lo que puede ser un largo período durante el cual los innovadores en nuestro movimiento formulan símbolos y personajes que encarnan la quintaesencia de nuestros valores: autodeterminación, discriminación y orgullo en sus logros. Con el tiempo, estos pueden llegar a ser símbolos ampliamente aceptados de lo que en verdad es satánico, ya que nosotros definimos el satanismo.

Culturalmente, nuestra filosofía promueve la idea que el individuo consciente debe tener ante sí una amplia gama de opciones. La disponibilidad de tales opciones siempre amenazará a los tiranos que quieran forzar a los «infieles», a menudo so pena de muerte, a convertirse a su «Único Camino Verdadero». No importa a qué deidad se le represente benignamente extendiendo sus brazos a los seguidores forzados. Los satanistas ven este abrazo como el que ofrece la *Virgen de Nuremberg* y lo rechazamos. Y puede que llegue el momento en que nuestros compañeros de viaje, que disfrutan de los beneficios de nuestra sociedad secular mundial, obren de la misma manera. Que quienes nos temen sigan haciéndolo por la razón precisa: que nuestra forma de vida, si es ampliamente aceptada, limitará el reinado de represión del fanatismo espiritual.

A medida que nuestras ideas ganan aceptación en nuevas áreas del mundo, podemos ver una progresión rápida por algunas de nuestras primeras fases en varios sitios que antes estaban aislados. Dondequiera que se encuentren miembros de nuestra «tribu», utilizarán la filosofía satánica como un medio práctico para lograr la máxima satisfacción en sus vidas. Como movimiento, el satanismo puede resultar aconsejable, siempre que sea posible, para promover la proliferación de estructuras sociales que defienden el individualismo como un valor y abogan por la máxima libertad personal para quienes tienen las fortalezas apropiadas necesarias para esgrimir este privilegio con responsabilidad absoluta.

***

Complacencia fue la consigna elegida por Anton LaVey cuando fundó la Iglesia de Satán en 1966. Pienso que puede argumentarse de manera convincente que, en el ínterin, este concepto ha tenido un impacto duradero en la sociedad humana. Al mirar a través del paisaje de lo que se ofrece actualmente, vemos que la visión del Dr. LaVey ha tenido un amplio efecto cultural, ya que la cantidad de libertad para el placer personal se ha incrementado enormemente en todos los niveles de estrato social.

El Dr. LaVey también señaló que un peligro principal era que el antiguo concepto de encontrar un chivo expiatorio para culparlo de las propias acciones, se está convirtiendo en parte de la trama y la urdimbre de nuestra sociedad. La cláusula de escape de que algún «el Diablo me obligó a hacerlo» está detrás de la actual cultura de la víctima de lo políticamente correcto que se ve plenamente realizado en las leyes existentes en muchas naciones.

Los delincuentes que cometen actos reprensibles son considerados a menudo libres de culpa, mientras que a las corrientes nebulosas de la misma sociedad se les confiere el manto de responsabilidad por conductas irresponsables y demenciales. Vemos a nuestro poder judicial aceptando tácitamente la idea que las personas son autómatas, que por necesidad deben ser programados desde fuera por influencias sociales. Esto absuelve a los criminales de culpa cuando hacen lo que es consensualmente «malo» y busca poner la responsabilidad en cualquier lugar, excepto sobre la cabeza de los perpetradores. De ahí que seamos testigos de la retorcida teoría, ampliamente practicada, de injusticia, que establece que a los criminales «sin culpa» debe ofrecérseles misericordia y perdón.

Ahora los satanistas claman por un alto a esta grotesquería. Lo hacemos mediante la defensa de nuestra consigna actual: **Justicia**. Nuestro medio para su implementación es *Lex Talionis*: que el castigo debe ajustarse al tipo y al grado del delito. Dicho dictamen ha sido apreciado en culturas antiguas y se le adeuda un renacimiento a gran escala. El sino que debería pender sobre cada persona es: «Que esté sobre tu propia cabeza». Sólo tú puedes tomar crédito por tus éxitos y sólo tú debes ser el culpable de tus fracasos. Ya es hora de ponerle fin al lloriqueo perpetuo, a señalar con el dedo y a rogar por dispensas especiales. Y la corriente de opinión general ahora está fluyendo hacia nuestra dirección deseada.

Los recientes ataques terroristas a los Estados Unidos evocaron un fervor en todo el mundo para que, ante estos actos criminales, se imponga la justa retribución. La misericordia está siendo descartada en favor de una verdadera pasión satánica por la justicia. Hemos alcanzado un fulcro histórico en donde la masa de valores ampliamente aceptados puede apalancarse en nuestra dirección deseada. Ahora es el momento para que los satanistas y otros que aprecian la libertad individual, expongan y destapen la locura del fanatismo religioso, dondequiera que pueda surgir mostrándole a todo el mundo que nuestra libertad se ve amenazada por quienes están dispuestos a morir por sus deidades inmateriales. Si la comprensión de la naturaleza de la situación actual se mantiene en foco, podremos observar una transformación social continua. Los antiguos días del perdón se terminarán a medida que las naciones despertadas viertan su ira sobre quienes son enemigos de las libertades ofrecidas por la civilización secular.

Insisto que nuestra organización y su filosofía son ambas orgánicas, siempre en evolución, ya que se basan en la profundización continua de nuestra comprensión de la bestia llamada Hombre. Tal conocimiento puede utilizarse para ampliar los horizontes de libertad y responsabilidad, pero esta práctica exige virtuosismo. Anton LaVey estableció bases profundas que nos sitúan en buena posición mientras seguimos explorando las implicaciones de sus ideas a la vez que elaboramos las aplicaciones del satanismo en nuestro medio cultural actual, preparando el escenario para futuras permutaciones. Sonó el tono fundamental y ahora componemos sinfonías exquisitas de los matices resultantes, provocando vibraciones favorables en aquellos de naturaleza similar. Nunca nos ocultaremos, ya que la progresión natural de la evolución y la revolución son axiomas de nuestra filosofía. La esencia del satanismo es fluir

SOBRE LA ELABORACIÓN Y LA JUSTICIA

con la Naturaleza: ¡siempre hacia adelante!

Así, mis epicúreos camaradas, estamos en tiempos muy emocionantes. Disfrutad, innovad y celebrad el precioso tesoro que es vuestra vida única, así como las vidas de vuestros seres queridos, que con su sola existencia enriquecen vuestros días. El mundo es nuestro, así que adelante y llenad vuestra experiencia con satisfacción. En tanto fluyáis con el eterno ahora, que sea en placer exquisito.

Jerarquía Natural:
Como es arriba, es abajo

El satanista ve la sociedad humana como adosada en varios estratos en torno a los cuales gravitan las personas durante el curso de sus vidas. Este principio de estratificación opera en la sociedad humana en todo el mundo y también dentro de los confines de la Iglesia de Satán. El significado de la estratificación es que los individuos ascienden al nivel de logro que merecen por medio de sus capacidades y del ejercicio de estas. Este es un ejemplo de justicia en acción, otro principio importante para la práctica satánica.

Cada persona está dotada, naturalmente, con un nivel diferente de talento en bruto. Sin embargo, para los satanistas, el cultivo de estas habilidades determina el valor de un individuo. *Esto no debe confundirse con la autoevaluación de una persona.* Tú solo puedes determinar cómo cumples los objetivos que has elegido para tu vida y esto debe ser según tus propios estándares. Juzgarte a ti mismo según los parámetros de otros es para la chusma. Tu satisfacción propia debería ser primordial.

También es natural desear ser estimado por quienes han ganado tu respeto. Que muchas personas deseen ser juzgadas según nuestros estándares se evidencia por las muchas cartas recibidas preguntando «¿Cómo puedo avanzar en la Iglesia de Satán?». Bueno, he aquí la respuesta: Juzgamos a nuestros miembros con un candor despiadado, igualando su valor con sus logros *en el mundo real*. Así, para progresar en la Iglesia de Satán, debes aplicar tus talentos en logros mensurables en tus áreas de desempeño elegidas. Después de todo, el satanismo es una religión elitista, así que si deseas reconocimiento, debes probarnos que eres un ser que sobresale en algo notable.

No es nuestra intención alentar a los miembros a buscar posición en nuestra organización. Los miembros nuevos y ambiciosos deberían buscar progresar en sus propias vidas, porque al hacerlo así ellos serán la prueba viviente de la superioridad de los satanistas ante las masas. Ante todo, así es como puedes ayudar a la Iglesia de Satán. Al demostrar que mediante la filosofía satánica puedes vivir una vida productiva y repleta de gozo, ayudarás a divulgar nuestras ideas a los pocos que contactes en tu vida diaria y que valgan la pena. Deja que quienes respetan tus logros sepan que eres un satanista y estarás aumentando la reputación de la Iglesia de Satán. Y tales miembros exitosos que nos mantienen al tanto de sus actividades, recibirán a su vez reconocimiento, lo cual es un beneficio adicional, no un fin en sí mismo.

A lo largo de los años, hemos visto que quienes vienen a nosotros ansiosos de títulos son por lo general personas que no han podido satisfacer las exigencias del mundo real, sin tener logros significativos, buscando ahora alguna forma de aumentar su ego para compensar esta carencia. No encajan en nuestros criterios de progreso. Cuando no se les entregan los laureles que no se han ganado, se van enfurruñados, y así es como debería ser.

No exigimos a nuestros Miembros Registrados de primer nivel que nos prueben algo. El deseo de unirse indica que te apartas del rebaño lo suficientemente para querer llamarte a ti mismo satanista, lo cual no es un pequeño paso. Pero esto *no* significa que estés automáticamente en la cima del montón. Todo tipo de individuos se unen a nuestra organización por sus propias razones. Algunos demuestran que solo tienen un entendimiento rudimentario de la filosofía del satanismo. Mientras la membresía los complazca, maravilloso, pero no vamos a proponerlos como modelos de excelencia. Otros vienen a nosotros luego de haberse labrado para sí mismos nombres que son bastante impresionantes. Esta destreza es profundamente apreciada y será reconocida. Para ser exitoso *como satanista*, uno debe vivir su propia vida de una manera que satisfaga los valores propios. Si tu vida es gozosa, habrás alcanzado una meta importante. Sin embargo, si un miembro de la Iglesia de Satán desea sobresalir, debe cumplir con estándares muy elevados para tomar un lugar entre todo un equipo de individuos superiores.

Los nuevos miembros registrados reciben un formulario de aplicación para la Membresía Activa, nuestra manera de obtener una imagen de ti como individuo, o al menos de qué imagen deseas retratar de ti mismo. Inicialmente, no sabemos desde nuestra primera lectura qué es preciso o exagerado. Después de enviar esto, podríamos esperar a que el miembro pruebe ciertas declaraciones, presentando evidencia de sus habilidades. A veces pediremos ejemplos de algo que hayas mencionado y que parezca de interés. También esperamos para ver si estás trabajando para avanzar en tu vida hacia las metas que has indicado, porque las personas estáticas no son material para progresar en nuestra organización. Si este formulario es aceptado, se te considera Miembro Activo, que es nuestra aceptación de ti como un satanista en nuestros términos. Recibirás por correo un certificado de aceptación a «Satanista, Primer Grado». Todos los grados más allá de este primer nivel son solamente por invitación.

Durante los primeros años de la Iglesia de Satán, Anton LaVey formuló nuestro sistema de grados, ya que tal era una práctica general en muchas organizaciones sociales y esotéricas anteriores. Estableció que los parámetros para destacarse en nuestra Iglesia se basaban no en el misticismo o el ocultismo, sino en el conocimiento de temas prácticos más allá del satanismo, e incluso más que eso, en la aplicación de tal sabiduría hacia fines mensurables. El Dr. LaVey experimentó diseñando los colores específicos para los medallones que cada miembro podía usar según su grado. Y, durante un tiempo, se entregaban exámenes escritos para evaluar la preparación de un miembro para un nivel particular.

A mediados de los años setenta, se hizo claro que muchos miembros se habían obsesionado con la «competencia por posiciones», estando demasiado preocupados con su lugar en la organización en vez de esforzarse por progresar en el mundo «exterior». Esto era contrario al énfasis de nuestra filosofía carnal en el progreso personal tangible y así, después de ese punto, se le restó énfasis a la existencia de los grados en la literatura y se arrojaron por la borda los métodos de fórmula para el reconocimiento.

Como un conciliábulo suelto de individualistas, nuestra iglesia es única y nuestro protocolo para la interacción de miembros se basa en el paradigma de una «sociedad de admiración mutua». No esperamos que todos nuestros miembros, altamente individualistas, se lleven bien entre sí, pero cuando se involucren en toda situación y foro, en línea y cara a cara, sí exigimos que se comporten como damas y caballeros. Nunca se ha requerido la interacción y, en caso de desacuerdo extremo, en el que al parecer no puede mantenerse la civilidad, esperamos que los miembros involucrados cesen la confrontación entre ellos. La violación de este estándar puede ser motivo de expulsión.

Hoy en día, mantenemos nuestros grados tradicionales, pero estos no deberían verse como «pasos iniciáticos» que se esperan de nuestros miembros. La Iglesia de Satán **no** es una organización iniciática. Nuestra posición es que, al vivir con plenitud, las personas concientes tendrán abundantes experiencias iniciáticas auténticas a lo largo de las muchas vías que exploren, de ahí que no haya necesidad en nuestra iglesia de semejantes posturas artificiales. A ningún miembro se le exige avanzar más allá de la Membresía Registrada. El Primer Grado, que denota la Membresía Activa, es para miembros que busquen mayor participación en la organización y con otros miembros locales. Los grados restantes (desde el Segundo hasta el Quinto) no están abiertos para postulación o petición. La administración observa el progreso de miembros cualificados y puede optar por otorgar reconocimiento a individuos sobresalientes, basándose en la excelencia demostrada en el entendimiento y la comunicación de la Teoría Satánica, aunado a prácticas potentes significativas que hayan producido logros superiores en el ámbito de las actividades humanas. De manera natural y bastante orgánica, las personas ascienden a niveles particulares y podemos tomar nota a nuestra discreción. Esto es meritocracia en acción.

He aquí los niveles de nuestra jerarquía, precedidos por la forma femenina:

> **Miembros Registrados** (sin grado)
> **Miembro Activo — Satanista** (Primer Grado)
> **Bruja / Brujo** (Segundo Grado)
> **Sacerdotisa / Sacerdote (Tercer Grado)**
> **Magistra / Magister (Cuarto Grado)**
> **Maga / Mago (Quinto Grado)**

También tenemos personas que desempeñan tareas para la organización y por tanto poseen títulos descriptivos tales como «Administrador», «Agente» y «Amo de la Gruta». Estas responsabilidades pueden ser asumidas por miembros con grados diferentes. «Sumo Sacerdote» y «Suma Sacerdotisa» son los títulos administrativos principales, y solo pueden ser ostentados por miembros de Cuarto y Quinto Grado.

Un individuo que demuestre un entendimiento sólido de la filosofía de la Iglesia de Satán, habilidades al ser capaz de comunicarlas y que le gustaría ser un contacto para los medios locales y otros partes interesadas, puede ser elegido para servir como Agente de la Iglesia de Satán. Quienes sean nombrados Agentes deben demostrar que ya están haciendo esfuerzos exitosos para aclarar públicamente los conceptos erróneos sobre nuestra filosofía. Habrás visto a muchos de nuestros representantes en varios medios de comunicación, de modo que pueda que te inspiren a seguir su ejemplo.

El primer nivel avanzado que uno puede conseguir es el de Bruja para las damas y Brujo para los caballeros, nuestro Segundo Grado. Esta es una posición de estima que ofrecemos a nuestros miembros que han mostrado un gusto impecable en su presentación propia, estando a la altura de las ocasiones con aplomo exquisito. Naturalmente, estos diabolistas entienden y aplican los principios de teoría satánica tan queridos para todos nosotros, moviéndose a través del mundo de manera tal que son ejemplos del satanismo en acción. Son consumados en algunas áreas de especialización y se han granjeado el respeto de sus pares. Sus estilos de vida están orientados a un contacto reducido con el rebaño humano. En suma, nuestras Brujas y Brujos son exitosos y prometedores con garbo personal.

Quienes ostentan los grados de Tercero a Quinto son todos miembros del Sacerdocio de Mendes y a los individuos con estos títulos puede llamárseles «Reverendos». Estos son los individuos que actúan como voceros de la filosofía de la Iglesia de Satán. Los miembros del Sacerdocio conforman el Consejo de los Nueve, que es el consejo de gobierno de la organización, nombrado por y responsable ante el Sumo

Sacerdote o Sacerdotisa. La Orden del Trapezoide consiste en individuos que ayudan en la administración de la Iglesia de Satán. Los miembros de nuestro sacerdocio son personas con logros destacados en el mundo real —han dominado habilidades y ganado la ovación de sus pares, que es la manera como han conseguido su posición— «como es arriba, es abajo». Son prebostes en posiciones principales de nuestro movimiento. Si bien se espera que sean expertos en comunicar nuestra filosofía, no se les exige hablar en representación nuestra e incluso pueden optar por mantener su afiliación y rango en secreto, para poder servir mejor a sus metas personales, así como a las de nuestra organización. Puede que te encuentres con miembros de nuestro sacerdocio y nunca saberlo. El Cuarto Grado denota un manejo consumado de nuestra teoría y práctica y el Quinto Grado de Maestro Satánico es alguien que ha aumentado el prestigio del satanismo mismo.

¿Por qué unirse? Eso depende de qué significa para ti, personalmente, ser miembro. La razón fundamental es mostrar lealtad a la organización que encarna la filosofía que ha galvanizado tu vida, que representa claramente estos conceptos ante la sociedad, sirviendo así de almenara misteriosamente encendida para todos los satanistas natos. Adicionalmente, pueden facilitarse ciertas vías para una participación más profunda con miembros, como mecanismo para trabajar en proyectos de interés mutuo. La Iglesia de Satán no está prevista enfáticamente como un medio para hacer vida social. Esperamos que nuestros miembros tengan las habilidades necesarias para llenar esas necesidades por su cuenta. No puedes ser un maestro de Magia Menor si eres un inhibido.

En última instancia, hay dos perspectivas que consideramos: tu autoimagen en cuanto a qué tan exitoso eres viviendo como satanista, medida por el grado de satisfacción con tu vida, y la evaluación que hacemos de ti como un ejemplar del satanismo que determina tu nivel de grado medido por nuestros exigentes parámetros. Si eliges vivir como satanista, aprende a satisfacerte a ti mismo. No demandamos otra obligación. Eso en sí es un desafío que pocos conquistan. Si quieres ser reconocido por la Iglesia de Satán como un modelo a seguir, entonces debes satisfacer nuestros criterios. Esos están en constante evolución, y basados en el contexto desde el cual un individuo emerge para hacerse conocido. Para ellos la tendencia es hacerse aún más estrictos, imponiendo mayores niveles de calidad a quienes se esfuerzan por sobresalir.

No es necesario que los miembros se expongan a nuestro juicio. Todos ustedes pueden determinar libremente sus propios senderos y parámetros de éxito. La autosatisfacción es en sí misma una meta admirable. Sin embargo, si tu deseo es ganar nuestro reconocimiento, debes probarnos tus logros. Haznos saber cómo te está yendo, especialmente porque nos enorgullecemos cuando se consiguen metas significativas. Existen personas erradas que quisieran establecer su membresía en nuestro grupo élite con base en pretensión y exageraciones que no reflejan la realidad. El satanismo proporciona pruebas para exponer a quienes, en lugar de hacerlo con hechos demostrables, inflan sus egos con aire caliente. Si eres un individuo excepcional, y muchos de quienes entran a nuestros portales oscuros lo son, entonces ocuparás tu legítimo lugar en el círculo de tus pares. Te apreciaremos por tus triunfos. Para algunos el esfuerzo *sí* vale la pena.

Esclavos Magistrales

LOS SATANISTAS RECONOCEN el hecho que existen quienes son líderes por naturaleza y quienes son seguidores. Hay amos y hay esclavos, y bastantes matices de por medio. Para quienes son realistas, el satanismo puede ser un excelente «trampolín» para ver dónde se ubican en su nivel de éxito personal y decidir racionalmente cómo progresar ellos mismos en cualquier manera que elijan. También tienen la opción de no progresar, sino de disfrutar cualquiera que sea el nivel que hayan alcanzado.

Ciertamente, el viejo refrán sobre un grupo en donde «todos son jefes y ninguno Indio» ha encontrado un nuevo aliciente entre los *nouveau satanists*. Simplemente no están siendo honestos en su autoevaluación, una práctica que no garantiza más que su fracaso al usar la magia, en sus variantes Mayor y Menor. El individuo autoconsciente evalúa su posición con precisión implacable y si tiene el deseo de alcanzar un nivel más alto, se esfuerza para lograrlo ejercitando sus talentos. La observación del desarrollo de cómo un individuo se ve a sí mismo es un fuerte indicador para trazar su verdadero viaje a lo largo del Sendero Siniestro.

Lo que muchos no logran comprender es que no hay necesidad de que uno deba moverse hacia un escalón más alto. Mientras uno esté satisfecho y disfrutando su propia vida, los satanistas no establecemos ningún valor moral al estrato al que uno pertenezca. Ser lo que realmente eres y procurarse el placer es la meta que el satanismo ayuda a mantener. No hay obligación alguna de forzarte a ir en una dirección que no venga de forma natural y los verdaderos satanistas no «se lo imponen» a quienes perciben como de menor rango. Es cierto que cuando uno considera la vasta población sobre este planeta, que hay una fuerte probabilidad de que llegará alguien más brillante, más cultivado, más talentoso, más consumado y que de alguna manera pueda «superarte» en un área que tengas como búsqueda personal. Gritar que uno es siempre el mejor es una señal segura tanto de inseguridad como de ignorancia del verdadero satanismo. Competir con los logros previos es un estímulo saludable para la autoevolución, pero la meta final es ser lo mejor que puedas ser y no tener imágenes irreales de lo que uno «debería» convertirse. El resultado deseado es la autosatisfacción, no la constante lucha interna.

De manera similar, muchos neófitos leen en *The Satanic Witch* (La Bruja Satánica) sobre el Sintetizador de Personalidad de LaVey, haciendo luego juicios morales en cuanto a dónde deberían situarse en ese reloj simbólico, a menudo juzgando erróneamente su posición real y, de esta forma, ignorando que en ninguna posición del reloj tiene sobre sí un veredicto ético. Los satanistas vienen en una variedad notable; no todos son «grandes innovadores» o «líderes temerarios», o individuos dominantes. De hecho, se necesita un verdadero satanista para apreciar a los pocos que sí tienen esas capacidades para crear y liderar, y disfrutar de lo que éstas personas tienen para ofrecer sin sentir necesidad alguna de intentar superarlos si tal cosa no es natural en él. El pensar que «activo/dominante» es «bueno» y que «pasivo/sumisión» es «malo» significa que uno ha caído en la falsa dicotomía del pensamiento dualista. Los satanistas ven la necesidad de la polaridad, la necesidad de opuestos que brinden la tensión que lleva al flujo de la corriente inherente a todas las cosas. Ambos son parte de la existencia y ninguno es preferible a otro.

Entre los satanistas es natural encontrar a algunos que adoptan los principios de esta filosofía y que no sientan que tienen las capacidades de «crear sus propios horizontes», como definía Nietzsche una de las características de sus «humanos superiores». Estos individuos honestos tienen la opción de seleccionar personalmente (y sabiamente) a sus amos y así garantizar que recibirán la orientación benéfica que desean. A diferencia de los esclavos involuntarios, también son libres de cambiar de amos si así lo eligen. Pocos son lo bastante honestos sobre sí mismos para tomar tal decisión.

Todos los satanistas auténticos exhiben una confianza genuina y un «poder personal», usándolo dentro de la sociedad en que viven para orientar el rumbo de sus vidas hacia cualquier punto posible. Exploran y establecen sus fortalezas y debilidades, y no temen adaptarse para satisfacer mejor sus necesidades.

Hay veces en que individuos masoquistas, ignorantes de sus propias naturalezas, son atraídos a los satanistas, fastidiándoles en un intento de incitarlos a ejercer este poder real, sin postura. Cada satanista, como LaVey explicó, es un sádico epicúreo, y cuando tales masoquistas se le acercan, el satanista a menudo dice: «¡No!» a las peticiones simbólicas de una «golpiza», convirtiendo así el codiciado *eustrés* del masoquista en *distrés*. Sin embargo, también es posible que el satanista opte por decir «¡Sí!», y entonces puede proporcionarle al masoquista la solicitada «paliza», pero sólo si ello también satisface al satanista.

Estas son sutilezas, y el masoquista mal dirigido debería encontrar preferiblemente un amo amoroso dispuesto a dispensar las acciones disciplinarias deseadas en el grado que gratificará las necesidades del masoquista. Un masoquista satánico iluminado encontrará un sádico satánico, y cada cual podrá participar en el tango de la satisfacción mutua, en el que quien pide dolor controla cuánto puede ser administrado por la figura que los de afuera confundirían con la parte controladora.

El individuo satánico verdaderamente autoconsciente, obtendrá la atención de sus amos y mentores que puedan darle las directrices necesitadas si son del tipo que atesora estar en esa posición de poder y responsabilidad. La polaridad aquí es natural, elegante y satisfactoria, y nadie «abajo» necesita sentirse menos que quien está «arriba» ya que el flujo de la gratificación no puede continuar si no están presentes ambas partes de la ecuación. El estudiante satisface la necesidad del maestro de instruir. Con el tiempo, el estudiante puede convertirse en profesor y tener sus propios pupilos. El flujo es natural. El esclavo puede de hecho dominar al amo, y ello es bien conocido en la subcultura sexual del *Bondage* y la Dominación. Pero el satanista sagaz sabe que estos principios se aplican más allá de los límites de la lujuria, y así será verdaderamente libre de ponerle un valor a tal etiqueta. Entenderá que ser satánico es estar más allá de tales juicios convencionales y valoraciones ingenuas. Está satisfecho consigo mismo y es honesto en su apreciación, y buscará otros con su misma sabiduría y soberanía. Bajo los auspicios del satanismo, los esclavos magistrales y los amos esclavizados se encontrarán y continuarán su danza eterna.

El Mito de la «Comunidad Satánica», y otros Engaños Virtuales

INTERNET, ESE MEDIO SUPREMO para la propagación de la mediocridad, abarca todo el globo y tiene, para bien o para mal, una «presencia Satánica». Es tiempo de referirse a algunas tendencias que, si bien habían sido obstaculizadas previamente por la baja tecnología del correo común, se han desbocado para debilitar nuestro movimiento convirtiéndolo en un circo, con payasos pobremente entrenados tomando la pista central.

La utilización del adjetivo «satánico» junto al sustantivo «comunidad» es un oxímoron. ¿Por qué? El proceso de crear una "comunidad" implica que sus miembros salgan a la luz pública y se hagan cuantificables, definiendo y exponiéndose a si mismos. Esta técnica es utilizada casi siempre por un grupo de personas que quieren reclamar algún tipo de estatus de víctimas, que quieren lloriquear que están oprimidos, y de esta manera agitar por medio de alguna forma de «dispensación especial» para sus integrantes. Esta idea es anatema para los satanistas y contraria a los principios satánicos. ¿Recuerdan el dictado de Anton LaVey acerca de que la Iglesia de Satán debe permanecer como «una tarta que no puede clavarse a la pared»? Mientras nuestra filosofía ha sido perfectamente clara a través de la literatura disponible públicamente, la organización misma permanece en gran parte oculta. Hay poder en el misterio. Y nos es muy útil, en caso que alguna forma de antisatanismo organizado ganara poder político o social. He aquí entonces un hecho simple: No hay una «Comunidad Satánica», ni jamás debería existir alguna. Por favor relean la frase anterior hasta que esta comience a asimilarse.

El satanismo es una filosofía única que ha engendrado un movimiento aún más inusual y una organización, la Iglesia de Satán, la cual ha encontrado los medios para facilitar la interacción de una membresía compuesta por individualistas radicales. En una paradoja aparente, que se trata de una «síntesis del tercer lado», es una organización para no-asociados. La base estructural de la Iglesia de Satán es el concepto de conciliábulo. Se mantiene, en su mayoría, como un sistema clandestino de células de individuos que comparten la base de la filosofía creada por Anton LaVey, pero que encuentran maneras muy particulares de aplicar esta filosofía en sus propios objetivos personales. Sobre la superficie, podrán observar algunos voceros y algunos foros de discusión que tienen una presencia pública. Pero, como un iceberg, la mayoría de nuestra membresía permanece oculta en las turbias profundidades. Algunos nuevos integrantes quieren, erróneamente, publicar listas de miembros, ya que no logran entender este concepto tras la estructura de la organización. Aún no se han sacudido los preconceptos absorbidos de la cultura del rebaño. Si, luego de explicaciones, no comienzan a captar que todavía piensan bajo un paradigma no-satánico y por tanto están trabajando para contrariar nuestra estructura internacional, puede solicitárseles que abandonen la organización.

Muchos miembros han optado por afiliarse pero no quieren encontrar a otros con quienes asociarse. Su razón para la membresía es para afirmar su lealtad a la organización que representa públicamente la filosofía que tienen en estima, que le dio un nombre a quiénes son realmente.

Estos miembros no interactúan con otros miembros; no buscan otros satanistas. Permanecen bajo la superficie y persiguen objetivos personales. Apoyamos a estos miembros valiosos que son no-asociados y su compromiso permanece estrictamente confidencial. Otros miembros pueden encontrar a través de nuestra organización un medio para localizar a otros que compartan sus pasiones particulares, no solamente un interés en el satanismo *per se*. Nuestros Grupos de Interés Especial sirven admirablemente para encender nuevos proyectos entre los miembros participantes. Cabe anotar que este último ensamble no es la mayoría del total de la organización. Debido a la presente facilidad para encontrar otros individuos de mentalidad similar que brinda la actual corriente tecnológica, el satanista inteligente tiene a su disposición todos los medios para ejercitar por sí mismo cualquier prerrogativa social que pudiera tener.

A lo largo de los pasados 35 años, hemos aprendido una verdad sorprendente: los satanistas son individuos sorprendentemente diversos y, más allá del hecho que su acercamiento a la vida los conduce a todos a adoptar la etiqueta de «satanista», pueden tener muy poco en común. Esta es la razón del porqué no tenemos grandes reuniones de miembros de la Iglesia de Satán, ni tenemos convenciones, ya que este grupo de individuos no se llevarían bien los unos con los otros estando en masa. Miren la evidencia de esto en el gueto del satanismo en línea, que es un subgrupo muy pequeño de personas que se llaman a si mismos satanistas. Este grupo es la colección de gruñones más contenciosos y cascarrabias jamás vista en un solo lugar. Así que la sola idea que alguna vez esta gente pueda trabajar junta como una comunidad, es completamente ingenua: un idealismo desorientado más que pragmatismo satánico. Los satanistas por naturaleza siguen sus propios gustos en áreas tales como la política y la estética; tienen sistemas personales únicos de valores jerárquicos que no son necesariamente congruentes con los de otros satanistas. He conocido y he tenido correspondencia con miles de satanistas. Sé que esto es un hecho. Ciertamente hay denominadores comunes, que pueden deducirse considerando los principios que apoya *La Biblia Satánica*. Algunos son, amor y respeto hacia los animales, un deseo por una justicia rápida, y un sentido estético que demanda que las cosas se eleven por encima de lo mediocre. Cuando coinciden intereses distintos a la aceptación mutua de la filosofía creada por Anton LaVey, entonces los satanistas pueden desarrollar amistades muy profundas y sociedades sorprendentemente potentes para alcanzar metas mutuas. Pero solo porque dos personas se llamen a sí mismas «satanista» no significa que habrá tales comunes denominadores.

Tratar de transformar a este disgregado e indistinto conjunto en algo semejante a otras comunidades existentes, significaría hacer caso omiso de los principios de base del satanismo como filosofía. El satanismo, como movimiento se convertiría simplemente en otra herramienta para arrear humanos. Anton LaVey expresaba su desprecio hacia personas que demostraban este instinto de «apiñamiento», explicando que ello es un claro indicio de que no eran satanistas en absoluto, simplemente «ovejas» que quieren fingir ser «cabras».

Él tenía razón. Y constantemente nos invitan a exhibiciones de aspirantes satánicos desfilando alrededor con sitios de Internet y «organizaciones», utilizando nuestros símbolos y literatura como medio para intentar ganar atención para sí mismos, mientras declaran ostensiblemente querer ayudar al satanismo como movimiento. Bueno, decimos «Gracias, pero no». No necesitamos ayuda *amateur*, particularmente cuando esta «ayuda» demuestra que los *ama-*

teurs no comprenden estos principios tan básicos.

Miremos un típico ejemplo. Este es Joe (fácilmente podría ser Jane) Schitz, un genérico perdedor cuya edad fluctúa entre 15 y 29. Ha escuchado sobre el satanismo de su estrella de rock «asustemos a nuestros padres» favorita, y como es muy perezoso para ir a la biblioteca a investigar y muy tacaño para comprar un libro, se dirige a Internet. Navega por la red y es confrontado por cientos de sitios que aseguran entregar información válida sobre satanismo. Ya que su imagen del satanismo incluye (al igual que la persona sobre el escenario de su héroe musical) aclamación pública, bienestar, sexo y notoriedad, está mal equipado para tratar con todo este material, careciendo de alguna medida para discriminar lo válido de lo inválido. Si compró y leyó *La Biblia Satánica* o leyó cuidadosamente los ensayos y entrevistas en el sitio oficial de la Iglesia de Satán, habría comenzado a ver de qué se trata realmente el satanismo. Pero eso sería demasiado trabajo. Algo de lo que ve en este lío de información —imaginería que podría demostrar ser chocante para otros— le agrada. Piensa que ha encontrado el pasaporte a una posición en la luminaria. Compara su propia existencia rutinaria con su percepción del satanismo y de repente quiere ser parte de ello. Así, para empezar, cambia su nombre a algún apodo menos que eufónico como Damien Anton Manson Dragon Azathoth XIII.

Un breve apartado: ¿Qué es lo que pasa con esta gente que siente la necesidad de adoptar estos nombres «tenebrosos»? Si realmente odian el nombre que sus padres les han obsequiado, ¿por qué no cambiarlo a algo más efectivo como muchos actores de Hollywood y otros tipos del espectáculo lo han hecho? Algo simple y pegadizo, fácil de recordar, pero impresionante. Nombres como John Wayne, Marilyn Monroe, Jayne Mansfield. O podrían, incluso, mirar los nombres de los personajes de las novelas *pulp* o la literatura clásica para encontrar una apelación más adecuada a sus personalidades. Sin embargo, nombres que suenan como si tuvieran que estar anotados en una tarjeta de membresía para un club de *fans* del *Count Chocula* deberían ser evitados como la plaga, aunque abundan en las filas de los poseros satánicos. Basta de mirar listas de nombres demoníacos, especialmente si vienen de juegos de rol o de video. He aquí un reto: no cambien su nombre en absoluto. Si han observado la historia, la mayoría de los grandes nombres son conocidos, simplemente, debido a que las personas que los tenían lograron cosas memorables. La gente recuerda nombres como Mozart, Einstein, Edison y Galileo, no porque estos nombres tenían previa resonancia, sino por lo que estos individuos crearon. Por lo tanto ¿tienen lo que se necesita para retener su propio nombre y, mediante su propia creatividad, hacerlo un nombre que usarán generaciones futuras como sinónimo de fama o notoriedad?

De vuelta a nuestro novato. A continuación, podría comenzar a vestirse en atuendos bizarros, inspirado por el espectáculo en escena de su músico favorito, olvidando el hecho que él no es una estrella de rock y que no está sobre el escenario. Puede usar lápiz labial negro o pintura de uñas, o incluso ir tan lejos como para hacerse un *piercing* o un tatuaje (¡que aguerrido!). Ahora ha recibido la atención negativa de familia y amigos, pero como él quiere ser un rebelde, piensa que es un buen comienzo. Ahora, a ampliar sus horizontes, ¡porque hay un mundo entero allá afuera esperando ser molestado! Así, se planta en la computadora de sus padres y se registra en un sitio web gratuito −un proceso fácil que, previsiblemente, ha conducido a este mugroso festival en constante expansión que es Internet. Hora de agarrar algún contenido. Nuevamente, mira satanismo en línea para así, ahora que piensa que es un satanista, encontrar a los suyos. ¿Qué encuentra? ¡Una plétora de otros como él! Debe significar que hay una «comunidad» y muere por ser una gran figura dentro de ella. Es su propio Dios, ¿no? No tiene más que mostrarle a cada uno allá afuera que él es mejor que ellos. Así, comienza inmediatamente a tomar gráficas de los sitios que se encuentra, además de cualesquier ensayos que piense que suenen lo bastante terroríficos para aumentar su reputación; solo le servirán los escritos de los nombres más famosos del satanismo. La sola idea de los derechos de material registrado y de sus creadores nunca entra en su mente, particularmente como ahora él se siente –que al poner estas gráficas y textos en su sitio – está ayudando a apoyar el satanismo. Quienquiera que le diga lo contrario debe ser un viejo anticuado que solo quiere aguarle la fiesta, por lo tanto ¡que se jodan!

Ahora está decidido a ser la «Gran Esperanza Negra» del satanismo. Quiere evangelizar a las personas sobre su identidad recién descubierta. Solo porque él no está al tanto de la amplia cantidad de representaciones hechas durante los últimos 40 años por voceros de la Iglesia de Satán debe significar que ello no fue tan bueno; no podría significar que no supo cómo investigar. Así mismo, tampoco ha aprendido que hacer proselitismo no es parte del satanismo.

Eventualmente, llega al sitio web oficial de la Iglesia de Satán. Encuentra que es una mina de oro de material para hurtar. El hecho que él esté robando y violando así el concepto satánico de «responsabilidad para el responsable» nunca se hará nítido en lo que hace las veces de su «pensamiento».

A continuación, decide que comenzará una organización satánica. Ya que es un Dios, ¿cómo no ser un líder? Nunca se le ocurrió «seguir» a alguien con más inteligencia y experiencia. Eso podría hacerle aparecer «débil», admitir instantáneamente que no lo sabe todo. Naturalmente, él tiene que ser el Sumo Sacerdote (ir por encima de Anton LaVey). Cualquiera que le envíe un correo electrónico y alabe su sitio se vuelve un miembro y si besan culo particularmente bien, reciben un Sacerdocio instantáneo. Luego que ha estado en esto por unas pocas semanas (si es paciente), decide finalmente que se acercará a la Iglesia de Satán y les propondrá una alianza, ya que él piensa que se está convirtiendo en la fuerza líder que mantiene vivo al satanismo en el mundo. Es mejor que la pobre y vieja Iglesia de Satán reconozca esto, si no quiere ser abandonada en su polvo. Así, envía un correo electrónico lleno de bravuconería y bravata, declarando que tiene una gran organización internacional, y un sitio de Internet (¡Satán nos proteja!). Firma su portentosa misiva con su nuevo gran nombre, adjunto al cual aparecen numerosos títulos tales como «Sumo Sacerdote de las Legiones de la Élite Universal». Uno de nuestros representantes lee esto, y una docena como este que llegaron en esa semana, y diligentemente revisa el sitio, descubriendo —una vez que su interminable descarga ha terminado, ya que está repleto de animaciones ridículas y archivos de sonido— que también está repleto de material robado de la Iglesia de Satán, textos y gráficas, ambos con sus derechos reservados. Nuestro representante envía entonces un mensaje electrónico formal señalando estas flagrantes violaciones al derecho de autor y solicitando al «Sumo Sacerdote Azathoth» (SSA) removerlas, o de lo contrario tendremos que contactar al proveedor del servicio. Esto, naturalmente, enfurece al impotentado. ¿Cómo se atreve la Iglesia de Satán a impedirle transformarse en el líder satánico más grande del mundo? Entonces contesta, su respuesta repleta de obscenidad e indignación; después de todo, no se ha reconocido su «Genio Satánico». Nuestro representante de la Iglesia de Satán debe entonces pasar por la tediosa tarea de contactar al proveedor del servicio de Internet del SSA, citando las directrices de servicio que está violando el SSA para luego monitorear la situación hasta que la página haya removido todo el material con derecho de autor, o simplemente, haya sido cancelada por el proveedor (el resultado usual).

Ahora, el descontento Damien, frustrado en su tentativa de gobernar el mundo del satanismo, debe comenzar una campaña para reafirmarse a sí mismo dentro de la «Comunidad Satánica», con la Iglesia de Satán como su objetivo. El piensa, «¡Qué descaro tienen al proteger su material, cuando yo sé cómo utilizarlo mejor!». Le enviará correos electrónicos a sus compinches y ellos intentarán invadir los foros frecuentados por verdaderos satanistas, haciendo su mejor esfuerzo para impedir que tengan lugar conversaciones placenteras. Que los moderadores de estos espacios los echen y les veten solamente sirve como estimulante. Podrían hacer sus propios foros en los cuales tendrían libertad de reunirse y discutir cuán podrida está la Iglesia de Satán, pero usualmente eso no es suficiente. Quieren desesperadamente el reconocimiento de verdaderos satanistas, y lo conseguirán siendo fastidiosos, más que tratando de ganarse el respeto por cualquier logro tangible o simplemente al participar en una discusión inteligente.

Por supuesto que nuestro supuesto Sumo Sacerdote podrá encontrar, eventualmente, otra cosa en la cual interesarse. Podría, de hecho, salir en una cita, o considerar que posee algún tipo de destreza que necesita practicar, aparte de ser un soberano idiota, la única destreza que ya ha perfeccionado. Pero podría prolongar su pertenencia a la «Comunidad Satánica» si llega a otro tipo de grupo en línea: una colección de perdedores con mentalidades igualmente pequeñas, que han encallado en los bancos de arena de Internet, luego que sus embarcaciones-sitios web fueran hundidas por los torpedos de la vieja y malvada Iglesia de Satán. Aquí está el refugio en el que encontrará otros autoproclamados «Sumos Sacerdotes». Suelen agruparse bajo la dirección de un nuevo «Mago» quien es aún más pretencioso y pomposo que ellos, de ahí que esté en la cima de esa pila de mierda. Aquí se amontonarán, encendidos por su sentimiento de odio debido al hecho que no pudieron conquistar el Universo Satánico encarnado en la Iglesia de Satán y unidos en su envidia de quienes han ganado posición ahí dentro. Ahora tienen una minúscula galería que los vitorea, a la vez que emiten su vitriolo analfabeto (de un sabor particularmente diluido) en contra de los verdaderos satanistas a quienes pudieran encontrarse. Atestarán Usenet, además de los foros de discusión, con sus publicaciones bobas, sin sentido. Por supuesto, que cuando llegue el momento de filtrar el orden imperante entre estos «Sumos Sacerdotes», entonces volarán pieles y abundarán los cismas, mientras se sacan los ojos unos a otros peleando por títulos cada vez más tontos. Eventualmente dejarán el satanismo atrás por completo. Si tan sólo esto sucediera con mayor velocidad.

¿Algo de esto suena familiar? ¿Se sienten reflejados en este ejemplo? Si es así, por favor tomen una larga y buena mirada y piensen sobre lo que están proyectando hacia esos verdaderos satanistas a quienes pudieran encontrar.

También se preguntarán, «Bueno, ¿qué es lo que podría hacer el individuo entusiasta, nuevo en el satanismo, para ayudar al movimiento satánico?» (No la «comunidad satánica»). La respuesta es simple. El satanismo se trata de centrar el mundo en ti mismo, lo cual quiere decir, conocerte a ti mismo tan completamente como sea posible. ¿Cuáles son los intereses que les consumen (aparte del satanismo) y cuáles son sus talentos? Una vez que tengas la respuesta a esta pregunta, deberías prepararte para lograr algo en estos ámbitos. Suena fácil, ¿verdad? Pero es una tarea monumental para muchos, que deben comprarse una identidad prefabricada y luego, para hacerse notar, aporrean con ella a otras personas. Últimamente, muchos de ellos tienen la errónea idea de que son satanistas. Y tienen acceso a computadoras.

La persona que tiene talento para la repostería y descubre cómo preparar unas galletas de chips de chocolate increíblemente exquisitas, y luego comparte su secreto con sus amigos, enriqueciendo de este modo su mundo con deliciosas galletas o construyen un imperio vendiéndole galletas a otros, es alguien que, para proyectar su vida, está utilizando un principio satánico. Si esta persona se convierte en un famoso magnate de las galletas, o sencillamente el repostero más reverenciado del vecindario, y ENTONCES les hace saber a los demás que su filosofía es el satanismo, entonces ESE es un acto que hace avanzar el movimiento. Nuestro repostero habrá demostrado que un satanista es una persona con la capacidad de hacer algo ejemplar. Vestirse raro, haciendo pésimos sitios de Internet, y gritarle al mundo que eres satanista, solamente impresionará a completos idiotas, y nada hace para ayudar a nuestro movimiento.

¿Quieren reconocimiento de otros satanistas? Muestra tus dones. No hagas promesas vacías, afirmaciones pretenciosas y pontificaciones sobredimensionadas. Solo has algo y hazlo bien. ¿Eres músico, artista, matemático, editor de libros, atleta, científico, ingeniero, académico, arquitecto, escritor o artesano? Muéstranos que entiendes la Magia de la Maestría. Garantizo que los verdaderos satanistas lo notarán.

Fundar tu propia organización satánica es un detrimento a nuestro movimiento. Para comenzar, ¿por qué reinventar la rueda? Ya tenemos una organización internacional, la Iglesia de Satán, que es el manantial del movimiento, que es extremadamente flexible al acomodar los deseos de miembros calificados para calentar los músculos de su liderazgo. Solo pregúntanos. Tenemos gran cantidad de miembros que han fundado proyectos de interés especial que requieren de alguien con la inteligencia y las habilidades organizacionales para liderarlos. Si estás de acuerdo con nuestra filosofía, entonces hay un lugar para ti junto a nosotros. Una proliferación de organizaciones fragmenta al movimiento, particularmente porque no ofrecen nada nuevo. Es como poner una pobre imitación de un vino fino en una botella con una etiqueta muy similar a la del vino fino original. No hay diferenciación o enriquecimiento, sólo imitaciones mediocres. ¿Has visto esos relojes Rolex falsos? Este es el mismo principio. Las personas pueden ser muy sinceras en su imitación, pero deberían entender que el efecto es, en última instancia negativo para nuestro movimiento.

Además, estas «organizaciones» demasiado-numerosas basadas en sitios web dan a nuestro movimiento la apariencia de una pandilla de chiquillos malcriados, pataleando y lloriqueando por atención. No apoyamos a ninguna otra organización que se autodenomine satánica. No podemos saber cuáles son sus estándares, ni si sus miembros siquiera entienden y practican el satanismo como lo definió Anton Szandor LaVey, que es nuestra base para la autenticidad. Así que, si has pensado en imitar a la Iglesia de Satán en lugar de unirte a ella, no podemos apoyar tus esfuerzos.

Si en cambio, quieres crear tu propio grupo, cuyo propósito es algún esfuerzo creativo, como un consorcio creando arte o publicando una revista o produciendo música, más que un simple intento de ser otra organización satánica más, entonces eso tiene validez. Si quieres comenzar un sitio en línea de amigos por correspondencia con foros de discusión, entonces por supuesto hazlo. Puedes tener cualquier estándar que escojas con respecto a los que puedan participar, pero no declares que es una Iglesia Satánica y otorgues títulos. Si en lugar de un refugio para malcontentos babeantes se convierte en exitoso y productivo, podríamos darle atención. Simplemente sé honesto acerca de lo qué es realmente. ¿Recuerdas el *pecado satánico número dos*?

Además, si realmente tienes una postura sobre el satanismo que no es congruente con lo que fue establecido en los escritos de Anton LaVey, lo que quiere decir, que es algo diferente, entonces deberías tratar de iniciar tu propio grupo. Observa si otros podrían compartir tu visión. Simplemente, no afirmen que es la Iglesia de Satán y no roben los símbolos y la literatura de la Iglesia de Satán. Y no hagan perder el tiempo de todos siendo miembros de nuestra organización.

Si estás de acuerdo con el satanismo formulado por Anton LaVey y tienes un sitio web promocionando tus esfuerzos creativos personales, simplemente pon un *link* al sitio oficial de la Iglesia de Satán (www.churchofsatan.com). No tienes que ser miembro para enlazarnos. Que tu propio sitio web sea un reflejo de ti mismo, una exploración de las cosas que disfrutas y admiras, cosas por las que te apasionas de tal forma que te estás convirtiendo en un experto en ellos (además del satanismo). Entonces podrías discutir de cómo el satanismo es una extensión natural de tu individualidad. Cómo este ha ayudado en tus búsquedas. Finalmente, envía a tu audiencia a nuestro sitio para obtener todo el material básico. ¿No es eso fácil?

Hemos estado durante largo tiempo en esta tarea de representar al satanismo en los medios internacionales. Las personas que dirigen actualmente nuestra organización han estado en ello por casi dos décadas, y ya ayudábamos al mismo Anton LaVey cuando estaba vivo. Así, continuamos la práctica de monitorear a nuestros representantes con sumo cuidado. Algunos podrían temer que no tienen las condiciones, o su ansiedad les vuelve impacientes por «salir allá afuera». Pero deben darse cuenta que somos los cuidadores de un movimiento de escala mundial, y nuestro trabajo es garantizar que quienes estén autorizados a representarnos puedan hacerlo a todo nivel y con una habilidad y lucidez consumadas. Nuestros miembros alrededor del globo, e incluso los satanistas que han abrazado los principios de *La Biblia Satánica*, pueden alzarse en defensa de las ideas que tanto valoran, pero solamente si las entienden completamente y si pueden articularlas con fineza en cualquier situación que surja. Nada nos entristece más que un individuo bien intencionado pero verbalmente torpe intentando explicar los conceptos de Anton LaVey y confundiéndolos por completo, o permitiendo que un entrevistador lo lleve a una distorsión que sea dañina para nuestro rostro público. Por lo tanto, nuestros Agentes elegidos deben hacer la doble tarea de clarificar la desinformación diseminada inadvertidamente, y con los medios electrónicos de hoy en día, tales incendios forestales pueden volverse conflagraciones de amplio alcance.

Si realmente piensas que podrías tener talentos en esta área, entonces deberías estar en condiciones de probárnoslo. Para los miembros es relativamente fácil volverse Agentes, y parte del recorrido hacia esa responsabilidad oficial es estar trabajando ya para clarificar los errores que puedas encontrar sobre el satanismo y mostrarnos cuán bien lo hiciste. Dado que nuestra religión es muy controversial, no podemos darnos el lujo de cometer errores, por lo que no permitimos que nos representen personas a menos que estemos convencidos que siempre presentarán nuestras ideas con gran precisión.

Uno de los peligros de la filosofía satánica es que ella «hincha» a algunas personas, dándoles ilusiones sobredimensionadas de su propia valía ante otros. La noción actual, espantosamente democrática, de que debe dársele igual validez a la opinión de todo el mundo es llevada al satanismo, cuando todos estos tipos adquieren la noción de que «Eres tu propio Dios» y entonces asumen que también son el Dios de todos los demás. Y una vez que ingresan al panteón de las deidades autoproclamadas, olvidan que no todos los dioses son de igual estatura. Una vez más, la estratificación siempre entra en juego. Este principio es otro que los nuevos en el satanismo ignoran o malinterpretan con frecuencia.

Hasta donde he notado, el resto de las religiones y filosofías del mundo no tienen este problema, y esto se debe, generalmente, a que predican la sumisión. Cuando alguien lee la Santa Biblia, no va inmediatamente, crea un sitio web decorado a lo Vaticano con el Sello Papal, declara que es un Cardenal o el Papa, y ordena a sus corresponsales como sacerdotes, obispos y arzobispos. La defensa del autoempoderamiento del satanismo es utilizada en contra del satanismo mismo cuando aficionados con exceso de celo deciden que tienen una misión para representar al satanismo. Nuestra respuesta: «Vivan el satanismo. Dejen la representación de este a aquellos que se han entrenado cuidadosamente en esa área». Si realmente quieren estar entre esas personas, entonces tómate el tiempo para practicar y estudiar y muéstranos los resultados de estos esfuerzos. Recuerden, «¡El satanismo demanda estudio, no adoración!» Pero ese es un estudio profundo del animal humano. Incluye tópicos tales como filosofía, historia, creencias religiosas, antropología, sociología, psicología y las ciencias duras. Los miembros del Sacerdocio de Mendes, quienes nos representan públicamente, entienden mucho de estas áreas. Pero hay más.

Tienen sus Sacerdocios no solo porque tienen este conocimiento, sino debido a que lo han aplicado para afilar sus talentos y los han utilizado para dejar huella en el mundo, por fuera del tema del satanismo. Esto es pedirle muchísimo a la gente, pero no pedimos menos para ingresar a esa distinguida compañía. Los Sacerdocios de otras religiones requieren años de estudio y aprendizaje, por lo tanto, no debería ser una sorpresa que también tengamos parámetros exigentes. Somos un movimiento religioso y filosófico mundial, y no bajaremos nuestros estándares para acomodar a neófitos hiperansiosos.

Cualquiera que levante un sitio web y se proclame a sí mismo y a sus amigos sacerdotes u otro título pomposo, demuestra una falta de seguridad y una inhabilidad para entender que los títulos importantes deben obtenerse por las personas que hayan alcanzado logros concretos. De otra manera, tales títulos son un chiste pretencioso, y aquellos que los entregan hacen que el satanismo organizado parezca un ridículo club de fans de Satán en el que prácticamente todo él que se une es un sacerdote. Esto no ayuda a la dimensión de nuestro movimiento, por razones que deberían ser obvias.

Otra acotación: Aquí hay un pensamiento diabólico. Si alguien realmente comenzara un verdadero «Club de fans de Anton LaVey», como Satán manda, y tuviese el valor de llamarlo así, bien podrían ganarse nuestro respeto. Los clubs de fans son asociaciones de personas se unen en su admiración por algo en cuya creación no tuvieron incidencia. Estos grupos se enfocan a menudo en películas, particularmente aquellas que crean su propio universo ficcional, actores, músicos y personajes públicamente prominentes. Los fans no hicieron la película, ni crearon el personaje del actor o le ayudaron en el desarrollo de su carrera, ni organizaron la banda. Simplemente encontraron estas cosas y desarrollaron un ferviente interés en ellos. Estos fans no afirman representar «aquello que admiran» ya que los objetos de su admiración tienen naturalmente representación profesional. Tan solo comparten su interés entre sí. El objeto de admiración podría incluso licenciarles el derecho (por un pequeño porcentaje) para producir *souvenirs* autorizados o, en el caso de las películas, los estudios fabrican su propia mercancía para venderle a los fans. Esto es generalmente una manera alegre para que la gente interactúe, aunque se sabe que en tales grupos han estallado amargas disputas. No vemos ninguna razón relevante para que quienes están de acuerdo con la filosofía de Anton LaVey no se unan a la Iglesia de Satán. Sin embargo, pensar que Anton LaVey era «*cool*» no significa necesariamente que eres un satanista. Algunos que pudieran encontrar nuestra filosofía y estándares demasiado desafiantes, pero que admiran al Dr. LaVey, podrían agruparse y crear un club de fans, sin las pretensiones de ser una organización satánica o de representar al satanismo, Anton LaVey, o la Iglesia de Satán. ¿Alguien en línea será tan audaz y honesto?

Así que, si realmente quieren ayudarnos promocionando el satanismo, entonces la puerta está abierta de par en par. Conócete a ti mismo, domina tus habilidades y gánate el respeto de las personas cuyo respeto vale la pena ganar, y es tu tarea seleccionarlos. Ellos, entonces, se volverán parte de tu vida, a lo que seguirá un enriquecimiento mutuo. Así, cuando señalemos con orgullo a nuestros sorprendentemente talentosos y creativos miembros, los que administramos la Iglesia de Satán podremos agregarte a la lista. Cuando pases al frente y muestres tu manto de Oscuridad, serás un ejemplar de quién nos sentimos orgullosos, porque impresionarás al mundo con la calidad de tus actos, no solo porque profeses ser un satanista. Entonces quienes miran al satanismo desde afuera se asombrarán con la riqueza por descubrir. Limpia este circo de pulgas de sitios web pseudosatánicos y falsas organizaciones en línea y en lugar de promover el satanismo viviendo la vida al máximo. Conserva el misterio, explora tus propias obsesiones, desconcierta y confunde, hasta que terminen de contarse las estrellas. Ese es el futuro de nuestro movimiento. Aún estamos buscando unos cuantos individuos sobresalientes; ¿quieres unirte a nosotros?

Rebeldes sin Causa

En ocasiones, quienes tienen creencias incongruentes con el satanismo, pero que reclaman para sí el título de «satanistas», se nos acercan inquiriendo por membresía. Se aferran desesperadamente a ese apodo y quieren unirse a nuestra organización. Les negamos la entrada. Algunos argumentan contra nuestro rechazo, tratando de confundir los conceptos de «libertad» e «individualidad» con su deseo de «rebelión» como medio para justificar sus demandas de alteraciones fundamentales a nuestra filosofía. Su deseo de hurtar nuestra denominación no cambia el hecho que ya se ha definido el satanismo. No permite distorsiones tales como la creencia en entidades cósmicas, sacrificio animal o el afirmar que uno es un «demonio encarnado», entre otros delirios deístas. Nuestra Iglesia no tiene espacio para personas que no entienden del todo nuestra filosofía.

Además, el tapiz del satanismo no puede extenderse para promover comportamiento criminal y hedonismo sin sentido. Estas ideas no concuerdan con el comportamiento lógico y celebratorio de la vida del ateísmo escéptico epicúreo que constituye nuestra filosofía axiomática. La selección de estos postulantes de frases inconexas sacadas de contexto no pasa por un entendimiento del satanismo ni por una defensa adecuada del mismo.

Algunos de estos «fans de Satán» proponen que, para probar su individualidad, los satanistas deberían rebelarse contra el satanismo o su ejemplar organizacional, la Iglesia de Satán, y así ser considerados «más satánicos». Nuestra defensa de la libertad y el individualismo la perciben erróneamente como el apoyo a un desprecio por la responsabilidad personal. Se equivocan. Uno de nuestros lemas es «responsabilidad para el responsable».

Algunos recién llegados a nuestra filosofía no comprenden sus axiomas y tiran del satanismo como si fuera una especie de camisa de fuerza. Otros esperan esgrimirlo como una carta de «todo vale» en lugar de la llave a la libertad responsable que es. Observan nuestra lista de «pecados» y «reglas» y no comprenden que tales términos se utilizan con un marcado sentido de burla e ironía, mientras que, simultáneamente, no entienden que en nuestra filosofía existe una estructura ética, nuestro «tercer lado» que es tan elusivo para aquellos limitados al pensamiento dualista. Estas listas son pautas y herramientas basadas en una observación aguda del comportamiento social humano, no en regulaciones arbitrarias o «no harás» enviados desde lo alto o regoldados desde abajo. Invitamos a cada satanista a ensayarlos y ver cómo funcionan. A la mayoría nos resultan tanto adecuados como útiles. Ese es el porqué la etiqueta apropiada que adoptamos para nosotros es «satanista»: la filosofía de Anton LaVey coincide completamente con nuestro enfoque personal de vida.

Lo que los autodenominados «satanistas» no logran entender cuando discrepan con los principios establecidos en la literatura de la Iglesia de Satán es que no es el satanismo el que debe cambiar para acomodarse a su incorrecta autodefinición. El satanismo está codificado, es un constructo racional y coherente. No es una mescolanza amorfa de conceptos dispersos, para que los tome quien quiera llamarse satanista. Sin embargo algunos quisieran que fuera así, invocando la palabra «libertad» como una cláusula exonerante de culpabilidad. El propósito completo de Anton LaVey al fundar la Iglesia de Satán fue crear una filosofía racional que, por primera vez en la historia de Occidente, definiera al satanismo como un movimiento público y coherente.

Triunfó en sus esfuerzos para lograrlo, tal como lo demuestra la salud de su Iglesia y la presencia creciente de sus escritos 40 años después. Y quienes trabajamos a su lado intentamos preservar y edificar sobre su legado, el cual vemos como un cimiento duradero sin necesidad de corrección. Si nos pareciera de otra manera, no seríamos satanistas y habríamos buscado otras etiquetas y estructuras de pensamiento para definirnos. Invitamos a los aspirantes a reformadores externos a seguir su camino. No vamos a cambiar para acomodarnos a sus deseos particulares. Encuentra a unos cuantos compañeros chiflados adoradores del diablo y hagan su propia parte.

Anton LaVey trató directamente el asunto de esos pocos miembros de la Iglesia de Satán que llegan a un punto en el que sienten que deben tratar de nombrarse a sí mismos como «salvadores del satanismo». Para la mayoría de los satanistas, estos sembradores de cizaña aparecen ignorantes ya que uno de nuestros principios fundamentales es que cada uno somos nuestros PROPIOS salvadores. Nunca hemos dado la bienvenida a personas que sufren de complejo de martirio mesiánico y se espera que los miembros de la Iglesia de Satán sepan esto.

De su ensayo, *La religión más poderosa del mundo*:

El satanismo es la única religión que sirve para alentar y aumentar las preferencias individuales propias, siempre y cuando exista una aceptación de esas necesidades. Así, la religión personal e indeleble de uno (la imagen) se integra a un marco perfecto. Es una celebración de individualidad sin hipocresía, de solidaridad sin aturdimiento, de subjetividad objetiva. No es necesario desviarse de estos principios. Deberían invalidar las riñas y luchas intestinas de manera sumaria. Cualquier intento de «reforma» satánica debería verse como lo que es: crear problemas donde no los hay. En ninguna religión debería haber cabida para reformadores cuya propia religión es el fetiche de la reforma. Existe incluso un título y un lugar para disidentes compulsivos, y si pueden vestir el manto, son bienvenidos. Se engañarían a sí mismos creyéndose revolucionarios. En nuestro campo, se les llama «Masoquistas de la Casa».

LaVey describió vívidamente las payasadas de estos tipos como «cagando en la alfombra y arrojándose a sí mismos por la ventana». Ese tipo de espectáculo deja la audiencia reacia para que limpie los excrementos y ponga al perpetrador fuera del cabal que anteriormente había tratado con respeto. El buen *Doktor* decía que él no se inclinaba a abrir la puerta, permitiendo a tales «emancipadores» desesperados volver adentro cuando no puede confiarse en que se abstengan de un bis. Veía pasar esto una y otra vez, y sacudía su cabeza ante tal conducta infantil. Inevitablemente, desde la desaparición de nuestro fundador, hemos sido testigos de una cantidad de espectáculos por cortesía de los integrantes más nuevos de «Los Intérpretes de los Masoquistas de la Casa».

En años pasados, nuestros miembros estuvieron aislados entre sí, y ser un iconoclasta solitario abriéndote camino entre la aburrida chusma, era un medio poderoso de autodefinición para un satanista. Hoy en día, con tantas vidas representadas públicamente en línea en blogs y mediante esos sitios vilmente igualitarios de contactos personales, el solitario marginal tiene una gran oportunidad para encontrar, además de *poseurs*, a más de los suyos. En la Iglesia de Satán uno se da cuenta rápidamente que la ortodoxia es ser poco ortodoxo. Los recios miembros de nuestra «asociación de alienados» estarán encantados de descubrir compañeros miembros de la tribu. Sin embargo, algunos con egos más débiles podrían sentirse sofocados, que comprometen su unicidad al no ser los inconformes principales del clan, pero deben ocupar su lugar entre bichos raros similarmente estrafalarios. O podrían descubrir que sus preferencias estéticas personales no son igualmente aceptadas por todos sus diabólicos *compadres*. En ese punto, si deciden que deben hallar un medio para distanciarse a sí mismos de sus compañeros renegados culturales, entonces el único lugar al que pueden ir es de vuelta a su aislado puesto de avanzada entre los zombies que caminan arrastrando los pies. Infortunadamente, podrían invitarnos a una exhibición de despedida, antes de abandonar graciosamente el escenario, haciendo mutis por la derecha.

Estos agitadores pueden tener asuntos causados por una visión de túnel autoengrandecida, perdiendo de vista la perspectiva general, que nuestra organización apoya a muchos individuos inusuales y a sus singulares preferencias. En lugar de discutir racionalmente insatisfacciones personales, el Masoquista de la Casa «actúa» de manera irrespetuosa a la compañía por la que supuestamente tiene estima. Puede haber perdido la habilidad de atraer la atención e inspirar el respeto de sus semejantes con creatividad, por lo que ahora debe hacer una rabieta para ganar atención. Irónicamente, se adjudica a sí mismo en el papel de «marginal de los marginales» que lo regresa a las varias clases (proletaria, media, alta) del tipo rebaño. De esta manera se está exiliando a sí mismo de la «Clase X», una aristocracia autocreada de los brillantes y talentosos, que incluye a todos los satanistas genuinos (ver el libro *Class* (Clase) de Paul Fussell). Así, siguiendo la práctica de nuestro fundador, autoproclamados mojones en la ponchera se les invita a evacuarse, a menos que estén contentos recibiendo el desprecio y escarnio que amerita su comportamiento masoquista. Algunos parecen sorprenderse de que «se lo hayan buscado». No hay algo más patético, o menos satánico, que un masoquista que carece de autoconciencia.

LaVey enfatizó que su paradigma de conducta dentro de la Iglesia de Satán era que nuestros miembros se traten entre ellos como damas y caballeros. Hay suficiente lucha fuera de nuestra organización para satisfacer a quienes tienen un fetiche con el conflicto. Nunca exigió que los satanistas se gusten unos a otros. Como lo nuestro nunca ha sido el compañerismo, tampoco exigimos que todos nuestros miembros trabajen unos con otros. He aquí la regla básica de la casa: cuando los miembros tengan valores en conflicto, han de seguir su propio camino, sin desperdiciar tiempo y energía criticando insidiosamente a los miembros que han seleccionado métodos diferentes de aplicar el satanismo para alcanzar la satisfacción personal. Una pauta bastante simple, pensamos. Sin embargo, esto es mucho esperar de algunos, usualmente quienes nunca entendieron la Regla satánica de la Tierra número uno: «no des opiniones o consejo a menos que sea solicitado».

Si encuentras un aspirante a amotinador del satanismo, deberías hacerle la pregunta «¿Contra qué te estás rebelando?». Si la respuesta es que «el satanismo es conformista» podrías mirar alrededor a la variada colección de gente interesante y preguntarte qué anteojeras ha estado usando. Si escuchas que «el satanismo es demasiado restrictivo», entonces necesitas seguir y encontrar exactamente qué es lo que esta persona piensa que prohíbe la filosofía satánica. Lo más probables es que será algún acto que actualmente se considera contrario a las leyes locales. El satanismo no puede impedir el comportamiento criminal de las personas. Sí les aconseja ser conscientes de las leyes y a defender su reforma cuando sea apropiado, pero entre tanto a prepararse para aceptar los resultados si la desobediencia conduce a acciones judiciales y al encarcelamiento. Si la respuesta es simplemente «¿Qué es lo que tienes?» esa respuesta indica que el interlocutor es simplemente un malcontento desorientado, sin autodefinición ni entendimiento de los principios fundamentales que van a ordenar las jerarquías inherentes a la especie humana. La libertad siempre exige responsabilidad, y que la responsabilidad incluya una evaluación honesta y exacta de los hechos a mano además de sabias decisiones basadas en tal conocimiento. Pensar que una definición del satanismo es ser simplemente «antitodo» y totalmente sin limitaciones es errar completamente nuestro fundamento discriminativo: nuestras raíces en el epicureísmo.

Los satanistas siempre permanecen en control de su exploración del placer. «Complacencia; NO compulsión» es la máxima de nuestro fundador que nos apartan del hedonismo, el cual es por definición desenfrenado y por tanto compelido. El epicureísmo —la búsqueda equilibrada de autosatisfacción física y mental— acoge un rango más amplio de gratificación. Es refinado, selectivo y encarna nuestro concepto de Complacencia. Somos gourmets en el banquete de la existencia. El hedonismo se limita a búsquedas carnales básicas. Los epicúreos no son mojigatos ni tampoco somos esclavos de cualquiera de nuestros deseos; estos son más bien motivantes hacia la búsqueda de toda suerte de experiencias satisfactorias. El hedonista sacia ciegamente su lujuria por sexo, sustancia y soma: ¡malditas sean las consecuencias! Ese es un camino autodestructivo, inapropiado para satanistas.

El satanista hace lo que desea, asumiendo total responsabilidad por todas las consecuencias de sus acciones. Vivimos en la sociedad humana y debemos ser conscientes que existen repercusiones legales que varían en cada escenario. Si eliges ignorar este factor y terminas en prisión, te habrás vuelto impotente y desperdiciarás tus preciosos días bajo el dominio de otros. No es la posición satánica preferida. Si vives la vida de un criminal insignificante y consideras tu tiempo en la cárcel como una insignia de «conmoción e iconoclasia» solo habrás ganado el desprecio de los verdaderos satanistas. Vemos que las instituciones penales están llenas de talentos de similar calaña y no nos impresiona de manera favorable. El satanismo no niega el placer o la búsqueda profunda y variada de la misma, pero consuela que, en la búsqueda de la satisfacción de la complacencia, debe emplearse sabiduría y sensibilidad. El pragmatismo es axiomático a nuestro sistema; somos realistas. Así que el idealismo de «haz lo que te haga sentir bien» es expuesto por los satanistas como una receta infantil para el desastre personal.

Los satanistas entienden que el «bien» y el «mal» son valores puramente subjetivos, de allí que nos oponemos a lo que nos afecta negativamente. Ese es un juicio personal basado en lo que determinamos que es de valor. No somos contracorrientes automáticos, simplemente contradiciendo cualquiera que sea la moda social general o que pueda ser prevalente en nuestra vecindad. Este último enfoque trae a la mente el *sketch* de Monty Python en el que un tipo busca una discusión, pero solo consigue un oponente que contradice automáticamente cualquiera de las afirmaciones que se le presenten. Guiarse solamente por «¡sea lo que sea, estoy en contra!» significa que estás esclavizado por las personas a quienes te opones, ya que ellos determinan cuáles serán tus reacciones. El satanista, quien naturalmente se ve a sí mismo como su propio Dios, por lo general no le importa lo que otras personas piensen de él. Su monumental sentido de autoestima no le deja posibilidad de ser tocado por las críticas de personas que no valen la pena, pero sí examina las reacciones de los individuos a quienes ha llegado a apreciar y respetar. De esta manera, el iconoclasta exigente y verdadero rebelde discrepa desde la razón y la pasión, y desde posibles opciones, no como un acto reflejo.

Las definiciones son cruciales para establecer la comunicación humana. Si los significados de las palabras fueran lo que a uno, caprichosamente, le parezca que deberían ser (¿recuerdas la Reina de Corazones de Lewis Carroll?), el resultado sería la confusión. Por tanto defendemos la definición clara y concisa del satanismo creada por Anton LaVey y no permitimos que sea alterada por pseudosatanistas de fuera y conocedores de adentro que pierden la pista de la arquitectura elegante de los principios del Dr. LaVey. El satanismo continuará teniendo en cuenta la evolución de la sociedad humana, con base en una evaluación inquebrantable de la naturaleza de la bestia humana. Tal adaptabilidad es «intrínseca». Siendo inherentemente flexible, es un sistema sin dogma congelado. Pero lo esencial está en *La Biblia Satánica* que siempre permanecerá constante, brindando una distinción significativa de otras religiones y filosofías. También sabemos que la libertad, en su aplicación práctica, significa que uno tiene una elección entre alternativas realmente disponibles. Ello no significa que el mundo se alterará repentinamente solo porque alguien vaya a desear que sea de otra manera.

El universo no es caótico. Hay sin duda estructura y orden, y mucho de ello se basa en niveles muy complejos de estratificación e interacción. Esto no es un limitante. A la naturaleza sólo se la domina obedeciéndola. Al entender los mecanismos que mueven al universo nos empoderamos para comprender qué es mutable y qué debe permanecer inmutable. Esta es la esencia de la magia del Maestro y la clave para el éxito en todo emprendimiento. Es el sello distintivo del verdadero satanista.

Así, no otorgamos el título honorífico de «satanista» a los rebeldes sin causa que hacen el papel de inconformistas desorientados en un intento superficial para tratar de superar a la «élite extraña». Está reservado a los cuantos nobles que, por su naturaleza, son atraídos a su propio reflejo en la filosofía íntegramente sólida (sensata) de la Iglesia de Satán. Los Masoquistas de la Casa deberían darse cuenta que no tenemos interés en presenciar su gastada teatralidad. Esos mesías *meshuga* deberían buscar aprecio en otro lado, con personas que utilicen el autosacrificio como SU imagen guía, y no de los satanistas. Permanecemos seguros y orgullosos, como capitanes de nuestro propio destino, orientado con todas nuestras facultades agudamente preparadas hacia la tarea de mantener un gozo triunfal. Saber que el auténtico satanista, como nuestro fundador antes de nosotros, es totalmente autoconsciente, hipercrítico sobre todo de sí mismo, al tanto de sus aliados y —en tanto sirva a sus propósitos— emplea disidencia razonada como un medio para inspirar una significativa revolución que evoluciona.

La Magia de la Maestría

Siendo un satanista, a uno se le confunde a menudo con un proveedor de burradas místicas semejante a tantos otros «ocultistas», cuando la verdad somos amos de la realidad, esforzándonos para entender y utilizar el universo para nuestra satisfacción personal. Uno de los signos externos más seguros del satanista no es lucir ropa negra de pies a cabeza o la prominente exhibición del Sigilo de Bafomet, asumiendo que estos podrían delatarlo, sino la proyección de la autoconfianza y éxito que brota de la maestría en un campo. Los satanistas pueden HACER cosas ¡y pueden hacerlas bien! Esta es la razón por la que han elegido adoptar el satanismo, la única religión que venera a las pocas personas talentosas que están por encima de las hordas tenues y yermas.

En el dominio de destrezas hay verdadera magia. La mayoría de miembros del rebaño mirarán con asombro al profesional talentoso y consumado. Para ellos, producir con maestría resultados de calidad, con facilidad y sin esfuerzo aparente, parecerá pura hechicería. Solo piensen en cuán similares a las prácticas ocultas son tantos campos cuando uno se convierte en «iniciado». Está la jerga inevitable que sirve de lenguaje «arcano». La programación de computadores tiene lenguas místicas tales como COBOL, Pascal y Fortran. La pintura tiene tantos términos «exóticos» como tierra, medio, ocre, cerúleo y usa objetos tan esotéricos como aceites aromáticos, barnices y cuchillos espatulados semejantes a dagas. Cocinar tiene muchas prácticas abstrusas tales como el macerado, el rociado y el salteado y sabemos cuán efectiva es esta herramienta de magia menor. No olvidemos el dominio de dispositivos mecánicos y electrónicos, ya que quienes nada saben sobre sus máquinas y vehículos siempre miran a los mecánicos y técnicos como un sacerdocio conocedor de técnicas oscuras y prohibidas. La música es una práctica maravillosa, ya que tiene símbolos raros que a la mayoría de personas hoy día le son incomprensibles, mientras que el resultado del virtuosismo es la capacidad de comunicarse directamente con las emociones de las personas. Recuerda que, debido a sus habilidades, se pensaba que maestros del pasado como Paganini y Liszt habían hecho pactos con el Diablo.

En verdad, cualquiera que sobresale en un campo material *ha* hecho un pacto con Satán, ya que han aceptado la creencia que el éxito en el aquí y ahora es de la mayor importancia. Esta es la razón por la que los satanistas son personas maravillosas de tener cerca, ya que rebosan de talentos perfeccionados a experimentarse.

Así que para ser un maestro de magia, deshazte de esos mohosos grimorios, a menos que hayan sido publicados por Chilton. Escoge un campo y conviértete en un profesional avanzado. Sé un escritor, repostero, costurera, florista, fontanero, escultor, carpintero, fotógrafo, tapicero, electricista, piloto, cosmetólogo, médico, cualquier cosa por la que sientas afinidad. Sorprenderás a los que te rodean, ganarás su respeto y envidia, lograrás éxito material y ni siquiera tendrás que decir «*Shemhamforash*» en público. Mientras mejor seas, más satánico serás, miembro de una verdadera élite capaz. Las ovejas estarán tan deslumbradas que ni siquiera notarás el Bafomet alrededor de tu cuello, si eliges usarlo. Pero cuando lo hagan, ciertamente pensarán que tiene algo que ver, dada tu posición de éxito en lo mundano y material. No solo nos regocijamos en la vida carnal; somos sus amos. Esa es magia satánica.

CADA HOMBRE Y MUJER ES UNA ESTRELLA...

...SIN EMBARGO, CADA UNO ES DE UN TIPO y magnitud únicos. Pero, ¿cuántos tienen la sabiduría para reconocer honestamente su rol particular en el cosmos?

Cada conciencia individual puede compararse con un agujero negro, un tipo de lente de gravitación. Pero este lente no es uno que se enfoque y atraiga los componentes existentes de nuestro Universo material, es uno que atrae y enfoca el tiempo. El presente es un «horizonte de sucesos», el momento eterno en el que vivimos. Este es el dominio de nuestra conciencia. Lo que está girando hacia el agujero del futuro aún por suceder, son los eventos que podrían suceder. En medio de esta nebulosa de posibilidades (la cual es finita, siendo las partículas más grandes las de mayor probabilidad) son los «Lo Que Será», que se harán realidad una vez lleguen al presente. Estos son los eventos futuros deseados conscientemente, determinados por la Voluntad mágica de un Hechicero Satánico. Una vez que estas cosas cruzan el Ahora, toman su lugar en la progresión lineal que conforma el pasado de cada individuo. La posibilidad mótil se vuelve realidad y se congela, convirtiéndose en el pasado. De esta forma se hace la historia.

La conciencia de la mayoría de las personas se enfoca continuamente en su pasado, cuyos acontecimientos son como una hilera de *tableaux* en una llanura neblinosa, perdiéndose en la distancia y haciéndose menos claras a medida que el presente se aleja cada vez más. De esta manera, la gente camina *de espaldas* hacia el futuro, cada paso un segundo en el tiempo. Un segundo por segundo. Así, son más bien ciegos a los eventos que pronto ingresarán en su Ahora para luego quedar atrapados en su historia como experiencias pasadas.

El Mago Satánico intenta dar la vuelta, ser hiperconsciente, de modo que camina *avanzando*, hacia el futuro y ante él está el ondulante espejo humeante de posibilidades cuya Voluntad intenta hacer realidad cuando cruzan a través del eterno Ahora. El Mago Satánico proyecta las visiones de su «Lo Que Será» sobre esta nebulosa, y ellas se fusionan, comenzando a tomar forma y definición de gran claridad a medida que avanzan a través de la vorágine y se acercan al horizonte de sucesos. El punto importante es que el «Lo Que Será» del Mago Satánico no se desplaza solamente a través de su propio horizonte de sucesos, sino también a través de los de ciertos otros individuos, para fortalecer la realidad que crea su visión. Esta es una perspectiva metafórica para apreciar los mecanismos de la Magia Mayor.

El viaje en el tiempo es un intento de mirar retrospectivamente y traer aquellas cosas que han pasado y están distantes en tiempo/memoria hacia un foco más nítido, para saltarse experiencias interinas y experimentar como nuevos esos momentos elegidos del pasado. Algunos de estos sucesos tienen un vínculo con el eterno Ahora de la conciencia, lo que le permite a esa conciencia saltar inmediatamente a estas *tableaux* pasadas, omitiendo todos los demás sucesos irrelevantes del propio pasado lineal. El cable que une estas cumbres siempre visibles a la conciencia es la emoción. Aparentemente, la emoción proviene de la parte «más antigua» del cerebro (aquella que fue la primera en evolucionar) y es una evaluación profunda, instintiva e instantánea, de una situación que se está experimentando en el Ahora. Ello añade a tal situación lo que podría verse como un color o una «tonalidad», de modo que sea marcada eternamente en la conciencia y, de esta forma, se ordene jerárquicamente en el pasado.

De esta manera, un Mago Satánico puede intentar conscientemente «teñir» o armonizar emocionalmente sucesos del pasado lineal de otros (referidos colectivamente como historia). Al hacer una «excursión en el tiempo» a ellos, puede absorberlos dentro de su propio pasado mediante la experiencia de la «realidad virtual», la cual puede ser traída a éste evento presente por medio de un rito de viaje en el tiempo.

El portal de entrada que uno debe abrir con el fin de lanzar su «Lo Que Será» hacia el pozo de gravedad de otro, es esa antigua parte «reptil» del cerebro a la que sólo puede accederse mediante una emoción muy fuerte. En esencia, la Magia Mayor descrita por el Doctor LaVey es un proceso en el que uno crea estas coalescencias tomadas de posibles eventos futuros y las enfoca en la única que quieres que ocurra. Debes sentir la *necesidad* de que ello ocurra con las emociones más profundas de las que seas capaz, y es dándole rienda suelta a esta necesidad en la cámara ritual, que abres esa trampilla y lanzas estos «Lo Que Será» allá afuera, en las posibilidades futuras de otras conciencias, para volverse una necesidad que caerá dentro de los pozos de gravedad de los individuos que tienen una relación con la materia, quienes de esta manera se compelirán a mover *su* propio ámbito según *tu* voluntad.

Por supuesto, la Magia Menor es simplemente el encanto y el glamour del día a día que el Mago Satánico utiliza para manipular a las personas para que hagan lo que se quiere. Para ser exitoso en esto, primero debe ser consumadamente hábil leyendo a las personas, de modo que sea capaz de determinar qué es lo que están buscando. Pero claro, el Mago Satánico debe estar dispuesto al juego de rol, a ser un camaleón y un actor de habilidad exquisita para ser capaz de presionar ésos botones y accionar los interruptores en el individuo elegido para que él haga lo que tú desees.

Algunas personas insípidas se resisten a ello, diciendo, «¡Quiero que la gente conozca mi verdadero yo!» Pero no logran darse cuenta de que la mayoría de las personas son demasiado zafias para «verlos» realmente y demasiado narcisistas para siquiera importarles. Solo ven lo que proyectan en otros. El satanista elige ser versátil, una persona de misterio, y solo aquellos a quienes realmente aprecia podrán mirar tras las múltiples máscaras para ver la sustancia de la persona que las usa. Cada Mago Satánico adopta naturalmente un personaje general que a menudo refleja los elementos seleccionados de su esencia. Está satisfecho con su conocimiento acerca de su carácter personal y por lo tanto no tiene miedo de adoptar apariencias diferentes. Es lo bastante seguro emocionalmente para no importarle que mucha gente le conocerá solo como una fachada proyectada selectivamente. Y en serio, ¿por qué debería importarle, si esta gente ha hecho lo que él, por su Voluntad, ha requerido?

Entonces, mis colegas hechiceros, que la chusma observe vuestro paso a través de sus constelaciones, notando vuestra magnifica gravedad y superior magnitud estelar mientras se deslumbran al seguir las órbitas que habéis trazado para ellos. El Mago Satánico exitoso tiene una presencia que puede barrer a su paso galaxias de objetos celestes menores. Con su conciencia altamente sintonizada, controla su propio destino al seleccionar deliberadamente su futuro deseado, motivando a muchos satélites para que asuman roles de apoyo en su visión sublime de autodeificación.

CADA HOMBRE Y MUJER ES UNA ESTRELLA...

Viaje en el Tiempo——
Fácil y Barato

A FINALES DEL SIGLO XX ESTAMOS ENREDADOS en una sociedad que abandonó con ganas la sutileza e incrementó el ritmo de la existencia diaria más allá de la norma de los ciclos biológicos. La palabra hopi *koyaanisqatsi* (vida fuera de equilibrio) es precisamente *apropos* (y vean la película, un amalgama muy mágica de imágenes y música con tintes satánicos). Esta constante descarga es particularmente agravante para nosotros los satanistas, ya que cultivamos la *sensitividad* como un valor importante para todos los que serán magos de cualquier clase. Por ende nos retiramos del estruendo y clamor a nuestros oscuros retiros en donde podemos contemplar y experimentar artículos de primera, seleccionados con cuidado de entre la escoria ofrecida por la producción en masa y la homogeneización forzada. Esa es la naturaleza del «búnker satánico».

Un término común en el vocabulario de todo satanista debería ser «matiz». Si deseas ganar pericia tanto en la Magia Menor como en la Mayor, entonces *debes* estar hiperalerta de las sutiles tonalidades en todos los aspectos de tus empeños. El rebaño insensato ha sido maltratado hasta quedar en un estado de atontamiento que les hace aún menos perceptivo de lo que les permitirían sus limitadas capacidades intelectuales y emocionales, incluso en su nivel más alto de desarrollo. El satanista que cultiva su sensitividad se convierte en el tuerto en tierra de ciegos. A medida que avanzas tus habilidades mágicas, abres ambos ojos, y mientras consigues la Maestría, aumentas estas percepciones naturales, aunque a menudo sin desarrollar, con los equivalentes mágicos de los telescopios y microscopios.

Viajar en el tiempo es un ejercicio maravilloso para estirar tus músculos mágicos y aguzar tu percepción. Los métodos que estoy a punto de discutir fueron sorprendentemente cristalizados en la novela romántica de Richard Matheson *En algún lugar del tiempo* (*Bid Time Return*). En este mágico libro, un escritor desea viajar a una era pasada para conocer a una mujer con quien se ha obsesionado. Lee *El hombre y el tiempo* (*Man and Time*) de J. B. Priestly (libro que recomendaba el Dr. LaVey) y se sumerge en un ambiente total encarnando la era que desea visitar. Con la ayuda de una grabación del movimiento final de la *Novena Sinfonía* de Mahler, logra en verdad la transportación física. Sugiero fehacientemente que busques ambos, la novela de Matheson y el libro de Priestly. Olvídate de la débil adaptación cinematográfica del libro protagonizada por Christopher Reeve en la que se retrató la pasión como mero sentimentalismo.

Si bien no puedo garantizarte un transporte físico genuino a otra época, con un poco de esfuerzo puedes hacer un viaje interior que debería tener igual peso emocional. De hecho, es una experiencia bastante «real» en tu universo subjetivo. Para principiantes, sugiero que intentes retornar al tiempo y lugar de tu gestación y nacimiento. Ya que eso es historia reciente, hay mucho material del cual puedes extraer para recrear tu contemplación recreativa. Primero que todo, selecciona música de ese período de cualquier tipo, abarcando desde popular hasta seria, con la que puedas tener afinidad. Con mayor experiencia podrías elegir música de época de un estilo por el cual no tengas una conexión inmediata, ya que esto puede ampliar tu sensibilidad y por tanto la comprensión de ese tiempo. Selecciona películas que daten de este período, lo cual debería ser fácil a partir de las muchas filmografías y bases de datos existentes. Ve a una biblioteca y busca periódicos sincrónicos de la época para más imágenes. Los anuncios publicitarios sirven bien. Tener las piezas verdaderas a mano es más vívido que ver digitalizaciones. Puedes recrear una conciencia sobre cuáles podrían haber sido las preocupaciones generales. Pregúntate, ¿qué era lo que preocupaba a los moradores del mundo en aquella época? Ahora, aquí viene el detalle fino: utiliza la memoria de parientes mayores para descubrir datos personales concernientes al tenor emocional de tus padres en aquel entonces. Añade a esto el conocimiento de sucesos locales, eventos y personajes para darle profundidad e irrepetibilidad a esta evocación. Consigue fotografías del álbum familiar. Si puedes incluir aromas apropiados, o comida o bebida, mucho mejor.

En el transcurso de mis experimentos he identificado un Principio de Resonancia que es de suprema importancia. La música es un rango particular de vibraciones de energía que percibimos como sonido, a la que un agente humano le da estructura y, por tanto, sentido. Se sigue por analogía que las vibraciones en un nivel «más alto» se comportarán de manera similar a las vibraciones más bajas con variaciones vinculadas a esa frecuencia vibratoria. La resonancia se define como un estado en el que las vibraciones sonoras son reforzadas y, por tanto, sostenidas, ya que la frecuencia natural del cuerpo resonante es la misma que la de la fuente de sonido. Mágicamente hablando, debes ensamblar tus dispositivos evocativos de este período de tiempo seleccionado, para que estos *refuercen* y *sostengan* mutuamente sus vibraciones, aumentando efectivamente el resultado, de modo que la suma sea mucho mayor que sus componentes. Estos «talismanes de viaje en el tiempo» deben ser *consonantes* entre sí; en el mismo tono, por así decirlo. Eso es más complejo que juntar frecuencias, ya que los acordes que derivan de un tono organizan las muchas frecuencias de timbres posibles y sus resultantes en relaciones *funcionales* para establecer una progresión. En efecto, estás creando una sinfonía de vibraciones simpáticas cuya estructura servirá como vehículo para tu excursión mientras está reproduciéndose en el salón reverberante de tu conciencia. La *disonancia* ubicua que caracteriza a la cultura de hoy es la que causa un malestar general, ablandando a la audiencia (víctimas) para que sean mucho más susceptibles de ser programadas.

Cuando hayas completado tu investigación y reunido tus materiales, enciérrate en una cámara apropiada en donde puedas estar completamente sin interrupciones del mundo externo. Ahora enfoca esa época pasada de una forma más nítida. Como vestimenta ritual, usa ropa de los estilos de aquella época. Que tus talismanes estimulen tus sentidos y lleva a tu psique de paseo. Quizás representar un escenario usando utilería variada. Una manera excelente para «montar el escenario» es transformar un aposento en una réplica ambiental total de una habitación del tiempo elegido. Si haces bien tu trabajo, te transportarás a otra era por medio de tus meditaciones. Saborea este período, permítete respirar el aire, piensa y siente como un morador del período, involucrando por completo tus emociones y tu intelecto. Si tu trabajo es fuerte, esto se «instalará» en tu memoria como un paisaje interior al que podrás regresar con mayor facilidad la próxima vez. Cuando hayas experimentado saturación total y, por tanto, agotamiento emocional y físico, impúlsate conscientemente de vuelta al presente. A esto puede dársele pie teniendo un objeto oculto en la cámara que, evidentemente, NO pertenece al período de tiempo al que viajas. Al exponerlo entonces a tu percepción, serás sacudido de tu ensueño en aquella época pasada. Puedes controlar el tiempo de este viaje de fantasía teniendo música elegida sonando durante el lapso deseado, luego puede introducirse una pieza musical anacrónica y esto tendrá el mismo efecto que un objeto disonante, haciendo añicos la inmersión en ese período desaparecido. Para una transición más suave, puedes emplear grabaciones de música que se reproduzcan de manera sucesiva, de modo que te muevan con cuidado desde el pasado hasta el presente. Probablemente recobrarás del todo la consciencia temporal durante este movimiento acelerado hacia adelante antes que la secuencia haya transcurrido del todo.

Al principio, ensaya viajar a periodos de tiempo sobre los que puedas encontrar documentación en los medios de comunicación. A medida que avanzan tus habilidades, descubrirás que eres capaz de hacer el viaje con mucho menos ensamblaje de «talismanes». Esto es crucial, porque cuando intentes experimentar épocas más distantes en el tiempo, hallarás que hay menos material disponible para tu uso.

La historia es generalmente una crónica de los individuos, actividades y eventos de un periodo pasado que son más memorables para las generaciones sucesivas que crean y mantienen los registros. Tal documentación es por tanto altamente subjetiva y no debería construirse como un retrato objetivo de «qué sucedió». La información más difícil de obtener concierne los detalles de la existencia diaria de la mayoría de los habitantes de estos periodos pasados. Con esta área generalmente en blanco en el mapa de la historia, se hace por ende difícil entrar en la conciencia de la gente que existió entonces, particularmente cuando estás tratando con culturas que son remotas en tiempo y geografía y gente que hablaba lenguajes que formaron tonos particulares de percepción que son ahora verdaderamente ajenos a nuestro entorno cultural actual.

Cuando hayas dominado este arte, descubrirás que los viajes a museos y sitios de arquitectura antigua serán experiencias aún más gratificantes que antes. La mera contemplación de un solo artefacto te llenará con la sensibilidad de sus creadores, mientras que el estar encerrado en el ambiente total de una estructura arcaica completa constituirá una epifanía de enorme trascendencia.

El propósito final de esta experimentación con el «viaje en el tiempo» es desarrollar un sentido de perspectiva, para que estés por encima de los confines conceptuales del plano bidimensional de la existencia contemporánea y captes sus procesos culturales, políticos, sociológicos y antropológicos desde una tercera dimensión. Desde este punto de vista privilegiado, habrás ganado la sabiduría de la Claridad: un premio muy excepcional.

Nunca más dejarás que se olviden ortodoxias pasadas y estarás mucho mejor equipado para enfrentarte con las tribulaciones de abrirte camino en el hostigante ambiente actual. También estarás contribuyendo a tu futuro, ya que serás capaz de encarnar y adelantar los mejores elementos seleccionados del pasado, para sintetizarlos en una sociedad más satánica a tu alrededor, una que más que agotadora y frenética, sea fortaleciente y estimulante: vida EN equilibrio. Desde nuestras íntimas y oscurecidas cámaras nacerá un nuevo orden que se extienda por el mundo, al que sin exageración o apología, pueda llamársele orgullosamente, «civilización».

¿Qué? ¿El Diablo?

EL SATANISMO NO ES ADORAR AL DIABLO. Esto puede agarrar desprevenidos a muchos que no han explorado nuestra filosofía y es el principal error que tienen los de afuera respecto a la Iglesia de Satán. Nuestro fundador, Anton Szandor LaVey dejó sentada esta postura desde el principio. A lo largo de los años, los individuos con necesidad de sentirse acogidos por una deidad han alegado que, de alguna manera, el Dr. LaVey llegó a creer en un Satán literal. Si examinamos su obra, es claro que nunca cambió de idea al respecto, ni la creencia en el Diablo fue una suerte de práctica del «círculo interno» de la Iglesia de Satán.

Los satanistas entendemos que, para el animal humano, tanto verdad como fantasía son necesarias. Cuando uno sabe con certeza cuál es cuál, ello es un paso hacia la sabiduría. Al construir un marco referencial personal para entender el universo en el que vive, el hombre se apoya en el simbolismo y la metáfora. Siempre ha inventado sus propios dioses utilizando su cerebro carnal. De *La Biblia Satánica*: «Más que sus dioses lo hayan creado a él, el hombre siempre ha creado sus dioses». Sin embargo, usualmente se niega este acto de creación. La Historia muestra que los fundadores de las religiones alegaron tener contacto directo con la deidad fabricada mediante su imaginación y legiones de seguidores reforzaron esa ficción. No hay nada malo con la fantasía, siempre y cuando un individuo sepa que está utilizando este autoengaño controlado como una herramienta para lidiar con la existencia. Para nosotros, los satanistas escépticos y prácticos, ello se ejerce en la cámara ritual. La dependencia en un constructo fantástico se vuelve peligrosa cuando los creyentes en las religiones espirituales insisten de manera dogmática que sus fantasías, personales o colectivas, son reales en el mundo en general, que ellos son la única verdad absoluta y luego esperan a que el mito les guíe o bien trate de obligar a otros a compartir esta ilusión. Como cualquier estudiante de Historia puede ver, esta ha sido la fuente para innumerables guerras.

La Biblia Satánica, el libro fundamental del Dr. LaVey, publicado en 1969, expone algunos principios básicos.

> El satanista se da cuenta que el hombre, y la acción y reacción del universo, es responsable por todo y no se engaña pensando que a alguien le importa.

> ¿No es mas sensato adorar desde un principio a un dios que él, él mismo, ha creado, según sus necesidades emocionales, uno que mejor represente el ser carnal y físico que tiene la idea / el poder de inventar un dios?

De una entrevista de 1986 con Walter Harrington de *The Washington Post*

> «Satán es un símbolo, nada más», dice LaVey. «Satán significa nuestro amor por lo terrenal y nuestro rechazo a la imagen pálida y fútil de Cristo en la cruz».

Aceptar la premisa axiomática que no existen dioses como entidades sobrenaturales independientes significa que los satanistas son ateos *de facto*. Sabemos que el universo objetivo es indiferente a nosotros. Como nuestra filosofía es egocéntrica, cada satanista se ve a sí mismo como la persona más importante de su vida. Así cada individuo genera su propia escala de valores y juzga todo con base en sus propios parámetros. Por ende, los satanistas nos nombramos como los «Dioses» en nuestros universos objetivos. Eso no quiere decir que creemos tener los poderes de una deidad mitológica, pero sí quiere decir que reverenciamos la capacidad creativa en nuestra especie. Así que, para diferenciarnos de los ateos que tan solo rechazan a Dios negando su existencia, nos llamamos «Yo-teístas», con nuestro propio Yo saludable como el centro de nuestra perspectiva. Este sí que es un concepto blasfemo que desafía a cualquier otra religión y es la razón por la que Satán nos es útil como símbolo. Fue descrito como el soberbio, negándose a inclinarse ante Jehová. Él es quien cuestiona la autoridad, buscando libertad más allá del embrutecedor reino de los cielos. Él es la figura defendida por Mark Twain, Milton y Byron como el crítico independiente que, heroicamente, se vale por sí mismo.

El Dr. LaVey realizó la más detallada presentación de su concepto de cómo funciona Satán en su filosofía, en el siguiente monólogo incluído en el libro de Jack Fritscher, *Popular Witchcraft* (Brujería Popular) publicado en 1973.

No me parece que plantear al Diablo en un sentido antropomorfo sea tan factible como a los teólogos o los metafísicos les gustaría pensar. He sentido Su presencia pero solo como una extensión exteriorizada de mi propio potencial, como un alter-ego o concepto evolucionado que he sido capaz de exteriorizar. Puedo comunicarme, con plena conciencia, con esta semblanza, esta criatura, este demonio, esta personificación que veo en los ojos del símbolo de Satán —la cabra de Mendes— de la misma manera que me comunico con ello ante el altar.

Ninguno de estos es algo más que una imagen especular del potencial que percibo en mí mismo.

Tengo esta conciencia que la objetivación es acorde a mi propio Yo. No estoy engañándome con que estoy llamando algo que está disociado o exteriorizado de mí mismo, el Altísimo. Esta Fuerza no es un factor controlador sobre el que no tengo control. El principio satánico es que el hombre controla su destino voluntariamente; si no lo hace, otro hombre —mucho más inteligente que él— lo hará. Satán es, por consiguiente, una extensión de la psique o esencia volitiva de uno mismo, de modo que esa extensión pueda a veces conversar y dar directrices mediante el sí mismo de un modo que el pensamiento del sí mismo, en tanto una unidad única, no puede hacerlo. De esta manera, representar al Diablo *per se* de una forma exteriorizada, sí ayuda. El propósito es tener algo de naturaleza idólatra, objetiva, con la cual comulgar. Sin embargo, el hombre tiene conexión, contacto, control. Esta noción de un Dios-Satán exteriorizado no es nueva.

El enfoque aquí esbozado, de crear conscientemente una exteriorización del ser con el cual uno comulga únicamente *en el ritual*, es un concepto religioso revolucionario del satanismo de LaVey y es un enfoque de «tercer lado» que para muchos a quienes no les nace se ha mostrado elusivo. No es una cuestión de fe, es una prestidigitación psicológica. Este determina que, para el satanista en el ritual, él *es* Satán.

Para ser justos, la gente que asiste al funcionamiento de los ritos ampulosos y teatrales de LaVey Podría no ser capaces de separar los gritos de «¡Salve, Satán!» mientras están en la cámara, de su no creencia en cualquier dios exterior fuera de la cámara. Pero al fin y al cabo, el satanismo no está ideado para todo el mundo. Cuando se pregunta si hay volumen próximo de *Satanismo para Dummies*, respondemos: «El satanismo NO está pensado para *dummies*». Como lo dijo en *La Biblia Satánica* y a menudo en entrevistas: «El satanismo exige estudio, NO adoración». Algo que se espera de los satanistas es la capacidad de *pensar*. Por ello LaVey esperaba que quienes adoptaban su filosofía entendieran dónde trazar la línea entre lo fantástico y lo real. Proclamó que él era un organizador de espectáculos y sentía que sus satanistas no serían palurdos, confundiendo la mascarada con la realidad. Como artista de feria, sabía cómo entretener, para llamar la atención de modo que pudiera presentar ideas más serias. Algunos pueden burlarse y despreciar su metodología, desechando sus reflexiones más profundas debido a los elementos circenses. Sin embargo, creo que puede argumentarse de manera convincente que todas las religiones están en el «negocio del espectáculo», pero la Iglesia de Satán es la única lo bastante honesta para admitirlo.

En una entrevista publicada en un LP llamado *The Occult Explosion* (La Explosión Ocultista) de 1973, el Dr. LaVey explicó cómo la Iglesia de Satán trata los diferentes conceptos de Satán:

Más que un ser antropomorfo, «Satán» es, para nosotros, un símbolo, aunque muchos miembros de la Iglesia de Satán con inclinaciones místicas preferirían pensar en Satán de una manera muy real y antropomorfa. Por supuesto, no desalentamos esto, porque nos damos cuenta que, para conceptualizar ritualmente, un cuadro, una imagen bien lograda de su mentor o divinidad tutelar, es muy importante para muchos individuos. Simbólicamente, sin embargo, Satán es el profesor, el delator de los porqués del mundo. Y en respuesta a quienes nos califican de «adoradores del Diablo» o son muy rápidos para asumirnos como adoradores del Diablo, debo decir que, en su simbología más verdadera, Satán exige estudio, no adoración.

No nos arrastramos; no nos postramos de rodillas, genuflectos y adoramos a Satán. No suplicamos, no imploramos que Satán nos de lo que deseamos. Sentimos que cualquiera que vaya a ser bendecido por cualquier dios de su elección, va a tener que mostrar a ese dios que él es capaz de cuidar de las bendiciones recibidas.

Así, él aboga por crear un dios-símbolo basado en las necesidades y elecciones estéticas de uno mismo. Para la satisfacción emocional, se emplea la fantasía creativa, experimentada en el contexto de la cámara ritual. Los satanistas pueden ver a Satán como su símbolo apropiado para satisfacer esas necesidades, una amplificación de lo mejor dentro de cada uno de nosotros.

Adicionalmente, LaVey especula acerca de la idea que cuando se intenta la Magia Mayor, puede ser que el operario se aprovecha de una fuerza que es parte de la naturaleza para aumentar su «voluntad». Esta fuerza está escondida, desconocida y, por tanto, «oscura». Pero LaVey no veía esta fuerza como una entidad sobrenatural. En *La Biblia Satánica*, explicó «el satanista tan solo acepta la definición (de Dios) que mejor se le ajuste». Esto lo sigue de cerca con la definición que utiliza:

Para el satanista, «Dios» —por cualquier nombre que se le llame o por ningún nombre en absoluto— es visto como el factor equilibrante en la naturaleza y no como preocupado por el sufrimiento. Esta poderosa fuerza que impregna y equilibra el universo es demasiado impersonal para preocuparse por la felicidad o miseria de las criaturas de carne y hueso en esta bola de mugre sobre la que vivimos.

Claramente, LaVey propone una fuerza remota y desinteresada —no una personalidad o entidad— que equilibra el universo. Él la ve como indiferente a las formas de vida, como cualquier otra fuerza, tal como lo sería la gravedad. Es un mecanismo, no un personaje. No amerita obediencia, apaciguamiento o adoración. Puede o no nombrársele. Opera sin tener conciencia de seres conscientes. Le habló de esto a Burton Wolfe quien escribió la introducción a *La Biblia Satánica*.

Por supuesto, LaVey le señaló a quien quisiera escucharle que, para él y sus seguidores, el Diablo no era el tipo estereotipado vestido con típico traje rojo, con cuernos, cola y tridente, si no más bien las fuerzas oscuras en la naturaleza que los seres humanos apenas están comenzando a sondear. ¿Cómo cuadró LaVey esa explicación con sus propias apariciones a veces en capucha negra con cuernos? Él respondió: «La gente necesita el ritual, con símbolos como los que encuentras en juegos de béisbol, en servicios religiosos o en guerras, como vehículos para gastar las emociones que, de otra forma, no podría liberar o incluso entender por sí misma».

Así que LaVey aceptaba que actualmente pueden haber elementos inexplicados del universo que son parte de su trama, pero que no son sobrenaturales. Sugiere que, algún día, la mente inquisitiva del Hombre puede llegar a entender cómo funcionan. Las implicaciones de estas ideas ofrecen gran libertad. Como no hay una deidad real vigilando u ordenando el comportamiento de nuestra especie, los hombres son libres de imaginar cualquier tipo de Dios que elijan para satisfacer sus propias necesidades; sin embargo no deberían olvidar que tales fantasías son sólo eso, nada más.

En ese mismo pasaje, también se refirió a la razón principal para participar en el ritual, al que definió como Magia Mayor: este sirve como un medio para liberar emociones reprimidas que las personas ni siquiera pueden comprender del todo. Por lo tanto, el ritual tiene un propósito *psicológico*; claramente no está pensado como una forma de adorar alguna entidad sobrenatural. Puede demostrarse que el ritual es parte de la cultura humana. LaVey sabía que, durante milenios, fue muy valioso para las personas, incluso si este se hacía por razones que no cuadraban con la realidad. Hacía que la gente se sintiera mejor de lo que se sentía previamente. Así, al hablar sobre la búsqueda de una religión adecuada, en *La Biblia Satánica*, prosigue: «Si él se acepta a sí mismo, pero reconoce que el ritual y la ceremonia son artificios importantes que sus religiones inventadas han utilizado para sustentar su fe en una mentira, entonces es la MISMA FORMA DE RITUAL la que sustentará su fe en la verdad, el primitivo esplendor que le dará sustancia añadida a su consciencia de su propio ser majestuoso». Así, el artificio del ritual, que él definió como «autoengaño controlado», puede ser de uso práctico para el bienestar del estado mental de uno. La verdad a la que se refiere más arriba es que todos los dioses son una invención de la bestia creativa llamada Hombre.

Hagamos una lista de las afirmaciones que resumen el viaje típico de un individuo, desde observar la realidad hasta declararse a sí mismo satanista:

La Naturaleza abarca todo lo que existe. No hay nada sobrenatural en la Naturaleza.

Lo espiritual es una illusión. Soy completamente carnal.

La razón es mi herramienta para el conocimiento, haciendo de la fe un anatema.

Cuestiono todas las cosas. Soy un escéptico.

No acepto falsas dicotomías. En lugar de ello, considero que el «tercer lado» me acerca al entendimiento de los misterios de la existencia.

El universo no es benevolente, tampoco malevolente, es indiferente.

No existen Dioses. Soy ateo.

No existe un propósito intrínseco en la vida más allá de los imperativos biológicos. Así determino el sentido de mi propia vida.

Yo decido lo que es valioso. Soy mi valor más alto y por tanto soy mi propio Dios.

Soy un YO-teísta
El Bien es lo que me beneficia y promueve lo que estimo.
El Mal es lo que me hiere y obstaculiza lo que aprecio.

Vivo para aumentar lo Bueno para mi mismo y para quienes valoro.

En mi búsqueda del placer, tengo el control en todo momento.

Soy un epicúreo.

El mérito determina mis criterios para juzgarme a mí mismo y a los demás. Juzgo y estoy preparado para ser juzgado. Busco un resultado justo en mis intercambios con aquellos a mi alrededor. De esta manera, haré a otros lo que preferiría que ellos me hicieran a mí. Sin embargo, si ellos me tratan pobremente, devolveré ese comportamiento en grado similar.

Comprendo la necesidad humana de símbolos como mecanismos para la purificación de estructuras de pensamiento complejas.

El símbolo que mejor ejemplifica mi naturaleza como una bestia consciente es Satán, el avatar de la carnalidad, la justicia y la autodeterminación.

Me veo reflejado en la filosofía creada por Anton Szandor LaVey.

Me enorgullezco de llamarme satanista.

Estas ideas fundamentales para los satanistas sirven como un cimiento terrenal que nos parece profundamente liberador y una aceptación bienvenida de nosotros mismos como animales humanos. Para el tipo de persona que siente la necesidad de una figura paterna externa y sobrenatural, la responsabilidad de autodeterminación explícita en este sendero sería aterradora. La creencia en cualquier Dios o Diablo real al cual uno estaría agradecido es repugnante para el satanista. En cuanto a nuestras diferentes aproximaciones a la vida, «coincidimos en discrepar» con quienes están espiritualmente orientados, de aquí nuestra defensa del pluralismo en la sociedad. Los satanistas sabemos que nuestro camino no es para todos. Tan solo pedimos que otros sigan su propio sendero y nos permitan ser como somos.

Pero por favor, todos ustedes creyentes, entiendan que no somos sólo su «reverso». No somos adoradores del Diablo. Tan solo somosególatras carnales tratando de disfrutar nuestras vidas al máximo. Que encuentren la dicha sirviendo a su deidad elegida. ¡Ciertamente, nosotros la encontraremos!

Walpurgisnacht LI A.S.

Esta noche hará 50 años que, al fundar la Iglesia de Satán —un experimento social en blasfemia, libertad e individualismo— Anton Szandor LaVey abrió las adamantinas puertas. Y al cruzarlas, él y su intrépido séquito no hallaron un santuario ni una fortaleza; en su lugar encontraron un camino, puesto que el Satanismo no es un lugar o posición donde uno se encoja de miedo y se anquilose, sino el viaje emprendido por cada uno de nosotros en el curso de nuestras enérgicas vidas. Él no instituyó un lugar de confort, ya que la Iglesia de Satán no es una casa club que ofrece abrazos grupales que se piden sin reparos y se ganan fácilmente. Él nos proporcionó una palestra en la que nos desafiemos a nosotros mismos para ser lo mejor posibles, hombro a hombro junto a valientes individuos que hacen lo mismo, un Anfiteatrum Satanicum para ganarse la gloria en el que cada uno somos los héroes de nuestra propia existencia. Somos los dioses de este Coliseo, que ganamos nuestras victorias por nuestros propios esfuerzos, sin necesitar o requerir la aprobación de la plebe que sólo mira con asombro y terror. Nuestros galardones surgen de nuestra autocomplacencia y de la admiración de nuestros compañeros gladiadores cuyos logros se han ganado nuestra estima. Nos apoderamos audazmente de las coronas de laurel y las ceñimos en nuestras propias sienes, húmedas del sudor y la sangre de nuestras fieras luchas. Escuchad el sonido de cuernos y trompetas que hacen eco al orgullo que prorrumpe de nuestros corazones mientras estamos entre los nuestros, guerreros que no tolerarán a cualquiera que obstruya las metas que nos hemos trazado. Las barreras se hacen añicos, ya sea las puestas ante nosotros por adversarios o sean aspectos de nuestro ser que deben superarse. No nos acobardamos ante cualquier desafío.

Los nuestros no se dan por satisfechos, algo que el Mago LaVey descubrió cuando sus verdaderos colegas respondieron su llamado a otros aficionados de carnalidad disciplinada. La sociedad entonces fue testigo de cómo quienes se regodeaban en culpa colectiva se unían en desaliñada hermandad. Despreció a quienes promocionaron la mediocridad, rechazando su terapia de grupo forzada destinada a derribarlo todo hasta el más bajo nivel de banalidad compartida. En vez de ello, propuso la iconoclasia, y vio que los pocos que respondieron a sus llamados, también llevaban vidas en las que ardían con llama propia y esparcían ese fuego a su alrededor. Entendían que la existencia está limitada por el tiempo y debe vivirse al máximo entre díscolos compañeros, libres de las hordas que se arremolinan en derredor

Con los años, su mensaje le dio la vuelta al orbe, hallando respuesta resonante en las mentes de una parentela de librepensadores que no aceptarían las cadenas de sosas convenciones que constriñen las masas de las sociedades en las que les tocó en suerte vivir. La «élite extraña» vio en su pensamiento la definición de sus verdaderas naturalezas y se entusiasmaban ante la aprobación que él daba a quienes se adueñaban de ese manto de orgullo indómito codificado en el título honorífico de "Satanista". Y a medida que su vida avanzaba, el Doktor LaVey se deleitaba dando la bienvenida a aquellos de nosotros a quienes él podía llamar colegas y amigos —sus aliados por elección y naturaleza que compartían su visión. Disfrutaba de estos camaradas que se atrevían a darle forma a sus vidas, moldeando mundos personales para satisfacer sus obsesiones particulares, ya que sus actividades le energizaban en su fascinante diversidad. Imaginó una camarilla de damas y caballeros, eruditos y civilizados, que se trataran unos a otros con la finura de de la verdadera nobleza que surgen del garbo, pero que también pudiera incitar una salvaje oposición al ser confrontados por enemigos cuyo propósito fuese frustrar la libertad e imponer el conformismo.

En el transcurso de cincuenta años, este camino nos ha llevado a través de extraños parajes. Uno de ellos fue el temor extendido y dirigido a nosotros por los cristianos que suscitaron y alborotaron un "pánico satánico". Montamos en nuestros corceles de la razón y vestimos la armadura de los hechos, para justar contra los instigadores del terror que, de haber podido, nos habrían declarado proscritos listos para la acusación, como sucedía en tiempos cuando "Satanismo" era un insulto que condenaba herejes a tortura y ejecución. Sobrevivimos, y luego nuestro fundador terminó su reinado, dejando esta vida como un emperador cuyos triunfos podrían considerarse magníficos y abundantes a la vez. Nosotros, sus cómplices, hemos mantenido su visión intacta, actualizando su Iglesia de Satán al siglo XXI, pues su filosofía perspicaz es siempre adaptable al mundo en evolución que nos confronta.

Pero ahora pareciera que en este tramo de nuestro viaje, otra vez la campiña luce ominosamente familiar. A medida que avanzamos por los trayectos que elegimos, miramos a nuestro alrededor y a la izquierda divisamos la multitud de timoratos rechazando retos. Se postran aterrados con "palabras gatillo" y rehúyen las ideas que puedan destrozar sus débiles paradigmas. Su idea de justicia es impuesta insípidamente bajo la bandera de la equidad forzada haciendo de sudario para cualquiera que esté por encima de su tibia cobardía. A nuestra derecha vemos una bandada de teístas pendencieros presionando por la sumisión obligatoria a sus míticas deidades. Aseguran tener la libertad de blandir su intolerancia contra los nuestros, y dada la oportunidad, matarían a quienes resisten las doctrinas antinaturales de sus dictadoras deidades.

Nunca ha sido más importante para nosotros mantener ardiendo la Llama Negra. A través del espinoso matorral de xenofobia e irracionalismo cultivado hoy día desde la religión, los satanistas divisamos un futuro posible de secularidad ampliamente extendida, inducido desde la tecnología y el conocimiento. Percibimos la posibilidad de panorámicas humanas ilimitadas, más allá de los empalizados osarios de insensatez y reverencia forzosa creados para mantener mentes cerradas y espíritus minúsculos. Es mucho lo que está en juego para todos. Podemos conseguir un mundo en el que tengamos la libertad de proclamar quiénes somos y que ello sea ampliamente entendido, o uno en el cual, quienes no somos como la mayoría, debamos utilizar máscaras para manipular la turba hostil desde las sombras.

Independientemente del resultado, los satanistas sobreviviremos y prosperaremos, pues tal es nuestra voluntad y nuestra existencia vital es un tesoro que todos y cada uno de nosotros arrebatará a su entorno, al que nunca dejaremos de modelar en favor de nuestra autodeificación.

Y mientras contemplo a todos los reunidos aquí esta noche, sé que el «Lo Que Será» lanzado por nuestro fundador, el Mago Anton Szandor LaVey, se ha realizado. Ustedes son las damas y caballeros potentes cuyo honor se ha ganado sobre las arenas del Ludus Maximus de la vida, el cual ha sido testigo de sus triunfos. Él sabía que ustedes se presentarían, pues al invocar los Nombres Infernales del mito, convocó a todos y cada uno de ustedes, pues ustedes son la realidad de tales leyendas. En conmemoración del hombre que nos inspiró a todos, le incluimos en el listado de temidos demonios y deidades, pues aquellos que, en los próximos milenios, puedan mirar hacia el pasado y ver su sonriente semblante diabólico como arquetipo, más que la realidad que algunos de nosotros tuvimos la fortuna de vivenciar. Como él lo desearía, aclamándolo, nos aclamamos nosotros mismos, pues él fue el campeón de nuestra divinidad individual, y él no nos habría permitido poner a alguien ante nuestros seres soberanos.

¡Salve, Anton Szandor LaVey!
¡Salve, a nosotros mismos!
¡Salve, Satán!

Mago Peter H. Gilmore
30 de abril, LI Anno Satanas.
Poughkeepsie, Nueva York.

DECLAMADO ANTE LOS MIEMBROS CONGREGADOS DE
LA IGLESIA DE SATÁN CELEBRANDO
EL ANIVERSARIO 50 DE SU FUNDACIÓN

LOS RITUALES:

RITUAL SATÁNICO

En *La Biblia Satánica* Anton LaVey presenta un formato para realizar el Ritual Satánico básico que se ha convertido en una tradición durante los cuarenta años de la existencia de la Iglesia de Satán. Explicó muy cuidadosamente que "Magia Mayor" es el uso del ritual, y que este se entiende como una experiencia teatral y emocional. No es un tiempo para intelectualizar. En su opinión, para cubrir los deseos humanos más básicos, podían utilizarse tres tipos básicos de rito: Compasión, Lujuria, y Destrucción. Sin embargo, si tus necesidades iban más allá de estos tres, podías adaptarlos libremente para llenar tus requerimientos particulares.

El ritual satánico es una técnica de psicodrama autotransformativo. Es una herramienta para la liberación de emociones que están reprimidas y por tanto dificultando tu búsqueda de complacencia en tu vida diaria. No hay garantía de que el ritual puede hacer algo más que servir como una experiencia catártica para quienes lo están realizando. Es por eso que nosotros no practicamos rituales para otras personas; si ellos no lo están realizando, no se beneficiarán de la experiencia. La práctica de Magia Mayor de alquiler no recibe la aprobación del satanismo.

Los extraños al tema siempre se fascinan con los símbolos, imaginería y letanías utilizadas en el Ritual Satánico, y los periodistas, desafortunadamente, quieren centrarse casi exclusivamente en este aspecto de nuestra religión. A estas personas podría sorprenderles que a los satanistas no se les exija la utilización del ritual. Esta es una herramienta totalmente opcional, y muchos de nuestros miembros suelen descubrir que sus actos creativos personales son suficiente catarsis, por lo que la práctica formal del ritual sería redundante o innecesaria. El ritual, cuando se utiliza, se lleva a cabo según sea necesario. No hay servicios semanales obligatorios.

Nuestros rituales no se consideran como «conjuros» que garantizan que se producirá un cambio efectivo en el mundo real. El satanismo rechaza la fe como una herramienta de conocimiento, y por ello, si sospechan que sus rituales están teniendo resultados fuera de su cámara, los satanistas que practiquen ritual deben reunir evidencia que satisfaga sus estándares de verdad. No creemos en nada sobrenatural, puesto que somos ateos escépticos. Sin embargo, hay muchos aspectos de la experiencia humana, algunos de los cuales se han investigado bajo la etiqueta de paranormal, que puede tener validez. Una teoría propuesta por Ingo Swann en su *Natural ESP* sugiere que puede haber una puerta de entrada a través de la zona más primitiva del cerebro por la que los pensamientos y las imágenes pueden de alguna manera «emitirse» a otras mentes, cuando son impulsados por experiencias emocionales extremas. Los satanistas vemos esto como un medio posible para que la Magia Mayor impacte el mundo por fuera de la cámara ritual.

El biólogo Rupert Sheldrake ha documentado los fenómenos de la «mente extendida», tales como el de las mascotas de la gente que sienten a distancia el momento en que sus dueños deciden volver a casa, así como la «sensación» de que estás siendo observado por alguien más, aun cuando no veas a la persona que te observa. Estas podrían ser las habilidades sobrenaturales para las que se requeriría talento, ya sea para enviar o para recibir, por lo que los resultados probablemente no serían los mismos para cada persona. Al igual que la habilidad de entender la música o las matemáticas, quizás solo un pequeño porcentaje de nuestra población tiene estas capacidades intuitivas, y también ellas podrían necesitar de práctica para desarrollarse y utilizarse exitosamente.

De esta manera, dejamos esto como una pregunta abierta que cada satanista, que elija utilizar el ritual, debe responder por sí mismo: ¿Hace este más que simplemente dar alivio emocional? Sólo ustedes pueden contestar, basados en sus criterios de validez personalmente elegidos. Podrían sorprenderse.

El formato para nuestro ritual tradicional fue creado como una guía que puede ser modificada por los satanistas para adaptarse a sus propias necesidades estéticas y emocionales. Por lo tanto, el ritual satánico no se presenta como un dogma, sino como un estándar que ha demostrado ser muy eficaz para los satanistas de muchos orígenes culturales diferentes. Puedes celebrar los ritos exactamente tal y como se presentan en los trabajos del Dr. LaVey y en las páginas que siguen, ya que son efectivamente dramáticos en estructura y contenido. Sin embargo, puede que encuentres elementos que te distraigan de tu más profunda excitación emocional y por tanto pueden alterarse para servirles mejor.

Aquí, en la Oficina Central de la Iglesia de Satán, las partes interesadas nos preguntan a menudo si deben utilizar velas negras, o si es absolutamente necesario tener todos los artefactos para ritual descritos en *La Biblia Satánica*. Algunos preguntan si deben tener una habitación dedicada que sirva de cámara ritual. La respuesta es que realmente no necesitas ninguno de los implementos sugeridos, ya que la herramienta más importante para el ritual es la propia imaginación. Un satanista que no tiene una cámara lujosa, un sonoro gong, un cáliz adornado, o una elaborada espada, puede cerrar sus ojos e imaginar todos estos artefactos y debería tener la habilidad de elevar sus emociones a sus niveles más altos. Si decides recolectar las herramientas, estas deberían estar personalizadas y que cada una tenga el significado que te sea más estimulante. La idea de tener un «kit de ritual instantáneo» vendido a pedido es anatema. Deberías obtener entre tus medios cualquier tipo de las herramientas descritas, que evoquen tu más fuerte respuesta estética. Incluso puedes tener múltiples versiones para utilizarse en distintas intenciones rituales. La elección es tuya.

La práctica original recomendada en *La Biblia Satánica* era utilizar al menos una vela negra a la izquierda y una vela blanca a la derecha de tu altar. Eso se descartó bastante rápido en los rituales realizados en la Gruta Central, con dos velas negras iluminando el altar y una vela blanca en la parte superior de un cráneo humano utilizado cuando las sesiones de maldición estaban en uso. El concepto evolucionó a que el satanismo debería celebrarse de manera positiva y que la vela blanca representando la esterilidad de las religiones espirituales solo necesita emplearse cuando se invoque la Destrucción. En última instancia, cualquier vela de color servirá, siempre y cuando la «sientas apropiada». Como se dice en estos días, «todo tiene que ver *contigo*».

Los textos mismos también pueden modificarse para adaptarlos a tu sentido particular de ritmo e imaginería, y por supuesto vale la pena memorizarlos, ya que te permitirá concentrarte más intensamente en su significado. Sin embargo, si esto es muy difícil o te lleva a temer que «olvidarán sus líneas», puedes leer las palabras impresas. Muchos satanistas han descubierto que imprimir los textos específicos, en un formato que sea fácil de leer a la luz de las velas, vale la pena. Repetirlos o copiarlos a mano los textos, en una letra agradable, imprimirlos en un papel bonito y encuadernarlos en un gran libro o incluso guardarlos en una carpeta anillada con una cubierta plana o decorada, son métodos efectivos. Tu «Libro Negro de Rituales» autocreado puede crecer con el tiempo, y ser un registro único de tu práctica ritual.

Dado que el ritual se trata de la desvergonzada liberación de emoción y de la sola mentalización de la intención, a menudo es mucho mejor participar en el ritual uno mismo en vez de tener más gente en la cámara que te distraigan de tu motivación central. La soledad puede ser lo mejor. La persona que dirige el ritual siempre toma el papel de Celebrante, pero esto no quiere decir que el ritual es una pieza teatral que hace de ti la «estrella» para una audiencia cautiva y pasiva que tiene otros asuntos en sus mentes. El satanismo es egocéntrico, por lo que tú, como tu propio Dios, tomas la posición principal, de esta manera solo tendrás participantes adicionales si ellos están verdaderamente «en sincronía» con tu propósito y pueden ser profunda y activamente solidarios contigo como Celebrante.

Cuando los satanistas que apenas inician en el ritual, preguntan acerca de cuándo deberían ritualizar, les explico que cualquier hora que les venga bien es perfecta, ya sea dictada por la necesidad de privacidad y tranquilidad, o coordinando con los horarios de compañeros de ideas afines que deseen unirse al trabajo específico. En sus libros, el Dr. LaVey presentó teorías para sincronizar los rituales de manera apropiada, así que explora sus sugerencias. Si las horas de oscuridad son las más adecuadas para tus ritos, y eso es tradicional, muchos satanistas han disfrutado utilizando la noche de la luna nueva como la ocasión elegida, ya que este momento del mes es cuando firmamento está negro, ajustándose a la aceptación que hace el satanismo de la Oscuridad como imagen positiva.

Nuestro ritual estándar toma nota de la muy antigua

idea que los cuatro puntos cardinales tienen una correspondencia con los que una vez fueron considerados los cuatro elementos básicos que componen todo lo que existía. En el ritual satánico estándar, Anton LaVey vinculó éstos con los cuatro príncipes herederos del infierno que se encuentran en grimorios tales como *El libro de la magia sagrada de Abramelin el mago*: Satán, el Sur-fuego; Lucifer, el Este-aire; Belial, el Norte-la tierra y Leviatán, el Oeste-agua. Además, como las iglesias cristianas a menudo tenían sus altares instalados en el este para identificar el ascenso de su mítico Cristo con el sol naciente, el Dr. LaVey sugirió que la dirección preferida para el altar satánico fuera el oeste, en blasfema oposición al modo cristiano. Sin embargo, esto no es obligatorio y el satanista puede utilizar cualquier dirección. Incluso podrías tratar de enfocar tu ritual en diferentes direcciones, si eso brinda mayor estímulo.

Ya que el satanismo es una religión que abraza la Tierra y nos ve a nosotros mismos como parte de la naturaleza, no tenemos el mismo pensamiento que tienen otras religiones acerca de la necesidad de «purificar» nuestros instrumentos rituales. Somos gente carnal, profana, con una «no-religión». La consagración de implementos no fue abordada por Anton LaVey en *La Biblia Satánica*, por lo que puedes obtener tus artefactos y utilizarlos directamente. En la práctica mágica occidental, y en religiones neopaganas que han evolucionado de las raíces de la magia ceremonial, persiste la idea de dedicar las herramientas rituales. Por lo tanto, aunque no hay necesidad de dar este paso con sus herramientas rituales, el satanista podría decidir que, antes de usarlo, sería placentero dedicar un objeto ceremonial, en lugar de purificarlo. Este es un enriquecimiento de la práctica ritual, pero no es en modo alguno obligatorio. Si decides dedicar tus instrumentos rituales, ofrezco el siguiente método.

UN RITO SATÁNICO DE DEDICACIÓN

Este es un rito solitario, ya que estás reconociendo personalmente un objeto como importante para ti, una herramienta de «élite» para ser tu compañero en tus trabajos de Magia Mayor. Para honrar tu herramienta recién adquirida, además de los artefactos estándar enumerados, necesitarás incienso. El incienso granulado, quemado sobre las brasas, contenido por un incensario a prueba de incendios es el mejor, pero alternativamente puedes utilizar un cono o palo de incienso, situado en un soporte adecuado para una quema segura. También necesitarás un recipiente que contenga agua y un receptáculo más pequeño que contenga sal.

Lleva a cabo los primeros siete pasos del ritual satánico de *La Biblia Satánica*. El octavo paso, destinado a bendecir la congregación, se convierte en el punto en el que dedicas el objeto. Aquí utilizamos el incienso (fuego y aire: Satán, Lucifer) y agua salada (tierra y agua: Belial, Leviatán).

EL CELEBRANTE ESPARCE EL INCIENSO SOBRE LAS BRASAS (O ENCIENDE EL CONO O PALO DE INCIENSO), DICIENDO:

He aquí la amalgama del llameante Averno y la tempestuosa tormenta.

TOMA EL OBJETO A DEDICARSE Y LO SOSTIENE SOBRE EL INCIENSO AUMENTANDO (O BALANCEA EL INCENSARIO ALREDEDOR DE UN OBJETO DEMASIADO GRANDE PARA SOSTENERLO SOBRE ÉL) DICIENDO:

En el nombre de Satán, Señor del Infierno, y

Lucifer, Señor del Aire, dedico este
[*la herramienta*] del Arte Oscuro.
Tú me servirás bien.

La herramienta puede moverse sobre el incensario
haciendo la forma de un pentagrama, comenzando
por el punto superior izquierdo. Alternativamente
el incensario puede balancearse en ese patrón sobre
un objeto más grande. A medida que el humo se
riza alrededor del objeto se imagina la esencia del
llameante Satán y el radiante Lucifer, infundidos en él,
energizándolo. Baja el objeto (o el incensario) cuando
sientas que está totalmente «cargado».

El celebrante recoge la sal con la mano izquierda y la
espolvorea dentro del cuenco de agua diciendo:

He aquí la amalgama de la tierra fértil y el mar
embravecido.

Toma el objeto a dedicarse y con la mano izquierda,
moja los dedos en el cuenco y traza lentamente sobre
el objeto un pentagrama invertido comenzando por la
punta de la parte superior izquierda diciendo:

En el nombre de Belial, Señor de la Tierra, y de
Leviatán, Señor del Mar, dedico este [*nombre
de la herramienta*] del Arte Oscuro.
Tú me servirás bien.

El celebrante debería imaginarse el agua brillando con
la esencia fecunda de Belial y la potencia de Leviatán.
Sitúa el objeto cuando sientas que está totalmente
«cargado».

El celebrante levanta las manos sobre el objeto
en el mudra de la llama y dice:

¡Shemhamforash! ¡Salve Satán!.

GOLPEA EL GONG.

EL CELEBRANTE LEE LA SEXTA CLAVE ENOQUIANA
DE *LA BIBLIA SATÁNICA*.

ESTO ES SEGUIDO POR EL DECIMOTERCER PASO: TOCANDO LA
CAMPANA COMO POLUCIONARIO Y PRONUNCIANDO LA FRASE
TRADICIONAL DE CIERRE,

Así se ha hecho.

PUEDES PONER TU HERRAMIENTA DEDICADA EN SU LUGAR APROPIADO
A LA ESPERA DE SU USO EN EL SIGUIENTE RITUAL.

La herramienta está ahora comprometida con su nueva identidad, y es una extensión de tu voluntad. Algunos satanistas optan por preservar esta «carga» manteniendo la herramienta oculta hasta que un ritual esté a punto de realizarse. Un armario con cerradura funciona bien, particularmente si tu cámara es una habitación que deba servir a otros propósitos y que podría tener visitantes que no simpaticen con tus inclinaciones. Si celebras tus ritos infernales por la noche, puede ser de utilidad no abrir el armario hasta que la habitación esté iluminada con velas, la atmósfera apropiada que se conjura para la práctica de las Artes Oscuras. Si tienes una cámara que pueda permanecer cerrada, a la que solo entres tú mismo y aquellos de tus diabólicos cohortes con quiénes desees compartir la intimidad del ritual, entonces puedes exhibir el objeto en un lugar de honor dentro de la cámara.

Una vez que hayas reunido tus herramientas y domines las técnicas presentadas en *La Biblia Satánica*, es posible que los ritos que siguen sean obras adecuadas para mejorar tu práctica ritual, en especial para marcar experiencias significativas en tu vida rica y vital.

En última instancia, la utilización del ritual es una decisión enteramente personal de cada satanista. Si decides emplear esta exquisita herramienta, pueda que te sirva bien para celebrar tu propia Divinidad Infernal.

Una Boda Satánica

En los primeros días de la Iglesia de Satán, uno de los eventos que atrajo más alta publicidad fue un rito nupcial con asistencia de la prensa. El público ya tenía sus sentidos atontados por las agitaciones sociales de los sesenta, sin embargo se horrorizaron al ser testigos de una pareja haciendo votos en el nombre de Satán ante un altar femenino desnudo, siendo unidos en profano matrimonio. Los matrimonios son ampliamente aceptados como dominio de las religiones establecidas y es por esto que la gente estaba alarmada; vieron cómo una religión alternativa podía usurpar una práctica que sentían les pertenecía solo a ellos. ¡Cómo osábamos! Por supuesto, la mayoría de las religiones desdeñan los matrimonios civiles laicos como una mera alternativa barata de su producto «superior», refrendado por su deidad preferida. El encontrar una iglesia dedicada a exaltar a Satán y utilizar el nombre del Diablo para santificar un vínculo era verdaderamente revolucionario. En lo que concernía a la mayoría de las religiones, ¡Satán fue quien inspiró la lujuria rampante que llevó a la disolución de las uniones que con tanto esfuerzo trataban de cimentar! A lo sumo, podrían haber pensado, que el Príncipe de las Tinieblas convencería a las personas de fugarse a una de esas vulgares ceremonias de Las Vegas. Ser unidos por un pseudo-Elvis era ciertamente diabólico; ¿recuerdas cómo solía mover lascivamente esas caderas?

Ya que los satanistas estamos dedicados a disfrutar de nuestras vidas al máximo, abrazamos el rango completo de las emociones humanas, y eso va desde los extremos del odio más oscuro hasta el amor más profundo, siendo ambos raros en la experiencia de nuestras vidas. En *La Biblia Satánica*, Anton LaVey proporcionó un medio para lanzar maldiciones, para purgar las necesidades destructivas que surgen cuando uno es injustamente agraviado. También celebró el profundo amor que los miembros tenían el uno por el otro al realizar ritos nupciales. El texto que sigue está inspirado por una ceremonia fragmentaria de los primeros días de la Iglesia de Satán que se utilizó entonces como un formato básico que podía modificarse a voluntad dependiendo de las circunstancias de la unión. El rito presentado aquí se revisó nuevamente, aunque tiene mucho en común con mi versión original que nuestro Sacerdocio de Mendes ha realizado durante muchos años.

En el satanismo, la base para una pareja que forma una unión es la relación amorosa que han creado. No importa si la pareja es del mismo sexo o del opuesto. Este vínculo no requiere sanción del estado, ni ninguna bendición de deidades de ningún tipo. Está formado por los cónyuges, será sostenido por ellos, y puede disolverse cuando evolucionen más allá de cualesquier factores que causaran que su amor prospere. Ya que los satanistas somos generalmente gente solitaria, nunca hemos sentido la necesidad de tener muestras exageradas de nuestros sentimientos ante el público general. Cuando formamos relaciones profundas, son entre los individuos involucrados, y no sujetas a contratos sociales externos. Pero la Iglesia de Satán no ignora la historia de la conducta humana, y por tanto comprendemos que una pareja amorosa pueda querer demostrar su orgullo exultante en la relación que han formado al tener una ceremonia e invitar a las personas que tienen significado en sus vidas. Celebramos nuestro gozo y lo compartimos con aquellos que apreciamos.

Pragmáticamente, en la mayoría de las naciones, las parejas casadas logran beneficios y privilegios que no pueden duplicarse a través de uniones civiles o de otros modos alternativos de unión legal, así el estado del matrimonio permanece único como el pináculo de los medios para unir las vidas de los cónyuges. Muchas instituciones, tales como hospitales, reconocen este vínculo que está más allá de la relación sanguínea, y por tanto este mantiene una potencia aún inigualada. Por esto, es una institución poderosa que los satanistas utilizamos por las ventajas que puede proporcionar. Os presento un rito de matrimonio verdaderamente profano para ayudarles a ustedes, orgullosos amantes, a glorificar ese oscuro amor satánico que les galvaniza para encontrar el mundo que hay en cada uno. ¡Que su pasión sea sin par!

PRELIMINAR:

En la sección III, si no se utiliza el incienso, procede directamente a la bendición del cáliz. Las secciones VI y VII son opcionales, pensadas para una Misa Nupcial Satánica más formal, y pueden omitirse sin ningún perjuicio para el ritual. En la sección II, he presentado los Nombres Infernales que son figuras diabólicas relacionadas con la lujuria y la sexualidad. Por supuesto que la pareja puede elegir los nombres que mejor se acomoden a sus propios gustos. Naturalmente, la pareja que ha de casarse puede personalizar sus votos, y los presentados aquí deberían proporcionar inspiración. Si hay textos apreciados por la pareja que a ellos les gustaría que fueran leídos por la familia o amigos, estos pueden añadirse dondequiera que sea dramáticamente apropiado.

Este ritual es para ser realizado por miembros de nuestro Sacerdocio solamente si la pareja ha sido casada legalmente por las autoridades seculares locales, o si el Celebrante que lo oficia ha sido autorizado por las autoridades locales para realizar ceremonias legales de matrimonio. Las leyes varían considerablemente, por lo que antes de emplear este derecho, debe explorarse acuciosamente la necesidad de licencias y otros documentos que legitimen tal unión. Por supuesto que los cónyuges pueden celebrar este rito ellos mismos, sin la sanción del estado simplemente para marcar su vínculo personal sin que ello tenga ninguna ramificación u obligación legal.

Con los cambios de redacción apropiados, esta ceremonia puede utilizarse para parejas del mismo sexo, o incluso uniones poligámicas, de nuevo teniendo en cuenta las leyes del lugar donde residen los cónyuges, si se desean los privilegios y legitimaciones gubernamentales.

Todas las palabras son dichas por el Celebrante a menos que se indique lo contrario. Los participantes se visten para la ceremonia. Artículos estándar al ritual satánico se disponen según sea necesario. Para los pasajes de la «Invocación a Satán» y la «Clave Enoquiana» detallada en la liturgia, debe estar presente una copia de *La Biblia Satánica*. En adición, también se ponen sobre el altar una almohada, una patena o una bandeja con dos asas.

Las fuentes de luz externas se cortan. La congregación está sentada (pueden estar totalmente de pie si lo desean). Se apagan las luces; comienza la música de descompresión. El Celebrante y los ayudantes entran con velas negras encendidas, se dirigen al altar y prenden las velas del altar. La novia y el novio entran a continuación, con la música procesional y toman asiento al frente y en el centro, más cercanos al Celebrante (pueden permanecer totalmente de pie, si lo desean).

I. PURIFICACIÓN DEL AIRE

SUENA LA CAMPANA NUEVE VECES, DIRIGIENDO EL DOBLAR
HACIA LOS CUATRO PUNTOS CARDINALES MIENTRAS SE GIRA EN
SENTIDO OPUESTO DEL RELOJ. SIMULTÁNEAMENTE, SE TOCA EL
HIMNO A SATÁN (U OTRA MÚSICA APROPIADA).

II. INVOCACIÓN A SATÁN

INVOCACIÓN DE *LA BIBLIA SATÁNICA*,
ES ENTONADA POR EL CELEBRANTE.

LOS NOMBRES INFERNALES:

Bafomet, Moloc, Ishtar, Bast, Asmodeo, Mammón, Kali,
Lilit, Amón, Pan, Astarot, Naama, Melek Taus.

LA CONGREGACIÓN REPITE CADA NOMBRE
DESPUÉS DEL CELEBRANTE.

CELEBRANTE: ¡Levantaos oh Dioses del Abismo y manifestad
vuestra presencia a través de la bendición de
esta unión!

III. RITO DEL CÁLIZ

El Celebrante añade incienso al incensario.

celebrante: Así como nuestro incienso asciende hacia ti,
Señor Infernal, así descenderán tus
bendiciones sobre nosotros.

Incensar la copa tres veces, haciendo reverencia.
Incensar el Bafomet tres veces, haciendo reverencia.
Circunvalar la cámara en el sentido opuesto del reloj y
dirigir el incienso hacia los puntos cardinales.

Bendecir el cáliz con el mudra de la llama.

Señor Satán, Emperador del Fuego,
el Infierno y la Tierra están llenos de tu gloria.
¡Hosanna in profundis!

El Celebrante eleva el cáliz. Se golpea el gong.

He aquí el cáliz del éxtasis lleno del elixir de
la vida. Como un semejante de las bestias
impolutas, bebo y celebro la Llama Negra en
su interior.

El celebrante bebe.

¡Satán, tu fuerza es mía!

El Celebrante se da la vuelta para ofrecer
el cáliz al novio y a la novia.

Bebed y honrad la dicha
que ambos compartís.

AMBOS TOMAN LA COPA JUNTOS Y CADA UNO SE LA OFRECE AL
OTRO. CADA UNO BEBE Y RESPONDE, MIENTRAS MIRA EN LOS
OJOS DEL OTRO.

NOVIO Y NOVIA: Mi gozo es tuyo, ¡para siempre!

LA PAREJA DEVUELVE EL CÁLIZ AL CELEBRANTE.
DE CARA AL ALTAR, ELEVA EL CÁLIZ UNA ÚLTIMA VEZ
A CONTINUACIÓN, LO RESTITUYE EN EL ALTAR.

IV. INVOCANDO A LOS PRÍNCIPES DEL INFIERNO

El Celebrante toma la espada y la apunta hacia el dominio del príncipe que será llamado.

CELEBRANTE: Desde el Sur te invoco Satán todopoderoso.
Ven, oh Señor del Averno,
¡Te doy la bienvenida!

Desde el Este te invoco gran Lucifer. Ven, oh Portador de Luz,
¡Te doy la bienvenida!

Desde el Norte te invoco temible Belial. Ven, oh Rey de la Tierra,
¡Te doy la bienvenida!

Desde el Oeste te invoco pavoroso Leviatán. Ven, oh Dragón del Abismo,
¡Te doy la bienvenida!

¡Shemhamforash!

CONGREG. *(responde)*: ¡Shemhamforash!

CELEBRANTE: ¡Salve Satán!

CONGREG. *(responde)*: ¡Salve Satán!

Se golpea el gong.

El Celebrante restituye la espada sobre el altar.

V. BENDICIÓN

El Celebrante eleva el falo.

CELEBRANTE: Porque tú eres un poderoso Señor, oh Satán,
y de ti surge toda la potencia, la justicia, y
el dominio. Permite que nuestras visiones
se hagan realidad y que nuestras creaciones
perduren, porque somos tus semejantes,
hermanos demonios, vástagos de gozo carnal.

El Celebrante sacude el falo hacia los
puntos cardinales apropiados diciendo:

CELEBRANTE: Satán, danos tu bendición.
Lucifer, concédenos tu favor.
Belial, confiérenos tus bendiciones.
Leviatán, otórganos tus tesoros.

El Celebrante restituye el falo sobre el altar.

VI. LA LECTURA

CELEBRANTE: ¡Lectura del Libro de Satán!

CONGREG. *(responde)*: ¡Gloria a ti, Príncipe de las Tinieblas!

Un miembro elegido de la congregación lee el Libro IV.

VII. AVE SATANAS

CELEBRANTE: Para nosotros, tus devotos discípulos, oh Señor Infernal, que celebramos nuestra iniquidad y la confianza en tu poder sin límites, concede tu vínculo de hermandad estigia. Es a través tuyo que los regalos lujosos vienen a nosotros; el conocimiento, el vigor y la riqueza son tuyos para otorgar.

Renunciamos al paraíso espiritual de los desesperados y los crédulos. Has ganado nuestra confianza, oh Dios de la Carne, porque tú defiendes la satisfacción de todos nuestros deseos y proporcionas plena realización en la tierra de los vivos. ¡Shemhamforash!

CONGREG. *(responde)*: ¡Shemhamforash!

CELEBRANTE: Líbranos, Señor Oscuro, de todos los obstáculos y concédenos la alegría en nuestras vidas. Por tu magnificencia garantizas nuestra libertad y nos proteges de la injusticia, así como nos entregamos a los deseos de nuestro corazón. El reino, el poder y la gloria son eternamente tuyos.

CELEBRANTE *(congreg. repite)*: ¡Salve Satán, lleno eres de poder! ¡Nuestra lealtad está contigo! ¡Malditos sean los adoradores de Dios, y malditos sean los adoradores del Eunuco Nazareno! Profano Satán, portador de la iluminación, traspásanos tu poder, ¡Ahora y durante las horas de nuestras vidas! ¡Shemhamforash!

UNA BODA SATÁNICA

VIII. LA INVOCACIÓN NUPCIAL

CELEBRANTE *(frente a la pareja)*: ¡De pie y dad un paso al frente!
(o «¡Dad un paso al frente!*» si están de pie)*

LA PAREJA SE PONE FRENTE AL CELEBRANTE.

Gloria a Ti, Satán Todopoderoso, el más
excelso e inefable Rey del Infierno; y en la
Tierra, alegría para los seguidores del sendero
siniestro. Oh potente Príncipe de las Tinieblas,
Tú nos concedes existencia vital y sabiduría pura.

Siempre vivo Señor del Pozo, quien ha
querido que todos los placeres de la carne
se manifiesten, concédele gran abundancia a
tus defensores, [nombres de pila de la pareja
a desposar] que se deleitan en tu verdad.
¡Shemhamforash!

CONGREG. *(responde)*: ¡Shemhamforash!

CELEBRANTE: En el nombre de Satán, os doy la bienvenida
en esta noche de las noches. Nuestro salón
se ha convertido en una cámara en la que se
honrará la culminación de vuestro noviazgo.
Cada uno de vosotros, de manera singular, ha
tejido la magia de la fascinación sobre el otro
y así desea la aclamación de este dominio.
Vuestra consumación no es una victoria menor,
porque la lujuria ardiente que la dedicación
permanente no siempre se satisface. Por
el poder de vuestro amor, y por la esencia

de ustedes mismos, habéis alcanzado esta fusión. Como cada criatura verdaderamente viviendo sobre la Tierra, en busca de mejora, así habéis mejorado juntos. ¡Que los hijos de la noche se unan a nosotros, cantando sus alabanzas, para que la vida y el amor abunden! ¡Shemhamforash!

CONGREG. *(responde)*: ¡Shemhamforash!

CELEBRANTE: ¡Salve Satán!

CONGREG. *(responde)*: ¡Salve Satán!

SE GOLPEA EL GONG

IX. LOS VOTOS

CELEBRANTE: Te pregunto [*nombre del novio*], ¿es ella tu compañera elegida, decretada por tu más profundo ardor, la imagen de tu fantasía encarnada?

NOVIO: Ella es, en efecto.

CELEBRANTE: Te pregunto, [*nombre de la novia*], ¿es él tu compañero elegido, decretado por tu profundo ardor, la imagen de tu fantasía encarnada?

NOVIA: Él es, en efecto.

CELEBRANTE: Es el momento de expresar vuestros votos.

LA NOVIA Y EL NOVIO SE MIRAN EL UNO AL OTRO Y JUNTAN SUS MANOS.

NOVIO: [*nombre de la novia*], deseo vivir junto a ti tal y como eres. Te elijo a ti por encima de todas las demás, para compartir conmigo mi vida. Prometo decirte siempre la verdad, para honrarte y cuidar de ti tiernamente.

Te amo por ti misma, en la confianza que te convertirás en todo lo que puedas ser, y a su vez me comprometo a ser tan grande como mi naturaleza y mi voluntad lo permitan. Honraré este compromiso, tanto como la vida y el amor perduren.

NOVIA: [*nombre del novio*], deseo vivir junto a ti tal y como eres. Te elijo a ti por encima de todos los demás, para compartir conmigo mi vida. Prometo decirte siempre la verdad, para honrarte y cuidar de ti tiernamente.

Te amo por ti mismo, en la confianza que te convertirás en todo lo que puedas ser, y a su vez me comprometo a ser tan grande como mi naturaleza y mi voluntad lo permitan. Honraré este compromiso, tanto como la vida y el amor perduren.

X. LA UNIÓN

CELEBRANTE: He aquí los anillos, símbolo de la alianza entre [*nombres de la novia y el novio*].

EL CELEBRANTE CONSAGRA LOS ANILLOS CON EL MUDRA DE LA LLAMA, SE GOLPEA EL GONG. EL CELEBRANTE LE TIENDE A LA PAREJA LA ALMOHADA / BANDEJA CON LOS ANILLOS.

NOVIO (*toma el anillo*): [*nombre de la novia*], con este anillo te desposo a ti y uno mi vida con la tuya.

NOVIA (*toma el anillo*): [*nombre del novio*], con este anillo te desposo a ti y uno mi vida con la tuya.

CELEBRANTE: Ahora estáis ante mí, como consortes. Por vuestra voluntad, habéis declarado vuestros votos en la presencia de estos testigos. Yo, por tanto, consagro esta unión bajo la égida del Señor de la Tierra, cuyo sacerdote soy. En el nombre de Satán, os declaro marido y mujer. Que vuestra felicidad sea ilimitada, y que vuestro amor se haga cada vez más fuerte durante vuestro viaje juntos. Abrazaos y sed como uno.

MIENTRAS ELLOS LO HACEN, EL SACERDOTE RECITA LA SEGUNDA CLAVE ENOQUIANA.

CELEBRANTE: Podéis sellar vuestra unión con un beso.

MIENTRAS SE BESAN, EL CELEBRANTE COMIENZA A APLAUDIR Y LA CONGREGACIÓN SE UNE CON APLAUSOS. CONTINÚAN DESPUÉS QUE LA OVACIÓN CONCLUYE.

XI. EL RITO DE CLAUSURA

CELEBRANTE: Os pido que os levantéis y deis la Señal de los Cuernos. (*Si están de pie* "Os pido que deis la Señal de los Cuernos.)

CELEBRANTE: Satán Todopoderoso, ¡abre las puertas del infierno! ¡Revela los misterios de tu creación, porque somos partícipes de su sabiduría pura!

¡No olvidéis lo que fue y lo que ha de ser!
¡Carne sin pecado! ¡Por los siglos de los siglos!

CELEBRANTE (*Congregación repite*)**:** ¡Shemhamforash!
¡Salve, [*nombres de la novia y el novio*]!
¡Salve, Satán!
¡Salve, Satán!
¡Salve, Satán!

XII. POLUCIONARIO

El Celebrante suena la campana como al principio, mientras se toca el Himno a Satán o la música apropiada. Cuando los sonidos han decaído en el silencio el Celebrante concluye:

CELEBRANTE: ¡Así se ha hecho!

El Celebrante apaga las velas, cualquier otro tipo de iluminación se apaga. Por un momento todos experimentan la oscuridad. La iluminación convencional se restablece, poniendo fin a la ceremonia.

XIII. ¡QUE COMIENCE AHORA EL FESTÍN NUPCIAL!

Un Rito Fúnebre Satánico

EL SATANISMO ES PARA LOS VIVOS, y las exequias satánicas también lo son. Somos una filosofía centrada en la vida. Luchamos contra el acortamiento innatural de la propia existencia vital. Nos resistimos a abandonar la experiencia gozosa de la única vida que tenemos para vivir. Si podemos, engañaremos la muerte a cada instante, para continuar viviendo bien. Pero también entendemos que nuestras vidas, eventualmente, cesarán. Cuando muere alguien que apreciamos, lamentamos la pérdida de un valioso compañero. Cuando morimos, se nos viene encima el fin de la conciencia y no podemos experimentar lo que pasa entre quienes nos suceden. La vida circula incesantemente, y somos parte de este proceso. Así disfrutamos el aquí y el ahora, y no buscamos un ficticio más allá.

A diferencia de las religiones centradas en la muerte, desde el antiguo Egipto, con sus elaboradas costumbres funerarias hasta el cristianismo contemporáneo y sus anquilosadas perogrulladas, el satanismo reconoce que la muerte es el fin. Como está escrito en *La Biblia Satánica*: «No existe un Cielo de gloria brillante, ni un Infierno donde los pecadores se tuestan. ¡Aquí y ahora está nuestro día de tormento! ¡Aquí y ahora está nuestro día de gozo!» La Iglesia de Satán, por tanto, no requiere que se digan palabras sobre los restos de nuestros miembros. El satanista está muerto;

él o ella no sabrá la diferencia No creemos que necesitemos una «póliza de seguro» para que los muertos obtengan lo que les es merecido por parte de cualesquier supuestos Dioses que controlen la justicia en el más allá. Somos nuestros propios Dioses, y sabemos que, una vez que hemos muerto, tales ceremoniales no tienen beneficio para nosotros. Muchos satanistas pueden decidir no planear ningún tipo de servicios o memoriales, dejando eso a quienes les sobreviven. Otros, particularmente nuestros miembros que tienen amigos y conocidos que comparten sus valores satánicos, puedan desear que sus cohortes se reúnan y conmemoren la vida que ha concluido.

El propósito de este rito es proveer un marco de trabajo en el cual los participantes puedan reconocer y lamentar la muerte de alguien que estimaban, tras lo cual celebran y concretizan el significado que tenía y seguirá teniendo para ellos la vida de esa persona. Creemos que la inmortalidad yace únicamente en los recuerdos de las personas a quienes los fallecidos conmovieron de alguna forma durante sus vidas, o a quienesquiera que hayan influenciado *post mortem* a través de las producciones creativas de sus vidas. Este rito es por tanto un tributo a los logros del fallecido.

Como siempre, este no es un rito dogmático; es una sugerencia para una posible ceremonia, que puede adaptarse para satisfacer las necesidades de la situación.

Para hacer el texto más legible, hemos puesto entre paréntesis un nombre indefinido que debería reemplazarse por el nombre del individuo para quien se realiza el rito. También hemos puesto entre paréntesis palabras específicas según el género, habiendo seleccionado la versión masculina para este rito pero que debería ser sustituido para adaptarse al género del fallecido.

PRELIMINAR:

El rito variará dependiendo de lo que se haga con el cuerpo del fallecido. Esa decisión está en poder de quienquiera que se le considere como legalmente responsable: la familia, los seres queridos, o los deseos del fallecido que se hayan estipulado en un instrumento legalmente aceptable. No coloques tus planes funerarios en tu testamento, ya que usualmente este no se lee hasta después de tu funeral. Es prudente escribir una carta de intención a tu albacea y enviar copias a todo el que pudiera tener un rol en el manejo de tus asuntos después de la muerte. La Iglesia de Satán acepta el entierro de los restos en un cementerio nacional o privado (y esto puede acompañarse por una lápida que se ajuste a la estética del fallecido) y hasta puede incluir el arrojar las cenizas en alta mar, además de la cremación. Si se elige esto último, los restos pueden ser conservados por la familia y los seres amados, o esparcidos en un lugar que fuera especial para el fallecido. Existen otros medios disponibles para la eliminación o preservación de los restos, y tales están sujetos a la voluntad del fallecido y del resto de la familia y seres queridos. El embalsamamiento es también una cuestión de gusto.

Si el fallecido está en un ataúd, este puede estar abierto o cerrado a discreción de las partes responsables. Igualmente, las vestimentas del fallecido están a su discreción, pero sugerimos que ellas reflejen la naturaleza y la autoimagen del difunto.

Ya que un funeral reunirá personas que tienen variadas creencias religiosas o filosóficas, notamos que cada uno puede tener una forma de vestir que parecería adecuada para su propia expresión de duelo y remembranza. Los satanistas participantes pueden vestir las túnicas negras estándar, o pueden vestir con ropa negra y deberían llevar

Un Rito Fúnebre Satánico

un Sigilo de Bafomet. Cada uno debería también incluir alguna prenda de vestir de color blanco (el color de la muerte y la esterilidad), el cual puede ser simplemente un brazalete blanco. Puede dárseles brazaletes a los asistentes. El Celebrante debe vestir una casulla o faja, de color negro, la cual está adornada con una calavera con los huesos cruzados de color blanco (un símbolo tradicional de mortalidad).

En el lugar del rito —el cual puede ser una cámara ritual de alguien de la familia o de los amigos del fallecido, o en una funeraria— se reúnen instrumentos estándar del ritual satánico (campana, espada, gong, cáliz, falo, elixir) y ubicados sobre una tabla instalada al alcance del Celebrante. Para la Invocación a Satán, pasajes del Libro de Satán y la clave enoquiana referida a continuación, se requiere una copia de *La Biblia Satánica*.

Como oratorio principal se utiliza una mesa adicional, la cual sirve como un lugar de recolección para los objetos memoriales, además de dos velas negras en candelabros (utilizados para la iluminación). Este puede cubrirse con un paño de un color o colores admirados por el fallecido, y debería ser puesto en el centro, quizás en frente del ataúd. Considera la geometría de la cámara y decide consecuentemente. Debe ubicarse un Sigilo de Bafomet arriba o sobre este altar. Los paños o banderas que porten el sigilo pueden tenderse cubriendo el ataúd. Si hay una urna, esta puede colocarse sobre el oratorio y puede estar envuelta o puesta sobre el paño que tenga este sigilo. Los diseños variarán según el espacio que se use.

Si los restos del fallecido no están presentes para el rito, puede representárseles utilizando una calavera humana real (o réplica) y unos huesos cruzados que se pondrán sobre el oratorio.

Se pone un cirio negro en un candelabro apropiado,

cerca de la cabeza del fallecido si el cuerpo está presente en el ataúd, o próxima al contenedor de las cenizas si el cuerpo ha sido cremado, o en frente de la calavera y los huesos representativos. Cuando está encendido, este cirio simboliza la Llama Negra, la esencia del fallecido. Suficientes velas negras más pequeñas están presentes para cada uno de los deudos. Estas pueden ser velas dentro de candelabros de vidrio, que previenen el chorrear de la cera y resisten el viento, o pueden ser velas más pequeñas, delgadas con alguna provisión hecha para retener la cera que chorree. Estas velas se ponen en una mesa pequeña cercana a la vela de la Llama Negra dentro de un receptáculo apropiado como una bandeja, una canasta, o un cuenco que contenga arena, en el cual las velas puedan estar de pie. Para transferir la llama desde la vela de la Llama Negra a las velas del deudo, pueden necesitarse algunas candelas negras o cerillas largas de madera. Antes de comenzar el rito, asegurarse que el Celebrante maneja las técnicas funcionales para encender estas velas desde la vela de la Llama Negra.

En la cámara deberían estar presentes artículos apreciados por el fallecido, además de cosas que la persona difunta haya creado durante su vida. También son apropiadas fotografías que describan la rica y variada vida del fallecido. Todos estos artículos deberían ponerse sobre o cerca del oratorio, el cual debe ser fácilmente accesible para los deudos, de modo que ellos puedan tener tiempo para experimentar estas muestras de la plenitud de la vida del fallecido.

También puede haber flores presentes; esto depende de los gustos de quienes organicen el funeral. En cualquier ofrenda floral, debería utilizarse el simbolismo satánico apropiado.

Previo al inicio del rito formal, los deudos deben tener un espacio de tiempo para meditar en el oratorio, experimentando sus emociones y llegando a aceptar la realidad de su pérdida. Durante este periodo de reflexión deberían componer sus declaraciones para la parte memorial de la liturgia. Si toma algún tiempo el reunir a todos los deudos, entonces deberían asignarse varios días para este periodo de remembranza meditativa. Durante este intervalo, los deudos pueden traer artículos para ponerlos sobre el oratorio. Al concluir el rito, pueden recuperar estos artículos o pueden optar por donarlos a otros deudos que sientan deban tenerlos. Debería designarse a alguien para coordinar la ubicación estética de los objetos sobre el oratorio. El rito puede comenzar una vez que todos los deudos han tenido esta oportunidad.

Todas las palabras son pronunciadas por el Celebrante a menos que se indique lo contrario. Se eligen los nombres infernales que tengan una asociación particular con la mitología de la muerte o el Inframundo, pero el Celebrante puede elegir utilizar nombres que tenían resonancia particular para el fallecido.

La vela de la Llama Negra se enciende. Las fuentes de luz externa se aíslan. Si se usa un incensario, deberán encenderse las brasas. La congregación está sentada. Entonces se extinguen las luces y comienza la música de descompresión. Esta música debería ser algo que tuviera importancia para el fallecido. El Celebrante procede al altar y las luces de las dos velas negras básicas del altar (como fuente de esta luz debería usar la vela de la Llama Negra, quizás encendiendo en ella una cerilla larga o candela). Si se necesitan otras velas negras para iluminar, ahora se encienden estas, o si para los procedimientos es más práctico tener iluminación eléctrica, se le da a esta el nivel apropiado.

I. LA PURIFICACIÓN DEL AIRE

SUENA LA CAMPANA NUEVE VECES, DIRIGIENDO EL DOBLAR
HACIA LOS CUATRO PUNTOS CARDINALES MIENTRAS SE GIRA
EN SENTIDO OPUESTO DEL RELOJ. SIMULTÁNEAMENTE SE PUEDE
TOCAR EL *HIMNO A SATÁN*.

II. INVOCACIÓN A SATÁN

INVOCACIÓN DE *LA BIBLIA SATÁNICA*
ES ENTONADA POR EL CELEBRANTE.

LOS NOMBRES INFERNALES:

Gorgo, Mormo, Tezcatlipoca, Nija, Hécate, Mictian,
Plutón, Proserpina, Mania, Yaotzin, Supay, Mantus,
Emma-O, Nergal, Yen-lo-Wang

LA CONGREGACIÓN REPITE CADA NOMBRE DESPUÉS DEL
CELEBRANTE.

CELEBRANTE: ¡Levantaos, oh Dioses del Abismo, y dad
testimonio a estos testimoniales que celebran
la vida de una persona que era vuestro familiar
y amigo!

III. RITO DEL CÁLIZ

*El uso del incienso y las palabras que lo acompañan
son opcionales.
Si no se usa el incienso, ir directamente a
la bendición del cáliz.*

El celebrante añade incienso al incensario.

celebrante: Así como nuestro incienso asciende hacia ti,
Señor Infernal, así descenderán tus
bendiciones sobre nosotros.

El celebrante inciensa el cáliz tres veces, se inclina.
Inciensa el Bafomet tres veces, se inclina. Circunvala
la cámara en contra del sentido del reloj y dirige el
incienso a los puntos cardinales, así como a los restos
del fallecido.

Bendice el cáliz con el mudra de la llama.

Señor Satán, Rey del Fuego, el Infierno y la
Tierra están llenos de tu gloria. *¡Hosanna in
profundis!*

El celebrante eleva el cáliz. Se golpea el gong.

He aquí el cáliz del éxtasis repleto con el elixir
de la vida. Como un semejante de las bestias
impolutas, bebo y celebro la Llama Negra en
su interior.

LAS ESCRITURAS SATÁNICAS

EL CELEBRANTE BEBE Y DICE:

¡Satán, tu fuerza es la mía!

EL CELEBRANTE SE VUELVE PARA OFRECER
EL CÁLIZ A LOS DOLIENTES CON ESTAS PALABRAS:

Bebed y honrad vuestra verdadera naturaleza.

LOS DOLIENTES QUE DESEEN PARTICIPAR SE APROXIMAN.
CADA UNO DE ELLOS BEBE Y RESPONDE:

DEUDO: La Llama Negra arde dentro de mí.
¡Satán, tu fuerza es la mía!

EL CELEBRANTE MIRA AL ALTAR, ELEVA EL CÁLIZ UNA ÚLTIMA
VEZ A CONTINUACIÓN LO RESTITUYE EN EL ALTAR.

IV. INVOCANDO A LOS PRÍNCIPES DEL INFIERNO

El celebrante toma la espada y la apunta hacia el dominio del príncipe que será llamado.

CELEBRANTE: Desde el Sur te invoco Satán todopoderoso.
Ven, oh Señor del Infierno,
¡Te doy la bienvenida!

Desde el Este te invoco gran Lucifer. Ven, oh
Portador de Luz,
¡Te doy la bienvenida!

Desde el Norte te invoco temible Belial. Ven,
oh Rey de la Tierra,
¡Te doy la bienvenida!

Desde el Oeste te invoco pavoroso Leviatán.
Ven oh Dragón del Abismo,
¡Te doy la bienvenida!

¡Shemhamforash!

CONGREG. *(responde)*: ¡Shemhamforash!

CELEBRANTE: ¡Salve, Satán!

CONGREG. *(responde)*: ¡Salve Satán!

Se golpea el gong.

El celebrante restituye la espada sobre el altar.

V. BENDICIÓN

CELEBRANTE: Porque tú eres un poderoso Señor, oh Satán, y de ti surge toda la potencia, la justicia, y el dominio. Permite que nuestras visiones se hagan realidad y que nuestras creaciones perduren, porque somos tus semejantes, hermanos demonios, vástagos de gozo carnal.

EL CELEBRANTE SACUDE EL FALO HACIA LOS PUNTOS CARDINALES APROPIADOS DICIENDO:

Satán, danos tu bendición.
Lucifer, concédenos tu favor.
Belial, confiérenos tus bendiciones.
Leviatán, otórganos tus tesoros.

EL CELEBRANTE RESTITUYE EL FALO SOBRE EL ALTAR.

VI. LA LECTURA

CELEBRANTE: ¡Una lectura del Libro de Satán!

CONGREG. *(responde)*: ¡Gloria a ti, Príncipe de las Tinieblas!

EL MIEMBRO SELECCIONADO DE LA CONGREGACIÓN LEE EL LIBRO V, NÚMEROS DEL 1 AL 6 Y EL 13.

VII. AVE SATANAS

CELEBRANTE: Para nosotros, tus devotos discípulos, oh Señor Infernal, que celebramos nuestra iniquidad y la confianza en tu poder sin límites, concede tu vínculo de hermandad estigia. Es a través tuyo que los regalos lujosos vienen a nosotros; el conocimiento, el vigor y la riqueza son tuyos para otorgar.
Renunciamos al paraíso espiritual de los desesperados y los crédulos. Has ganado nuestra confianza, oh Dios de la Carne, porque tú defiendes la satisfacción de todos nuestros deseos y proporcionas plena realización en la tierra de los vivos. ¡Shemhamforash!

CONGREG. *(responde)*: ¡Shemhamforash!

CELEBRANTE: Líbranos, Señor Oscuro, de todos los obstáculos y concédenos la alegría en nuestras vidas. Por tu magnificencia garantizas nuestra libertad y nos proteges de la injusticia, así como nos entregamos a los deseos de nuestro corazón. El reino, el poder y la gloria son eternamente tuyos.

CELEBRANTE *(la congregación repite)*: ¡Salve Satán, lleno eres
de poder! ¡Nuestra lealtad está contigo!
¡Malditos sean, los devotos de Dios,
y malditos son los adoradores
del Eunuco Nazareno!
¡Profano Satán, portador de la iluminación,
traspásanos tu poder, ahora y durante las horas
de nuestras vidas!
¡Shemhamforash!

VIII. LA INVOCACIÓN FÚNEBRE

CELEBRANTE: Gloria a Ti, Satán Todopoderoso, el más excelso e inefable Rey del Infierno; y en la Tierra, alegría para los seguidores del sendero siniestro. Oh potente Príncipe de las Tinieblas, Tú nos concedes existencia vital y sabiduría pura.

Siempre vivo Señor del Pozo, quien ha querido que todos los placeres de la carne se manifiesten, concédeles a tus discípulos la remembranza de [*Anton*], uno de los hijos de la noche que se deleitaba en tu verdad, que nació verdaderamente para estar entre tus escogidos. ¡Salve [*Anton*]!

CONGREG. *(responde):* ¡Salve [*Anton*]!

CELEBRANTE: Esta noche lloramos la pérdida de un amigo y [*hermano*], un Dios compañero. Sin ti nuestros mundos están, de hecho, reducidos.

Celebramos a [*Anton Szandor LaVey*] y a todas [*sus*] obras extraordinarias. [*Él*] adoptó el título de satanista, porque [*él*] eligió ser [*su*] propio Dios en la faz de la inmensidad de la indiferente naturaleza. [*Anton*] tomó el mando de [*su*] vida, pasando de victoria en victoria en triunfante sucesión. [*Él*] fue una deidad benéfica a [*sus*] aliados y asociados. [*Él*] fue un adversario despiadado para cualquiera que se alzara contra [*sus*] verdaderos amigos,

que eran mucho más importantes para [*él*]
que cualquiera de las deidades mitológicas.
Realmente, [*él*] eligió sabiamente, según la
naturaleza de [*su*] carne. Nuestro mundo
está siempre en la necesidad de las personas
excepcionales como [*Anton*]. ¡Shemhamforash!

CONGREG. *(responde)*: ¡Shemhamforash!

CELEBRANTE: ¡Salve Satán!

CONGREG. *(responde)*: ¡Salve Satán!

SE GOLPEA EL GONG.

IX. EL MEMORIAL

CELEBRANTE: Venid, queridos amigos y amantes, admiradores de [*Anton*] y compartid algo de lo que [*él*] os ha dado.

EL CELEBRANTE HA INVITADO A LOS DOLIENTES PARA QUE SE ACERQUEN A ÉL EN EL ORATORIO. UNO A LA VEZ, AQUELLOS QUE QUIERAN PUEDEN VENIR, CADA UNO MIRANDO A LA CONGREGACIÓN, Y HABLAR DE SUS RECUERDOS Y SU AMOR Y EL RESPETO POR EL FALLECIDO.

Esta parte del rito puede incluir testimonios hablados, la lectura de pasajes de los libros que eran importantes para la persona fallecida, la difusión de música de importancia (grabada o interpretada en directo), la lectura de poesía, la narración de chistes favoritos, proyección de video, y así sucesivamente. Se acepta cualquier forma de presentación, que traiga a la mente los recuerdos del fallecido de manera más vívida. La intención es traer una catarsis emocional donde el llanto se espera, ya que la pérdida se siente más profundamente. Pero también, por último, tenemos la intención de incitar a la alegría, ya que cada feligrés atesora los recuerdos de la persona cuya vida ha terminado, además de las cosas maravillosas producidas durante esa vida, y comparte esto con los otros dolientes.

X. EL PASO DE LA LLAMA NEGRA

CUANDO SE HAN PRESENTADO TODOS LOS MEMORIALES, EL
CELEBRANTE INVITA A TODOS LOS DOLIENTES A ACERCARSE AL
ORATORIO CON ESTAS PALABRAS:

CELEBRANTE: Hermanos profanos, estas muchas obras y
creaciones forjadas por [*Anton Szandor LaVey*]
permanecen con nosotros. Pasad adelante y
aceptad esta muestra de los regalos de [*Anton*]
para vosotros.

AL HACERLO, LE ENTREGA A CADA UNO UNA VELA NEGRA, QUE
ACTO SEGUIDO PROCEDEN A ENCENDER EN LA VELA DE LLAMA
NEGRA (PUEDE AYUDARLES EL CELEBRANTE O UN AYUDANTE).
DURANTE ESTE PROCESO PUEDE TOCARSE MÚSICA APROPIADA.
DESPUÉS DE RECIBIR LA VELA, CADA DOLIENTE EN VOZ BAJA DICE:
«¡SALVE [ANTON]!». LOS DOLIENTES REGRESAN A SUS LUGARES Y
DE PIE, SOSTENIENDO LAS VELAS ENCENDIDAS, MEDITAN SOBRE
EL PENSAMIENTO QUE ESTA LLAMA SIMBOLIZA LA VITALIDAD
QUE EL FALLECIDO COMPARTIÓ CON ELLOS.

DESPUÉS DE QUE EL ÚLTIMO DOLIENTE HA RETORNADO A SU
LUGAR, EL CELEBRANTE CONTINÚA:

Estimado [*Anton*], siempre vivirás en los
corazones de aquellos a quienes inspiraste.

Disfrutaste la vida al máximo; avivando los
fuegos a tu alrededor, encendiendo a aquellos
lo bastante afortunados de estar cerca de una
parte de tu pasión por los placeres de este
mundo.

Así como estás confirmado sobre el río de

ébano, para ser abrazado por la oscuridad eterna, continúas para tocarnos con tu magia.

Siempre apreciaremos los obsequios que has entregado, ya que nos traen profunda satisfacción, y nos impulsan a nuestros propios logros.

Te saludamos a ti [*Anton Szandor LaVey*], compañero del sendero siniestro, que has sido verdaderamente contado entre los elegidos del Infierno, que se movió con elegancia y poder dentro del templo del Diablo.

AHORA EL CELEBRANTE MUEVE LA VELA DE LA LLAMA NEGRA:

Buenas noches, dulce [*Príncipe*].

EL CELEBRANTE APAGA LA VELA.

Su llama se ha agotado, sin embargo, arderá siempre viva dentro de nuestros corazones.

CONGREGACIÓN: Buenas noches, [*Anton*].

LOS DOLIENTES APAGAN AHORA SUS VELAS. PUEDEN CONSERVARLAS PARA UTILIZARLAS EN FUTURAS MEDITACIONES SOBRE LOS DONES DEL FALLECIDO.

TRANSICIONAL:

A. Si va a haber un entierro, el rito no se ha cerrado, sino que llegará a su fin en la tumba cuando vuelvan a reunirse los dolientes. Sería preferible que esto ocurra por la noche, o al atardecer.

CELEBRANTE: Parientes de [*Anton Szandor LaVey*], vamos ahora a reunirnos en el lugar designado.

AHORA LOS DOLIENTES ABANDONAN LA CÁMARA EN SILENCIO Y VAN AL LUGAR DEL ENTIERRO. SI ES NECESARIO CONDUCIR, PUEDE TENER LUGAR UNA TRADICIONAL PROCESIÓN FÚNEBRE DE VEHÍCULOS. ES PREFERIBLE QUE LOS VEHÍCULOS SEAN DE COLOR BLANCO. CUANDO TODOS SE HAN REUNIDO JUNTO A LA TUMBA, EL RITO PUEDE CONTINUAR CON EL CIERRE.

B. Si el cuerpo ha sido cremado y los restos se mantienen, entonces sigue inmediatamente el rito de clausura.

C. Si ahora han de esparcirse los restos, el rito no se ha cerrado, sino que se concluye cuando los dolientes se han reunido en el lugar de la dispersión. El Celebrante usa las mismas palabras de invitación para volver a reunirse como en el anterior punto «A».

Si se llevará a cabo la dispersión en un momento posterior indeterminado, se prosigue con el rito de cierre, y aquellos presentes en la dispersión pueden repetir en ese momento el rito de cierre, u otras palabras adecuadas.

UN RITO FÚNEBRE SATÁNICO

XI. RITO DE CLAUSURA

CELEBRANTE: Atención, queridos compañeros. Damos una señal de nuestra lealtad a los poderes de las tinieblas con estas palabras recibidas de una mano desconocida.

EL CELEBRANTE LEE LA UNDÉCIMA CLAVE ENOQUIANA.

Os invito a poneros de pie y a dar la señal de los cuernos.
(*Si están de pie*, «Os invito a dar la Señal de los Cuernos»).

LA CONGREGACIÓN RESPONDE A LA INVITACIÓN CON EL SALUDO, DADO CON LA MANO IZQUIERDA.

CELEBRANTE: Las puertas del infierno se han abierto y los Señores del Inframundo se han acercado! [*Anton Szandor LaVey*] se deleitaba en este mundo de mundos, y como un verdadero ejemplar del satanismo [*él*] vivirá en los corazones y los recuerdos de aquellos que lo adoraban a [*él*] a través de [*su*] vida, en tanto el aliento de la vida los sostenga.

Por todos los poderes de Satán que [*Anton*] recorra esta amada Tierra a la que lo uno [*a él*] para siempre jamás, y que [*su*] lugar de descanso final se encuentre directo al Infierno.

CELEBRANTE *(la congregación repite)*: ¡Shemhamforash!
¡Salve Satán!
¡Salve [*Anton*]!
¡Salve [*Anton*]!
¡Salve [*Anton*]!

El gong, si está presente, es golpeado después de la repetición de la congregación de «¡Salve Satán!» y «¡Salve [*Anton*]!»

XII. POLUCIONARIO

EL CELEBRANTE SUENA LA CAMPANA, COMO AL PRINCIPIO,
MIENTRAS SE TOCA EL HIMNO A SATÁN O MÚSICA APRECIADA
POR LA PERSONA FALLECIDA. CUANDO LOS SONIDOS HAN
DECAÍDO EN EL SILENCIO EL CELEBRANTE CONCLUYE:

CELEBRANTE: ¡Así se ha hecho!

EL CELEBRANTE APAGA EL RESTO DE VELAS QUE ILUMINAN
(U OTRAS FUENTES DE LUZ SI ESTO SUCEDE AL AIRE LIBRE), Y
TODOS EXPERIMENTAN LA OSCURIDAD POR UN MOMENTO. A
CONTINUACIÓN SE RESTAURA LA ILUMINACIÓN CONVENCIONAL,
PONIENDO FIN A LA CEREMONIA.

XIII. REPASO

Es entonces tradicional que los dolientes se reúnan para comer y beber, ya que esto significa la continuación de la existencia vital.

RITO DE RAGNARÖK

LOS SATANISTAS TOMAN LA POSICIÓN de que el hombre ha inventado a sus dioses. Encontramos que la mitología mundial es nuestro campo del cual recoger símbolos y metáforas que hallamos que resuenan más fuertemente con nuestras naturalezas satánicas. Cuando exploramos una mitología histórica particular, no tomamos simplemente algo que NO es cristiano, o que no es parte de los varios antecedentes y ramas del cristianismo; en lugar de eso, buscamos un sistema de mitos y hurgamos su particular lado oscuro, el tabú y las regiones prohibidas que sus adherentes tienen por intimidantes y terroríficas. Ahí es donde han de encontrarse los Demonios.

Este rito es un ejercicio de «exotismo», una vieja práctica en Occidente de sustraer elementos de culturas foráneas que pueden parecer demasiado extrañas para ser comprendidas en su forma extranjera. De esta manera se vuelven aceptables y agradables en un estado adulterado. Tales absorciones establecen tendencias en las artes. El *art decó* fue influenciado por el descubrimiento de la tumba de Tutankamón en 1922. Musicalmente esto sucedió en el ámbito de lo clásico cuando compositores como Beethoven importaron en su Novena Sinfonía las trompetas, los tambores y los timbales utilizados en las marchas de los jenízaros turcos. La explosión de la moda pasajera del *Tiki Lounge* se halla más cercana a nuestro tiempo. En los años cincuenta, se creó una versión falsa de la cultura tribal del Pacífico para transportar a los espectadores occidentales a un estado de gozo extraterreno. Estatuas de dioses fueron convertidas en vasos para cócteles exóticos; la comida asiática se aderezaba con piña; se implementaron elementos de la primitiva arquitectura isleña para crear ambientes totales que entretenían, pero que tenían poca relación con sus usos originales. Así, solamente los gruñones demandan que debes experimentar tales importaciones en sus formas originales; ¡maldita sea la autenticidad!

He escogido importar elementos de las antiguas creencias paganas del norte de Europa para sazonar el «guiso» que es nuestra práctica ritual tradicional en la Iglesia de Satán. Esto no debe interpretarse como si pretendiera ser auténtico, o que represente de alguna manera de creencias o prácticas antiguas o neopaganas. Esto es solamente un medio para explorar el simbolismo de la oscuridad desde un entorno cultural distinto al adoptarlo dentro del contexto del satanismo contemporáneo. Puede hacerse lo mismo con otras tradiciones culturales no cristianas tales como los rituales que utilizan deidades griegas y romanas. La imaginería ctónica asiática puede proporcionar rico material de referencia. El arte oriental abunda en resonantes representaciones demoníacas de los panteones de China, Japón y el Tíbet.

El propósito de este rito es expeditar el quiebre de un orden social que se ha vuelto moribundo, viéndolo eliminado para preparar una nueva sociedad basada en valores que traerán prosperidad y satisfacción a los celebrantes. Este apocalipsis nórdico, Ragnarök, se describe en varias obras literarias que han llegado al presente. En las Eddas poética y prosaica, hay vívidas descripciones de los sucesos que echan abajo los viejos dioses, y he utilizado estos como material de referencia para energizar la letanía.

Sin importar su herencia étnica o cultural, los satanistas

son vistos como una meta-tribu y por tanto somos libres de absorber ejemplos apropiados de satanismo de cualquier fuente en la que se descubran. Cuando Anton LaVey publicó Los Rituales Satánicos, incluyó ritos que tenían raíces alemanas, rusas, francesas y de Oriente Medio, y por tanto los satanistas que celebran estos trabajos se identifican libremente con sus compañeros ancestrales de todas estas tradiciones. Igualmente, no necesitas descender de casta noreuropea para apreciar y participar en este poderoso ritual; solo necesitas ser un satanista.

Escrito originalmente a fines de los años ochenta, este es un rito militante, no para los tímidos, y es exagerado en su teatralidad cataclísmica. Algunos podrían notar que el Tercer Reich utilizó dramáticamente algo de esta mitología. Sin embargo, también deberían ver que si bien apreciamos el drama de las concentraciones masivas del pasado, estamos invocando y abrazando a los dioses considerados como enemigos por quienes intentaron crear una cultura neopagana para la Alemania Nazi. Ellos querían resucitar el Valhalla; nuestro rito lo envía derrumbándose a las llamas.

Nuestros miembros han utilizado este ritual para purgar emociones causadas por los ataques terroristas de 9/11, así como para liberar su odio por la reptante teocracia actual impuesta por los cristianos fundamentalistas de derecha en las naciones de Occidente. Puede que tú también lo consideres un poderoso catártico para eliminar sentimientos de represión inducidos por partes de la sociedad que son distintivamente anti-individualistas y profundamente no satánicos.

También puede utilizarse para proyectar una visión del futuro, un «Lo Que Será» social que mueva el mundo en direcciones de mayor libertad, secularismo abundante y eliminación total del fanatismo fundamentalista. Brindemos por un mundo glorioso de gozo abundante. ¡Salve Ragnarök!

Sowulo (Sig) Pentagram

Nauthiz (Not)

Teiwaz (Tyr)
Postura: brazos extendidos hacia los lados en un ángulo de 45 grados.

Sowulo (Sig)
Mudra: manos extendidas, palmas una frente a otra, mano izquierda media mano más alta, pulgar izquierdo en ángulo de 45 grados tocando las puntas de los dedos de la mano derecha.

Isa (Is)
Postura: derecho, pies juntos, brazos a los costados.

Eihwaz (Eh)

Ragnarök Rune

Mannaz (Man)
Postura: piernas juntas, brazos extendidos hacia arriba y a los lados.

Fehu (Fa)
Postura: brazos extendidos al frente en ángulo de 45 grados, el izquierdo un poco más alto.

Dagaz (Dag)
Postura: brazos cruzados con las manos tocando los hombros opuestos.

Gebo (Gibor)
Mudra: manos extendidas, dedos entrelazados formando una X con las puntas de los pulgares tocándose.

PRELIMINAR:

Aquí pueden emplearse todos los accesorios estándar del ritual satánico; sin embargo, sugerimos ciertas sustituciones que añadirán mayor resonancia al rito. El Sigilo de Bafomet puede reemplazarse con un pentagrama inverso, atravesado por la runa SIG (ᚺ,Victoria), como se veía en el Sigilo usado por Anton LaVey. Para la espada de poder, puedes elegir una que tenga diseño vikingo, o puedes sustituir una lanza o incluso un martillo de batalla. Los participantes también pueden portar dagas, decoradas con símbolos rúnicos, con los cuales hacer eco de los gestos del Celebrante conforme a las rúbricas. En lugar del cáliz, uno puede sustituirlo con un cuerno para beber, lleno con una fuerte cerveza de malta o hidromiel. Pueden usarse amuletos de las runas importantes. Particularmente efectivo es el símbolo que diseñé llamado Runa de Ragnarök, el cual consiste en una variante de la runa del poder de irradiación exterior con una cruz de lobo (signo de Hel y del destino incambiable) en el centro. La ropa puede ser túnicas negras estándar, pero uno también puede adoptar una apariencia semejante a la de un guerrero, creando una imagen de «soldado satánico», ya que hoy en día la ropa nórdica tradicional nos recuerda a Anna Russell, Olafo el Amargado o a refugiados de las reuniones del SCA.

Además, en tu altar se necesitará una fuente de fuego, para encenderla durante la Conflagración. Esta puede ser un brasero pequeño lleno con carbón vegetal, tratado para encenderse fácilmente, o algún tipo de combustible gelatinoso a base de petróleo, como el Sterno. Si se realiza en exteriores, este puede reemplazarse con una fogata, pero ello requerirá un auxiliar, y debes estar seguro de las regulaciones vigentes en la localidad de tu actividad respecto a fuegos al aire libre. También es adecuado el polvo o papel destellante. No se requiere incienso, pero si se utiliza, debería comenzar con un aroma amargo durante la Condenación y la Conflagración, y cambiar luego a algo agradable durante la Victoria. La runa Nauthiz (ᚾ) debe trazarse sobre un pergamino, o puede construirse una tridimensional de papel maché. El área ritual puede decorarse con símbolos rúnicos que deberían estar exhibidos en banderas o escudos. La imaginería del lobo también es bienvenida. Para la iluminación en exteriores, uno puede emplear antorchas en lugar de las tradicionales velas negras. El rito comienza con una procesión al lugar del trabajo, y en exteriores esta debe acompañarse por el sonido de los tambores (tambor de mano de un tono profundo, ¡no bongos!) repitiendo los ritmos dados (ver los ejemplos), en sucesión, o cualquier repetición/combinación que encuentren satisfactorias.

La música es de primordial importancia para este trabajo. He encontrado una grabación particular que, cuando se le da la entrada correctamente, servirá bastante bien (*Wagner: El anillo sin palabras*; Filarmónica de Berlín dirigida por Lorin Maazel). Durante la Conflagración uno también puede tocar grabaciones de trueno y tormentas, o si es en exteriores, tener varios percusionistas tocando arrítmicamente para aproximarse al trueno. Si se desea, también pueden emplearse generadores de luz en este escenario (generadores de Van de Graaff o bobinas de Tesla). Como himno final, hemos encontrado que el *Hymn of the Satanic Empire* (Himno del Imperio Satánico) del Dr. LaVey es eminentemente apropiado.

Existen varios sistemas rúnicos que han variado y evolucionado con el tiempo, como tienden a hacerlo los lenguajes vivos. Para estos símbolos, he mezclado en el texto nombres más antiguos y más nuevos, de acuerdo a preferencias personales y a variados matices de significado que evocan estos nombres. La resonancia es más importante que el «purismo».

En la lista precedente, doy primero los nombres del futhark antiguo, seguidos por los nombres del futhork armanen entre paréntesis. Exhorto al lector a explorar algunos de los numerosos libros sobre runas actualmente disponibles.

ENTRADA PROCESIONAL:

En interiores: Los participantes deberían entrar en fila a la cámara totalmente oscurecida, liderados por un acólito que lleva una vela negra encendida. La música apropiada sería «Total War» por NON o ritmos de marcha en los tambores. Cuando todos han ingresado y tomado sus lugares, se apaga la vela, y todos se quedan en la oscuridad por varios minutos. A continuación, comienza la música ritual, y deberían transcurrir alrededor de unos cinco minutos en la oscuridad, antes de encender las velas del altar.

Al aire libre: La congregación debería ser guiada por un portador de antorcha y unos tambores de mano de tono profundo que toquen un ritmo de marcha. Al arribo al sitio ritual, todos se ubican en orden apropiado y comienza el rito.

Posibles ritmos para los tambores:

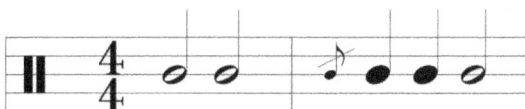

PURIFICACIÓN:

SUENA LA CAMPANA NUEVE VECES. EL CELEBRANTE GIRA
EN SENTIDO OPUESTO DEL RELOJ, DIRIGIENDO EL DOBLAR HACIA
LOS CUATRO PUNTOS CARDINALES.

INVOCACIÓN DE LOS DIOSES DE LAS PROFUNDIDADES:

EL CELEBRANTE TOMA SU ESPADA Y APUNTA
HACIA EL PENTAGRAMA EN EL SIG.

CELEBRANTE: ¡Oídme, dioses del abismo y atended! Os ordeno, Señores Infernales, presenciar grandes hazañas realizadas en vuestro nombre. Salid y saludad a aquellos que se cuentan entre vuestra manada. El momento de la reparación ha llegado. La justicia reinará a través de la supremacía de garra y colmillo, como lo era en el principio, ¡y así será otra vez!

¡Destrozamos las puertas de Musspellsheim, Nifelheim, y las profundidades mismas del dominio de Hel y os invocamos al clímax de esta edad de fuego!

CELEBRANTE *(la congregación repite)*: ¡Heija! ¡Salve, Loki!

SE GOLPEA EL GONG.

LAS INVOCACIONES:

El celebrante apunta con la espada a las direcciones de los puntos cardinales y pronuncia las invocaciones.

SUR

CELEBRANTE: ¡Surt! Amo del Fuego, ¡te convoco a ti a venir desde Musspellsheim y enciendas tu llama insaciable!
¡Atiéndenos!

ESTE

¡Loki! Antiguo Señor, ¡te invoco para masacrar a los abyectos que luchan contra la naturaleza!
¡Atiéndenos!

NORTE

¡Fenris! Lobo todopoderoso, ¡te invoco para desgarrar la carne de quienes se oponen a tus hijos! ¡Atiéndenos!

OESTE

¡Jormungandr!, venenoso dragón del mar, ¡Te invoco para aplastar a los salones del Valhalla con tus estruendosas olas!
¡Atiéndenos!

Con vuestro poder y presencia,
¡Nuestra hora de victoria está cerca!

Se restituye la espada en el altar.

RECONOCIMIENTO DE PARENTESCO Y DECLARACIÓN DE LEALTAD

EL CELEBRANTE PERMANECE DE PIE ANTE EL ALTAR CON LOS BRAZOS
EXTENDIDOS A LOS LADOS EN UN ÁNGULO DE 45 GRADOS,
EN LA POSICIÓN DE LA RUNA TYR (↑).

CELEBRANTE: Desde los anochecidos salones de mundos tenebrosos, llamo a mi parentela para que presencien mi juramento.

CELEBRANTE *(la congregación repite)*: Comprometo mis votos al honor de mis hermanos. Reclamaré esta tierra, consagrada por la sangre de mi gente. Abuelo Loki, Señor del Averno, tu llama arde en el fondo de mi corazón. Padre Fenris, poderoso lobo, mis dientes son tus colmillos desgarrando a nuestros enemigos. Mi sangre arde con furia irresistible por el asesinato de los nuestros a manos de los inmundos esbirros de los dioses de la Muerte. Probaste su carne cuando fuiste atado y ahora lo harás sobre sus corruptos restos.
¡Heija! ¡Salve Fenris!

SE GOLPEA EL GONG.

BRINDIS

El celebrante llena el cuerno para beber,
sobre este, forma con sus manos la runa SIG (ᛋ).

celebrant: ¡Fenris! Tu poder me traerá la victoria.

El celebrante levanta el cuerno hasta el pentagrama
SIG.

celebrante *(la congregación repite)***:** ¡Salve, Victoria!

Se golpea el gong.

El celebrante bebe.

A medida que cada miembro de la congregación está
de pie ante el celebrante, este les ofrece el cuerno
con las palabras: «Participa del poder de Fenris». La
congregación responde: «¡Salve, Victoria!» y bebe
del cuerno. Cuando todos han bebido,
se restituye el cuerno vacío sobre el altar.

CONDENA DE LA POLUCIÓN DEL MUNDO

El celebrante está de pie en la posición ISA (◐), brazos a los lados.

CELEBRANTE: ¡Mirad! Estamos hundidos en el helado páramo de Fimbulvetr, nuestra cultura atragantada con el paso glacial de la mediocridad. El débil gobierna al fuerte, pervirtiendo la ley natural. ¡Sed testigos del reinado de los dioses de la muerte! Yahvé, Cristo, Buda, Mahoma, ¡todo lo que habéis tocado ha engendrado corrupción! Enanos de mente y espíritu han barrido el mundo como una peste, sofocando al hombre elevado. Hemos visto el avance de la implacable fuerza de vida reducirse a un paso de tortuga, sumido en un pantano de basura despreciable. Se desterró la disciplina; se consagró la idiotez. El mundo está gobernado por lisiados y esclavos retorcidos, arrastrándose delante de sus ídolos de renuncia, revolcándose en la inmundicia del deseo negado. La aspiración y la promoción son objeto de burla por parte de mendigos plagados de viruela, cuyas supurantes llagas son SUS signos de honor. ¡Un paño mortuorio de culpabilidad recubre la cara del orgullo! ¡La justicia está paralizada! El apilado enjambre de indigna escoria infrahumana ha ensuciado el verdadero tesoro viviente de Midgard, nuestra preciosa guarida.

CELEBRANTE *(la congregación repite)*: ¡Ay! ¡Ay! ¡Ay!

Se golpea el gong, mezzo forte, después de la repetición de los participantes de cada "¡Ay!"

LAS ESCRITURAS SATÁNICAS

RENUNCIA A LOS CORRUPTOS

El celebrante adopta la postura de la runa MAN (ᛘ).

celebrante: ¡BASTA! ¡Ahora es el momento de sonar el clarín del rechazo! ¡Escuchadme, oh guerreros! ¡Hombres y mujeres de mentes poderosas, llamo a los torbellinos mismos para que sean nuestros corceles! Es hora de destrozar las cadenas de NUESTROS Dioses, de liberar los poderes primigenios que portaban nuestros ancestros. Marchad a la guerra total. Golpead los adoradores del débil y el frágil! ¡Llenad vuestros corazones con frenesí berserker! Mente y fuerza reinarán supremas. ¡Ha llegado la hora de limpiar y purificar, la hora de nacer, derramando un océano de sangre!

celebrante *(la congregación repite)*: ¡Heija! ¡Salve, Loki!

Se golpea el gong.

LA DECIMONOVENA CLAVE ENOQUIANA

Para ser leída en enoquiano.

LA CONFLAGRACIÓN

El celebrante adopta la postura FA (ᛘ).

celebrante: ¡Ahora es el momento del desenfreno!
Baldur ha sido asesinado y Heimdall entona su
llamado.

El celebrante traza en el aire EH (ᛗ), la runa de la
muerte. mientras que el redoble del gong va a *fortissimo*.

Los hermanos luchan, se matan unos a otros.
Los primos hermanos se retuercen en abrazo
incestuoso.
Los hombres conocen la miseria con todo su
corazón.
Abundan las traiciones. Terrible es el mundo.
He aquí una edad, de hachas, de espadas, de
escudos destrozados;
¡Una edad de tempestades, una edad de lobos!
¡Ahora termina la era de la esterilidad!

¡Mirad a Nauthiz, runa de la unión!

El celebrante eleva el sigilo.

Loki, ¡cortamos tus ataduras y desatamos el
lobo voraz del Infierno!

El sigilo en el pergamino se ensarta en la llama de la
vela, puesto luego dentro del brasero donde se enciende
la fuente de la llama. Mientras esto se hace, se golpea
el gong, *fortissimo*, y los tambores comienzan sus
conflictivos ritmos de trueno. Si se utilizan grabaciones

CON SONIDOS DE TRUENO, SE ACTIVAN AHORA. SI EN LUGAR DE
PERGAMINO SE HA CONSTRUIDO LA RUNA NAUTHIZ, ESTA SE
DESTROZA CON UN MARTILLO DE BATALLA ANTES DE QUEMARLA.

CELEBRANTE *(la congregación repite)*: ¡Salve, Loki! ¡Salve Fenris!

SE GOLPEA EL GONG.

EL CELEBRANTE ADOPTA LA POSTURA DE DAGAZ (ᛞ).

CELEBRANTE: ¡Escuchad la buena noticia!
Un torrente de espadas y dagas corre desde el
Este a través de valles de veneno.
Bajo la tierra, un gallo rojo de hollín canta en los
salones de Hel.
El temible Garm y el salvaje Freke son libres
para saquear.
Vienenv volando el dragón de las tinieblas,
poder desde abajo de las montañas de la noche.
Con un rugido en el antiguo árbol,
el gigante se ha soltado.
Yggdrasil tiembla donde se posa; es derribado.
Jormungandr se retuerce en titánica furia,
azotando las olas haciendo espuma.
Su veneno salpica el mismo mar y el cielo.

Nagelfar, bajel terrorífico de la condenación, zarpa.
Desde el Este, sobre las aguas hirvientes, viene
los habitantes de Muspell con Loki a la cabeza.
Sus aliados, los Gigantes de Hielo, sedientos de
batalla.
Garm el fiero devora a Tyr, el manco.
Desde el Sur, las llamas de poderoso Surt arden
antes y después.

Su espada, conflagración, afecta a todos.
El sol de los dioses en batalla es asediado
en la hoja.
Estallan las montañas. De aquí huyen las arpías.
El arco de Bifrost se destroza en esquirlas.
Fenris babea, ensanchando sus fauces,
de la tierra al cielo.
Odín, el traidor de Loki, es tragado por completo.
Los hombres recorren el camino de Hel;
los cielos se desgarran.
Negro es el sol mientras la tierra se hunde en
aguas teñidas de carmesí con sangre.
Las estrellas titilantes son arrancadas del
firmamento.
Ruge el humo y las llamas saltando lamen el
mismo cielo.
A la orden de Loki, los incendios de Surt lo
consumen todo, ¡una pira justificada!
El viejo orden ha terminado.

Celebrante forma el mudra de GIBOR (✦).

¡VIVA RAGNARÖK!

Se esparce polvo destellante en el brasero
mientras que el gong se golpea *fortissimo*.

congreg. *(saludando con las dagas)*: ¡VIVA RAGNARÖK !

El trueno y la percusión arrítmica finalizan.
Los tambores comienzan un solemne paso de marcha.

LA VICTORIA

El celebrante adopta la postura FA (ᛒ).

CELEBRANTE: ¡Mirad, el Valhalla está en llamas!
Las llamas anuncian un nuevo amanecer.
¡Los dioses de la debilidad están vencidos!
Sus cenizas y su sangre, combustible para
nuestro futuro.
Ahora comienza la era del Hombre Feral.
Multiplicaos, hijos e hijas de Fenris.
Llenad nuestros salones a oscuras con la
juventud de hierro.
Nos gloriamos en la disciplina y la fuerza a
través de la alegría.

CELEBRANTE *(la congregación repite)*: ¡Salve, guerreros ferales!
¡Salve, juventud de hierro!
¡Mirad, el mundo es nuestro!

El Celebrante hace la señal de los cuernos.

¡Salve Fenris! (GONG *FORTE*)
¡Salve Loki! (GONG *FORTISSIMO*)
¡Salve Victoria! (GONG *FORTISSISSIMO*)

Las dagas se bajan. Los tambores se detienen.
El gong se desvanece en el silencio.

Como polucionario se suena la campana.

CELEBRANTE: ¡Así se ha hecho!

Las luces se apagan.

Se reproduce música de despedida.

Fin del rito.

Nocturno:
Al Nacido Diablo

Peter H. Gilmore nació en Paterson, Nueva Jersey, la primera ciudad industrial planificada de Estados Unidos; comparte su lugar de nacimiento con Colt Firearms y con el primer submarino práctico, *The Fenian Ram*, construido por el inventor y profesor de escuela de Paterson, John Holland, en 1879. Sin embargo, los antecedentes de la familia de Peter no son industriales, sino artísticos. Su abuelo David pisó las tablas como artista de vodevil con su propio espectáculo itinerante de *minstrel*; interpretó diferentes personajes étnicos y realizó algunas grabaciones. El abuelo materno de Peter, William, era un repostero muy solicitado en los centros turísticos de las costas del Atlántico; creó grandes representaciones arquitectónicas en repostería y esculturas de hielo que dominaron las mesas de *buffet* en las más elegantes fiestas y banquetes. Donald, el padre de Peter, fue un peluquero canino y adiestrador, como también un pequeño empresario y emprendedor; estableció varias tiendas, criaderos y complejos alrededor del área triestatal, y adiestró campeones en Westminster así como en otras competencias. La mamá de Peter, Frances, pintaba y decoraba; ejercitaba sus habilidades artísticas en su hogar creando cosas para embellecerlo, y alentó a sus hijos a hacer lo mismo. También es una organista autodidacta y disfruta tocando antiguos temas clásicos para su propio placer y el de sus amigos y familia.

Esta temprana exposición al negocio de la cría de perros y linajes de campeones dio rápidamente a Peter una perspectiva adulta en las ciencias biológicas en general. Los cachorros venían de perros criados antes de llegar a esas pilas de periódicos esparcidas en la tienda de mascotas, Peter concluyó que los bebés tenían una fuente similar; confirmó esto revisando algunos libros de biología en la biblioteca. Sus padres le permitieron a Peter explorar sus tempranos intereses en los animales y la naturaleza en general; su dormitorio gorgoteaba con varios acuarios, tanques y terrarios y tomó posesión del patio trasero con una piscina inflable para las tortugas, ranas y serpientes capturadas y otras cosas fangosas que encontraba en el bosque. Peter era independiente, inquisitivo y sin temor de los habitantes no humanos de los bosques de los bajos del Valle Hudson donde creció; podía vagar solo por horas y conocía la ubicación de lagos escondidos, cuevas y cascadas.

Era un chico inteligente, aprendió a leer muy temprano y comenzó a explorar libros. Los libros alimentaron su imaginación, y su imaginación lo empujó a crear con sus manos cosas que no existían para comprar. Construyó fuertes, modelos y ciudades en miniatura, además de crear y registrar las historias, sistemas políticos y planeación urbana que iban junto a ellas. Y leyó, leyó, leyó tanto como pudo sobre los mitos y panteones de los dioses romanos, griegos e hindúes, fascinándose por las ruinas de las «civilizaciones perdidas», además de investigar las extrañas creencias de las religiones del presente. Rápidamente, Peter concluyó que todos esos sistemas mitológicos estaban en la misma posición: interesantes historias inventadas para ayudar a la gente a sentirse más importante dentro del vasto esquema de las cosas, cuando en realidad no eran superiores o inferiores a los osos que el observaba en los bosques, o el halcón que surcaba en lo alto. Los animales que el admiraba no necesitaban dioses y tampoco él.

Sin embargo, los padres de Peter le exigieron aprender, de memoria y por costumbre, su flojo catolicismo romano, y participó de esta instrucción religiosa cuanto fue necesario, actuando como un antropólogo que estudia una extraña cultura primitiva. Tiene un claro recuerdo de declarar oficialmente su ateismo en el día de su Primera Sagrada Comunión a la edad de ocho. Después de semanas de «estudio» para recibir el sacramento —la aparente transubstanciación del pan y el vino en el cuerpo y la sangre de Cristo— Peter insistió que era solamente otro mito y no tan interesante como los griegos, repletos de héroes y monstruos. Más de veinte años después, me encontraba ordenando una repisa con sus libros de infancia y encontré su Misal de Comunión; había inscrito su nombre y la fecha de aquel hito: 1° de mayo, 1966, el día después de la fundación de la Iglesia de Satán.

Mientras crecía, sus candentes intereses fueron ciencia, arte, libros, películas y los maravillosos juguetes que venían con estas. Al igual que muchos chiquillos de los sesenta, Peter se fascinó con la exploración espacial, los robots y todos los desarrollos futuristas que todas estas cosas prometían. Nunca se perdía *Viaje a las Estrellas* (Star Trek) o algún lanzamiento de la NASA en televisión; revisaba cuidadosamente la *TV Guide* buscando las emisiones de medianoche de películas de horror, especialmente aquellas que involucraban vampiros o gigantes monstruos japoneses. Sin la conveniencia de las cintas de video o las grabaciones de video digitales, Peter contaba con su propia imaginación y dibujaba de memoria imágenes con escenas de sus propias películas y programas favoritos de modo que podía disfrutar estas mágicas imágenes una y otra vez. También ilustró sus mitos favoritos y eventos de las historias que inventaba de sus civilizaciones de ciencia ficción.

Peter nunca desarrolló un gusto por la música popular.

Al ingresar a la educación secundaria, se concentró más en la pintura y el dibujo junto con sus estudios académicos; a diferencia de muchos otros muchachos de su edad, él no adoptó la música *rock* como un modo de rebelión. En cambio, su interés fue animado por la música de Beethoven; era fuerte, rimbombante y compleja, comprometiendo sus emociones y su intelecto. Y era más similar a la música de películas que también comenzó a amar. Peter comenzó yendo a la Biblioteca de Newburgh, situado en un edificio victoriano con su colección de discos de vinilo, y, finalmente, descubrió otro compositor favorito, Gustav Mahler. Tocaría la música de Mahler y Beethoven a todo volumen por horas mientras trabajaba en sus pinturas surrealistas inspiradas por El Bosco, Dalí y Ernst; a veces no asistía a la escuela durante días debido a que se quedaba hasta altas horas trabajando en algo que lo absorbía.

A pesar de estas ausencias, fue el alumno con las mejores calificaciones y, como tal, fue quien pronunció el discurso ceremonial de despedida de nuestra promoción de graduados, ocupando también la primera posición de la *National Honor Society* (Sociedad Nacional de Honor) de nuestra escuela. Una de sus innovaciones mientras participaba en la NHS fue hacer la ceremonia de inducción más gótica y atmosférica, con oscuridad y velas y un juramento muy secular e individualista. Para una clase de estudios sociales, hizo una presentación sobre la Pascua de Resurrección en contraposición a algunas lecturas de las escrituras por parte de cristianos «renacidos». Eligió textos de *La Biblia Satánica* y los leyó dramáticamente sobre grabaciones de la *Noche en el monte Pelado* de Mússorgski y *La consagración de la primavera* de Stravinski. Los padres que escucharon esto de sus hijos se quejaron con la oficina de educación pero cuando el director lo confrontó, Peter se mantuvo en su posición explicando que debería haber pluralismo de puntos de vista; el hombre estuvo de acuerdo. Los años setenta fueron tiempos mucho más liberales que ahora. Peter también trabajó como Redactor en Jefe de nuestro anuario y creó la pintura que se envuelve alrededor de la cubierta, los cuerpos retorcidos y extraños paisajes eran un poco de una sorpresa para muchos de nuestros mojigatos compañeros que hicieron un punto recubriendo el libro en papel de estraza, como un método de protesta; incluso entonces, Peter estaba haciendo olas y desafiando el *statu quo*.

La pintura de Peter es lo que nos juntó. Cuando ambos estábamos en nuestro penúltimo año, el departamento de Arte realizó un festival destacando el trabajo de los artistas jóvenes más prominentes del cuerpo estudiantil y llegue al auto-retrato de Peter exhibido en uno de los paneles. «¡Wow, esto es extraño!» le comenté a Lori, quien siendo mi mejor amiga y co-conspiradora estaba, como siempre, junto a mi en aquel momento.

«Yo conozco a ese tipo; ese es Peter Gilmore. Está en mi clase de Estudios Sociales. Me parece que es satanista, o algo así. Es un muy buen autorretrato, porque luce tal como él».

«Tengo que conocerlo» —le contesté. Y lo conocí. Nos casamos en 1981; Lori fue la dama de honor y ese autorretrato cuelga ahora en nuestra sala de estar.

A medida que se acercaba el fin de la secundaria, la pintura se había transformado en una forma de arte demasiado estática para Peter, sus intereses en música, películas extranjeras y los trabajos de Ayn Rand se fusionaron en el deseo de contar historias a una escala mayor y así una vez graduados se enroló en el programa de cine en la *School of Visual Arts* (Escuela de Artes Visuales). La agenda y las actitudes políticas colectivistas de sus profesores se hicieron patentes rápidamente, y esto, junto con la necesidad de esfuerzos del comité para la realización de películas, convenció rápidamente a Peter de transferirse. Pese a su falta de entrenamiento previo, decidió ir tras lo que se había vuelto su gran pasión: la música. Comenzó a estudiar música desde la base y en unos pocos años recibió sus grados de Licenciado y Magíster en composición musical de la Universidad de Nueva York y comenzó a escribir música. Peter contribuyó con introducciones musicales para los álbumes de la banda de black metal *Acheron* y ha creado partituras de música electrónica para algunas producciones de cine independiente. Varias de estas piezas recientes, junto con otras composiciones originales, están compiladas en el álbum *Threnody for Humanity*. Peter se halla en el proceso de reconstruir su estudio musical con moderna tecnología computacional en antelación al lanzamiento de su Sinfonía n.º 1, *Ragnarök*.

Así que puedes preguntar, si Peter fue primero artista, luego cineasta y, finalmente, compositor, ¿por qué estás sosteniendo un libro de ensayos ahora mismo?

Porque Peter H. Gilmore también es escritor.

Una de las actividades favoritas de Peter cuando crecía era tomar el bus de cercanías con un amigo rumbo a New York City y luego viajar por el tren subterráneo hasta el *American Museum of Natural History* (Museo Americano de Historia Natural) para observar los huesos de dinosaurio y otras exhibiciones en esta vieja, vasta y polvorienta veta madre de artefactos biológicos. En cierta ocasión, cuando Peter tenía 13 años, los chicos retornaron muy temprano al terminal de buses de Port Authority y decidieron matar un poco de tiempo inspeccionando las muchas tiendas de piso principal. Una de aquellas era el *Book Bar*, una pequeña librería apretujada en las cercanías de Teepee Town y la cafetería, aquí fue donde Peter encontró por primera vez *La Biblia Satánica* de Anton Szandor LaVey. Al principio Peter quiso rechazar la edición en rústica con su portada oscura, prohibida y la fotografía *Ming-esca* del autor en la contra-portada, pensando que probablemente era un montón de lenguaje tonto y tenebroso, dirigiendo al lector hacia alguna entidad mítica que prometía responder a tus plegarias, o conjuros, o quién sabe qué. Pero el tomo empastado en negro lo seguía trayendo de vuelta, la sola simplicidad de su título, que no dejaba espacio para la mala interpretación de los puntos de vista del autor, era extrañamente persuasivo. El libro se fue a casa con él y el resto es historia.

Como muchos otros satanistas antes y después de él, Peter leyó *La Biblia Satánica* de una sola vez y supo que él era un satanista. Leyó cada libro subsiguiente del Dr. LaVey tan pronto como llegaba a las tiendas. Históricamente, estaba viviendo justo en medio de las primeras fases de la Iglesia de Satán y comenzó a ver noticias y artículos en los medios impresos sobre LaVey y sus discípulos. Cuando apareció en las estanterías *The Devil's Avenger*, Peter compró una copia y quedó embelesado al enterarse que el hombre que había cambiado la historia con su pequeño libro negro, era tan interesante y colorido como Peter había esperado que fuera. A los 15, Peter escribió a la Iglesia de Satán y su carta fue remitida a la Gruta local. De manera cortés, no se le admitió debido a su edad, pero se le proporcionó material escrito y se le alentó a continuar sus estudios y a volver cuando tuviera la edad suficiente. Lo hizo; de hecho, lo hicimos juntos en 1982 mientras ambos estábamos en la universidad. Nuestras Aplicaciones Activas fueron enviadas y aceptadas en 1984, cuando ambos sentimos que podríamos tener algo de tiempo para contribuir a la Iglesia misma. Debido a su profundo entendimiento de la Iglesia y su filosofía, a Peter se le solicitó servir como contacto local para otros miembros. Luego en 1986, estábamos listos para aceptar una previa invitación que se nos había hecho a la *Casa Negra* (Black House) ubicada en la calle California para conocer al gran hombre.

Anton LaVey era todo lo que esperábamos que fuera, y más. Fuimos invitados a horas de conversación en el infame *Salón Púrpura*, a una gira a medianoche por San Francisco en el asiento trasero del Jaguar negro y un concierto íntimo por este infernal mago del teclado en la fresca cocina de la antigua casa Victoriana camino al mar. Y resultó que Anton LaVey también estaba agradablemente impresionado con nosotros. Cuando poco después de nuestra primera visita a San Francisco se presentó una oportunidad en los medios, el Dr. LaVey le solicitó a Peter que representara a sus ideas y a su Iglesia en la televisión nacional.

Así comenzó una carrera con la Iglesia de Satán que ha incluido representación en los medios, en radio, periódicos y revistas, televisión local, nacional e internacional. Esto fue durante el turbulento apogeo del *Pánico Satánico*, cuando presentadores de *talk-shows* televisivos como Geraldo explotaban las ideas equivocadas acerca del satanismo y policías cristianos hacían grandes sumas «educando» con desinformación y fantasías descaradas a otras agencias de orden público. Peter hizo su irrupción en los medios en el furor de este frenesí mediático, atrapando preguntas, acusaciones, presentadores hostiles y casos perdidos de locos panelistas religiosos. Su voz agradable, su humor siempre presente y su completa confianza en su conocimiento de la filosofía satánica y la manera en que los satanistas la aplican a sus vidas, ha hecho de Peter el representante satánico consumado por casi 20 años. En este tiempo de *podcasts* y de radio en Internet, no muestra señales de disminuir su velocidad.

Peter también ayudó con la administración y el manejo de nuestra creciente organización y envió una llamada clara en 1988 cuando fundó *The Black Flame*, la primera revista de kiosco por y para satanistas. Su interés en explorar las implicaciones de nuestra filosofía, así como la presentación de ideas de otros satanistas inteligentes haciendo lo mismo, despertó la necesidad por este diario que comenzó a atraer un círculo de aquellos que se volverían nuestros amigos y co-conspiradores en los años venideros. De la misma manera que un maremoto sigue al recogimiento y el descenso de las aguas, una renovada fertilización cruzada de ideas y proyectos entre los satanistas siguió al Pánico Satánico, mucho de ello en respuesta a *The Black Flame* y los libros de Blanche Barton, *The Secret Life of a Satanist* (La Vida Secreta de un Satanista, una nueva biografía de LaVey) y *The Church of Satan, a History of the World's Most Notorious Religion* (La Iglesia de Satán, una historia de la religión más notoria del mundo). Peter comenzó a escribir ensayos para clarificar y despejar las ideas equivocadas, para aplastar rumores y mitos acerca de nuestra organización y su fundador y para explorar áreas de la cultura moderna donde nuestras ideas estaban generando cambio y la evolución que LaVey había predicho. Varios de estos ensayos se han recopilados aquí.

Además de expandir la filosofía satánica y a explicar las actitudes y actos de los satanistas, Peter también ha explorado a través de los años el uso de la Magia Mayor, creando nuevos rituales e invocaciones. Junto a nuestros amigos, hemos intentando ceremonias en diferentes sitios y espacios; hemos colaborado en trabajos cuidadosamente ensayados y fechados, tales como las versiones atronadoras de *Die Elektrischen Vorspiel*, como también rompiendo en espontáneos rituales según cómo el modo se ha presentado –uno conducido en total oscuridad en la profundidad de un tubo de lava debajo del monte Santa Helena. En el primer aniversario de la muerte de Anton LaVey, Peter y yo organizamos y presentamos un concierto de piano en homenaje a la memoria de LaVey, con la idea de que nuestro fundador fue, primero y principalmente, un músico y que esta era la mejor manera de recordarlo en una reunión grupal. Años después, el 6 de junio de 2006, en reconocimiento de las ideas erróneas sobre la significancia numérica de esta fecha, Peter presidió el mayor ritual grupal celebrado alguna vez por miembros de la Iglesia de Satán, en el Teatro Steve Allen en Los Ángeles. Al explotar los prejuicios y temores de la cultura popular sobre el temido 6-6-6, nuestro actual Sumo Sacerdote ha continuado la larga historia de la Iglesia de Satán como el «timbre de la alegría» cósmico (*cosmic joy buzzer*) del mundo profano. Y así, debido a todo lo anterior, este volumen contiene, además de sus ensayos, los rituales de Peter Gilmore.

¿Qué otra cosa más puedo decir sobre el hombre que sucedió a Anton LaVey como Sumo Sacerdote de la Iglesia de Satán, establecido en tal posición por la Suma Sacerdotisa Blanche Barton en 2001? Disfruta del buen vino además de la buena música; ha vivido la mayoría de su vida adulta aquí en New York City, aprovechando plenamente nuestra cercanía a las salas de conciertos y locales de música clásica más grandes del mundo. Nuestros espacios habitables están atiborrados con la evidencia de toda una vida de lectura voraz y coleccionismo de libros y videos, junto a modelos, juguetes, pinturas y figuritas de monstruos que ocupan su imaginación. Viste principalmente de negro y le gusta la carne roja, cuida maravillosamente nuestra perra *chow*, Contessa Bella Lugosi y como resultado de ello su pelaje reluce. Es un gran marido; si no, no estaría a punto de celebrar 25 años de matrimonio con él, que definitivamente estaremos festejando.

Pero el asunto más importante que tengo que decirles sobre Peter H. Gilmore, es que él es como cualquier otro satanista, en una manera muy significativa. Encontró el satanismo en el anaquel de una librería; las palabras en *La Biblia Satánica* le hablaron al centro mismo del alma oscura y satánica de Peter. No nació dentro de una «familia satánica»; no fue iniciado por su abuelita durante la oscuridad de la luna. Debido a quién es, y a lo que él hace, Peter H. Gilmore ha nacido satanista. Ha formado su vida y su destino por su propio inteligencia, voluntad y deseos, y según *La Biblia Satánica*, todos poseemos el poder de hacerlo.

Magistra Peggy Nadramia, Sumo Sacerdotisa
31 de octubre, XLI A.S.
Hell's Kitchen, Nueva York

«¡Por un nuevo mundo de dioses y monstruos!»

«A veces me he preguntado si la vida no sería más divertida si todos fuéramos diablos, y nada de tonterías sobre ángeles y ser buenos.»

Doctor Pretorius,
La novia de Frankenstein

Church of Satan

P.O. Box 666
Poughkeepsie, NY 12602-0666
USA

WWW.CHURCHOFSATAN.COM